초등도덕과 교육론

이범웅　박찬석　임명희　오유석　김병연　이인태

서문

우리나라 초등교육에서 『도덕』 교과를 도입하게 된 이유는 우리나라의 독특한 정신문화와 역사적·사회적으로 도덕교육을 중시하는 전통에 그 근거를 두고 있다. 따라서 초등학교 『도덕』은 우리의 역사와 전통에서 면면히 이어져 온 것이며, 미래에도 줄곧 지속될 우리나라 교육의 본질적이면서도 중핵적인 교과라고 말할 수 있다. 국제적으로 볼 때, 유네스코 「21세기 세계 교육 위원회」에서는 21세기를 준비하는 교육의 기본 원리로 '알기 위한 교육', '행동하기 위한 교육', '존재하기 위한 교육' 그리고 '함께 살기 위한 교육'을 제시하면서, 그중 '함께 살기 위한 교육'을 가장 중요한 원리로 강조하고 있다. '함께 살기 위한 교육'을 가장 뒷받침할 교과가 『도덕』이라는 사실은 의문의 여지가 없을 것이다.

이러한 국내·외의 요구를 제대로 수행하기 위해서는 도덕과 교육의 이론적 기초를 튼튼히 하는 것이 무엇보다 중요하다. 그럼에도 불구하고 장차 초등학교 교사가 될 예비교사인 교육대학교 대학생들에게 도덕과 교육과 관련된 윤리사상과 제반 이론을 소개하는 작업은 생각보다 쉽지 않은 일이다. 교육대학교 대학생들이 교단에 서게 되면, 그들은 거의 반평생을 초등학생들과 함께 도덕 수업을 하게 된다. 그래서 그들이 도덕 혹은 도덕성에 대한 잘못된 이해를 지니게 되면, 교단에서는 반평생 동안 학생들을 잘못 인도하게 된다. 교육대학교의 교수가 예비교사들을 가르치는 일, 그리고 이를 위해 제대로 된 교재를 만드는 일은 결코 녹록한 일이 아니다. 그렇지만 저자들은 용기를 내어 도덕과 교육 관련 윤리사상과 이론을 제대로 이해시키기 위한 역할을 다하고자, 도덕교육 입문서로서 이 책을 집필하게 되었다.

이 책은 2022년 개정 도덕과 교육과정에 부합하는 도덕과 교육 관련 윤리사상과 이론을 예비교사들에게 소개하는 데 그 목적이 있다. 전국의 교육대학교 교육과정을 살펴보면, 한 학기는 주로 도덕과 교육의 이론적 기초를 소개하고, 그다음

학기는 초등학교 현장에서 도덕 교과를 실제로 지도하고 평가하기 위한 방법과 기술을 숙달시키는데 주안점을 두고 있다. 그래서 이 책도 이와 같은 교육대학교 교육과정과 일관되게, 도덕과 교육에 본격적으로 입문하는 첫 학기의 교재로 사용할 수 있도록 도덕과 교육의 이론적 기초를 다루고자 하였다. 문제는 엄청난 양의 내용을 한 학기의 강좌에서 다루어야 한다는 것이다. 그 누가 어떻게 가르치더라도 만족할 만한 내용을 내놓기는 매우 어려울 것이다. 이 책에서도 가능한 많은 내용을 포괄적으로 소개하고자 무척 노력하였지만, 여전히 부족한 점이 많이 있음을 저자들은 인정하지 않을 수 없다.

이 책은 도덕과 교육 관련 윤리사상과 이론을 최대한 쉽고 자세하게 설명함과 동시에, 핵심 개념, 토의·토론 거리, 추가적인 읽기 자료를 제시함으로써 대학생들이 스스로 도덕 혹은 도덕성에 대하여 탐구하고 숙고해 볼 수 있는 기회를 제공하고자 하였다. 특히 이 책은 초등학교 『도덕』 교사용 지도서의 총론에 소개된 도덕과 교육 관련 윤리사상과 이론을 충실히 설명함으로써 임용고사를 준비하는 교육대학교 대학생들에게 실질적인 도움을 주고자 하는 이차적인 목적이 있음을 밝힌다. 이를 위해 공주교육대학교 윤리교육과 교수들이 참여하여 각각의 전공 영역을 집필하였고, 상호 교차 검토를 통해 내용 오류를 최소화하고자 하였다. 이 책은 다음과 같이 총 4부로 이루어졌다.

'제1부 동양윤리사상과 도덕교육'에서는 공자, 맹자, 순자의 윤리사상을 소개하였다.

'제2부 서양윤리사상과 도덕교육'에서는 소크라테스, 플라톤, 아리스토텔레스, 칸트, 프랑케나의 윤리사상을 소개하였다.

'제3부 교육사상과 도덕교육'에서는 뒤르켐, 듀이, 피터스의 교육사상과 도덕교육 이론을 소개하였다.

'제4부 심리학과 도덕교육'에서는 콜버그, 길리건, 나딩스, 반두라의 심리학과 도덕교육 이론을 소개하였다.

또한 저자들은 교육대학교의 한 학기가 15주임을 고려하여, 교수자의 재량으로 강의를 재구성할 수 있도록 총 12강으로 이 책을 구성하였다. 각각의 강의 개요를 소개하면 다음과 같다.

[1강] 사람다움[仁]의 실천: 공자

유학은 흔히 말하는 동양의 삼교, 즉 유儒·불佛·도道 중 유교를 포괄하는 동아시아의 대표적인 사상이다. 선진 유학의 중심인물로는 공자, 맹자, 순자를 들 수 있다. 공자는 유학을 선도한 인물로서, 인학仁學의 창시자이다. 공자는 '사람다움'을 뜻하는 인仁 개념의 천착을 통해 예의 진정한 기초를 확립하고자 하였으며, 덕치德治와 예치禮治를 주장하여 당시 횡행하던 형벌 위주의 통치에 반대하였다. 공자는 혈연적 정감에 기초한 친친親親이 윤리의 시작이라고 보았다. 따라서 그는 효제孝悌가 사람다움, 즉 인을 실현하는 가장 기본적인 덕목이 되어야 한다고 주장하였으며, 인을 실천하는 방법으로 충서忠恕를 제시하였다.

[2강] 도덕성의 회복과 확충에 대한 탐구: 맹자

맹자는 공자의 인仁 사상을 계승·발전하여, 사람다움의 특징이 '불인인지심不忍人之心'에 있다고 보았다. 맹자는 네 가지 도덕적인 마음, 즉 측은지심惻隱之心, 수오지심羞惡之心, 사양지심辭讓之心, 시비지심是非之心에 근거하여 인간의 본성이 선하다는 성선설性善說을 주장하였다. 맹자의 성선설은 생물학적 본능을 인간의 본성으로 보았던 당시 주류적 주장들과는 확연히 다른 특징을 가진다. 이러한 인성론적 토대 위에 맹자는 구방심求放心, 과욕寡欲, 부동심不動心의 확립과 같은 수양론을 수립하였으며, 정치사상으로는 왕도정치王道政治와 민본주의民本主義를 제시하였다.

[3강] 욕망의 조절과 사회적 규범의 확립: 순자

순자는 공자의 예론을 계승·발전시켰으나, 그의 인성론은 공맹의 인성론과는 다른 특이점이 있다. 순자는 타고난 것이 곧 본성이라고 보는 전통적인 인성론에 입각하여, 인간의 본성을 생물학적 본능과 동일시하였다. 순자에 따르면 인성은 이익을 추구하는 경향이 있으므로, 그로 인한 사회적 혼란은 불가피하다. 따라서 순자는 '화성기위化性起僞'를 제시하여, 인간의 자각적 노력으로 본성을 변화시켜야 한다고 주장하였다. 이 점에서 순자의 예치론은 공맹의 예치와는 달리 형벌의 사용을 긍정한 측면이 있다. 하지만 순자는 여전히 예禮에 의한 욕망의 교화를 주장하였다는 점에서 형벌 위주의 법치를 주장한 법가 사상과는 다르다.

[4강] 덕 이론의 탄생: 소크라테스와 플라톤

소크라테스는 누구나 좋음을 추구하므로 좋은 것이 무엇인지 알기만 하면 행할 수밖에 없다고 생각했다. 또 소크라테스는 덕을 가지는 삶이 최선의 삶이라는 프로타고라스의 주장에 동의하면서도, 자신은 덕이 무엇인지 알지 못한다고 고백함으로써, 대화 상대자에게 일방적으로 덕을 가르치는 대신 대화 상대자를 덕에 대한 탐구로 초대한다. 마찬가지로 플라톤은 교육을 '동굴 속 죄수를 동굴 밖으로 인도하는 것'으로 규정하면서, 동굴 속 죄수를 동굴 밖으로 이끌 인도자 내지 교육자가 바로 철인 통치자라고 생각했다. 소크라테스의 지행합일론과 플라톤의 철인 통치론은 많은 비판을 받기도 했지만, 서양 윤리사상 발전에 많은 영향을 주었고, 오늘날 우리에게도 덕이 무엇이며 어떻게 교육 가능한지에 대한 시사점을 제공해 준다.

[5강] 덕 이론의 완성: 아리스토텔레스

아리스토텔레스에 따르면 덕은 인간 삶의 본질적 가치이며 행복을 위해 필요한 수단이자 행복의 핵심 요소이다. 그런데 인간 영혼이 이성적 부분과 비이성적 부분으로 구성되므로, 덕도 영혼의 이성적 부분에 따르는 덕(사고의 덕 또는 지적 덕)과 비이성적 부분에 따르는 덕(품성의 덕 또는 도덕적 덕)으로 구별된다. 특히 품성의 덕은 습관의 결과로 생겨나며 덕을 다른 품성 상태와 구별해 주는 본질적 특징이 바로 중용(지나침과 모자람의 중간)이다. 한편 도덕적 행위의 인지적 요소를 강조한 소크라테스와 달리, 아리스토텔레스에 있어서 덕 교육은 인지적 요소(올바른 것을 파악하고 판단함)뿐만 아니라, 정의적 요소(마땅히 느껴야 할 감정을 느낌)와 행동적 요소(반복된 행동을 통해 올바른 품성 상태를 습관화)까지를 포함한다. 아리스토텔레스의 윤리학은 맥킨타이어의 덕 윤리의 기초가 되었을 뿐 아니라 토마스 리코나의 통합적 도덕교육론의 선구가 되었다.

[6강] 의무와 덕의 종합: 칸트와 프랑케나

칸트에 따르면 인간을 인간으로 만드는 것은 도덕성이며, 인간이 다른 동물과 구별되는 까닭은 자연적 필연성만을 가지는 동물과는 달리 인간에게는 자유가 있기 때문이다. 하지만 인간은 신처럼 절대적으로 거룩한 선의지를 가진 존재가 아니라 감성적 욕구와 경향성에 따라 살 수도 있는 존재이다. 따라서 인간에게는 도덕적 의무가 부가되며, 그리하여 인간에게 도덕법칙은 일종의 명령이다. 이처럼 칸트는 이성적 행위자의 초월적 자유에 기초한 의무 윤리를 제시했지만, 도덕교육과 관련해서는 의무론적 규칙 제시와 더불어, 이성을 통해 획득 가능한 인식 내용을 아동의 내면으로부터 이끌어 내는 소크라테스적 문답법, 그리고 도덕법칙을 실행할 품성 교육의 필요성을 역설하였다. 프랑케나는 의무 윤리에 품성 교육을 가미한 칸트의 도덕 교육론을 계승해서, 도덕교육을 두 측면(의무의 윤리에 기반을 둔 규칙 중심의 도덕교육과 덕 윤리에 기반을 둔 품성 중심의 도덕교육)으로 나누어 설명했다. 즉 의무와 덕은 상보적이므로 종합되어야 한다는 것이 프랑케나의 주장이다.

[7강] 사회화로서의 도덕교육: 뒤르켐

뒤르켐에게 있어 도덕교육은 전적으로 (종교적 권위가 아닌) 이성의 권위에 근거하는 도덕성을 교육하는 일련의 제도적 행위이자 과정을 의미한다. 그에게서 도덕성은 규율 정신, 사회집단에 대한 애착, 자율성이라는 세 가지 요소로 구성된다. 도덕교육의 목표는 세속화된 시대가 초래한 아노미, 그리고 이기주의의 만연으로 인한 집합적 규율 및 이상의 부재에 맞서서 이 세 가지 도덕성을 함양하는 일이다.

그는 도덕교육을 광범위하게 다루었기 때문에 현대 도덕교육 이론가들의 관심을 끄는 쟁점과 문제, 개념들을 폭넓게 다루었다. 현대 도덕교육의 접근법들의 상당수가 뒤르켐의 접근법에 대한 반응과 반작용이라고 볼 수 있다. 그는 도덕 사회화론의 선구자이며, 교사 중심과 교사 주도의 교육방법을 강조하였다.

[8강] 통합적이고 합리적인 인격 형성: 듀이와 피터스

듀이는 20세기 초 미국의 철학과 교육에 지배적 영향을 미친 철학자이자 교육학자이다. 그의 저서는 방대하고 그가 주장한 이론은 아직도 교육적 토론의 주요 쟁점이 되고 있다. 피터스는 도덕교육의 본질과 목적에 있어서, 합리적 도덕성의 형성을 강조하였다. 특히 그는 윤리 이론에 입각한 권위, 책임, 자유와 사회 철학에 깊은 관심을 두었다. 이론의 구조 및 전개 과정의 상이함에도 불구하고, 도덕교육을 바라보는 듀이와 피터스의 관점은 충동의 조절 및 좋은 습관의 형성을 도덕성 발달의 중요한 토대로 고려하면서도, 이것들이 반성적 성찰의 과정을 거쳐야 함을 강조했다는 점에서 통합적이면서도 합리적 인격 형성을 추구한다고 말할 수 있다.

[9강] 도덕성에 대한 인지발달론적 접근(1): 피아제

피아제는 개별 인간이 환경과 상호작용하는 과정에서 사물의 이치와 올바른 행위의 방향을 알아차릴 수 있다고 보았다. 그는 도덕성의 핵심 요소를 '인지'로 보았으며, 학습자를 주체적이고 능동적인 존재로 보았다. 피아제에 따르면, 학습자들은 환경과 능동적으로 상호작용하는 가운데 위계적이고 체계적으로 도덕성을 발달시킨다. 이는 개인의 도덕적 책임과 자유를 중시한 칸트의 도덕철학에 깊이 영향을 받은 것이다. 피아제 이론은 이후 콜버그의 도덕성 발달 이론에 많은 영향을 미쳤다.

[10강] 도덕성에 대한 인지발달론적 접근(2): 콜버그

콜버그는 도덕성의 발달을 인지발달로 설명하고자 한 대표적인 학자이다. 그는

도덕적 추론의 수준과 단계를 3개의 수준과 6개의 단계로 제시하면서, 위계적으로 배열된 수준 및 단계가 변하지 않는 불변의 계열성을 갖는다고 주장하였다. 더나아가 콜버그는 도덕적 추론의 수준 및 단계가 상승할수록, 인간이 보다 도덕적으로 행동한다고 생각했다. 비록 도덕성에 대한 콜버그의 인지발달론적 접근은 도덕성의 정서적인 측면을 간과했다는 비판과 더불어 다양한 측면에서 비판적으로 평가되었지만, 이후 도덕 심리학의 발전에 큰 영향을 주었다.

[11강] 여성의 목소리와 배려 윤리: 길리건과 나딩스

길리건과 나딩스는 전통적인 서구의 자유주의 윤리학이 남성 중심적 편향을 지니고 있다고 보았다. 그러면서 도덕성을 보다 온전히 설명하기 위해서는 남성의 도덕적 목소리인 '정의와 권리' 지향의 도덕성은 물론, 여성 고유의 도덕적 목소리인 '배려와 책임' 지향의 도덕성을 함께 고려해야 한다고 주장하였다. 도덕성에 성차가 존재한다는 길리건과 나딩스의 주장은 이후 많은 비판을 받았지만, 우리나라의 도덕교육이 '인지'나 '정의' 외에도 '정서'나 '배려'에 보다 관심을 가져야 한다는 점을 시사하고 있다.

[12강] 행동주의 도덕 심리학과 반두라의 사회인지이론

행동주의 도덕 심리학이 제공하는 아이디어는 오늘날 학교 교육에서 광범위하게 적용되고 있다. 하지만 행동주의 도덕 심리학은 비인간화를 조장한다는 비판을 받았다. 반두라는 강화와 벌을 통한 인간 행동의 변화를 주장한 행동주의 도덕 심리학을 계승·발전시켰다. 그는 모델링과 대리적 경험을 통한 관찰학습을 통해 학습이 이루어진다는 사회학습이론을 제시하였다. 이후 그는 학습에 있어 학습자의 사고, 신념, 기대, 예측, 자기조절 등과 같은 인지적 요소의 중요성과 가치에 더 많은 관심을 두면서 사회인지이론을 전개하였다. 아울러 인간이 부도덕한 행위를 하게 되는 심리·사회학적 기제들을 밝혔다.

초등학교에서 가르치는 교과 중에서 중요하지 않은 교과는 하나도 없다. 하지만 우리 삶의 가장 중요한 물음, 즉 '우리는 어떻게 살아야 하고, 어떤 사람이 되어야 하는가'라는 존재의 근본 의미를 다루는 교과는 단연코 도덕 교과이다. 아무쪼록 초등학교 교단에 서서 우리나라의 미래를 짊어질 초등학생을 가르칠 예비교사들이 이 책을 통해 도덕과 교육에 대한 더 나은 소양과 자질을 함양하기를 희망한다. 끝으로 독자 여러분의 애정 어린 비판을 통해 더 발전된 교재로 자리매김할 수 있도록, 집필에 참여한 교수들이 더 정진할 것을 약속드린다.

2025년 3월 1일
공주교육대학교 집필자 일동

목차

01 동양윤리사상과 도덕교육

02　서양윤리사상과 도덕교육

제1부

동양윤리사상과 도덕교육

사람다움[仁]의 실천: 공자

1 들어가는 말

공자께서 말씀하셨다. "배우고 그것을 때때로 익히면 기쁘지 않겠는가? (학문의 뜻을 함께하는) 벗이 먼 곳으로부터 찾아온다면 즐겁지 않겠는가? 사람들이 알아주지 않더라도 서운해하지 않는다면 군자가 아니겠는가?"

『논어』 학이편

공자(孔子, 기원전 551-479)의 사상 중 핵심이 되는 개념을 꼽으라면 배움[學]과 사람다움[仁]일 것이다. 공자는 『논어』에서 호학好學, 즉 배움의 즐거움에 대해 여러 차례 언급하였으며, 자기만큼 배우기를 좋아하는 자는 아마 없을 것이라며 자부하기도 하였다(『논어』 공야장편). 공자는 어려운 형편 속에서도 15세 때 학문에 뜻을 두었고(『논어』 위정편), 배움을 평생의 과업으로 삼을 정도로 배우기를 좋아한 인물이다. 그는 전래하던 육예六藝, 즉 예학[禮], 음악[樂], 궁술[射], 기마술[御], 글쓰기

[書], 수학[數] 등을 섭렵하였고, 거기에 안주하지 않고 평생토록 배움과 가르침을 통해 자신이 처한 혼란한 시대를 개혁하고자 분투하였다.

　공자가 활동하였던 춘추시대는 주나라의 예악禮樂이 무너지고 제후 간의 끊임없는 전쟁으로 매우 혼란한 시기였다. 공자는 주공周公이 확립한 주나라의 사회제도, 즉 예악을 회복하여 새로운 문명사회를 건설하는 것을 자신의 과업으로 여겼다는 점에서 훗날 복고주의자라는 별명이 붙기도 한다. 하지만 그는 당시 껍데기로 전락해버린 예란 무엇이고, 무엇이어야만 하는가라는 윤리적 문제를 제기하여 예의 본질인 사람다움[仁]에 관한 문제에 천착하였으며, 마침내 인학仁學을 창시하였다. 따라서 공자는 복고주의자라기보다 중국 문명에서 유가儒家를 새롭게 선도한 개혁적 인물로 보는 것이 더 타당하다. 공자를 통해 중국 문명은 예禮의 문명에서 인仁의 문명으로 전환되었다(김병환, 2017: 38).

　동양 문화권의 가장 저명한 고전인 『논어』는 공자가 무엇을 배우고 고민하였으며, 그 배움을 어떻게 실천하고 가르쳤는지에 대해 기록하고 있다. 우리는 『논어』를 통해 학문함의 참된 목적과 의미에 대해 사색해볼 수 있다. 공자에 따르면, 우리가 배우고[學] 익히는[習] 궁극적 목적은 참된 사람다움의 완성, 즉 도덕적으로 탁월한 인격을 갈망하며 실현하는 데 있다. 이것이 공자가 강조한 '나를 위한 학문', 즉 '위기지학爲己之學'의 함의이며, '수기치인修己治人'에서 수기修己에 해당하는 내용이다. 공자는 위기지학의 중요성에 대해 언급하며, 학문함의 목적은 다른 것에 있는 것이 아닌 나의 인격을 도덕적으로 함양하는 데 있음을 강조하였다. 나아가 이러한 수기의 과정이 전제될 때 치인治人, 즉 남을 교화하고 다스리는 일이 가능하다고 보았다.

2 예와 인의 관계

1 예(禮)

춘추시대의 대표적인 관념은 예禮이다. 예자는 풍豊자에서 변천한 것으로, 풍은 제사를 지낼 때 사용하는 제기祭器의 이름이다. 즉 예는 제기를 뜻하는 풍자에서 제사 지내는 사람의 행위와 의절을 가리키는 예로 발전되었으며, 이것이 다시 확대되어 규례와 규범의 의미를 포함하게 되었다(천병돈 역, 2002: 81). 시간이 흐르면서 예자는 제례적 의미와 함께 정치제도 및 의식과 행위의 구체적인 절차라는 추상적 함의로 발전하게 되었다. 고전에 등장하는 예는 아래에서 설명하는 바와 같이 크게 자연 질서, 정치 질서, 도덕 규율 등의 함의를 가진다(김병환, 2017: 34).

첫째, 예는 자연의 질서를 나타낸다. 『좌전』에서는 "예로써 하늘을 따르는 것이 하늘의 도이다."라고 하였는데, 여기에서 말하는 천도天道, 즉 하늘의 도는 우주의 질서, 생성·변화하는 천지의 질서를 의미한다. 『악기』에서는 "예는 천지의 순서[序]이다."라고 하여 천지의 운행에는 일정한 질서와 법칙성이 있으며, 예는 바로 이 법칙성에 따라 성립된 것임을 보여준다. 이렇듯 예는 우리가 흔히 알고 있는 도덕규범의 함의를 넘어 우주론적 함의를 지니고 있었다는 것을 알 수 있다.

둘째, 예는 정치 질서 혹은 통치 도구를 나타낸다. 『좌전』에서는 "예는 나라의 근간이다.", "예는 정치의 수레이다."라고 하였으며, 『국어』에서는 "예는 국가의 벼리이다."라고 하여 예의 정치적 기능에 대해 언급하고 있다. 예의 정치적 기능은 사회의 질서를 유지하는 데 있다. 『좌전』에서는 이러한 예의 정치적 기능에 대해 "예는 나라를 지키고 정령을 실행하며 백성을 잃지 않는 것"이라고 하였으며, 또 다른 구절에서 "예는 국가를 경영하고 사직을 정하며 백성의 질서를 정하고 후계자를 이롭게 하는 것이다."라고 하였는데 모두 예가 가진 정치 질서의 함의를 보여준다. 공자 역시 『논어』에서 예의 정치적 기능에 대해 다음과 같이 언급한 바 있다.

능히 예와 겸양으로써 나라를 다스릴 수 있습니까? (공자께서 대답하시길) "무슨 말인 가? 능히 예와 겸양으로써 나라를 다스리지 못한다면 그 예를 어디에 쓰겠는가?"

『논어』 이인편

『논어』를 통해 우리는 공자가 예의 정치적 기능을 당연시하였으며 긍정하였음을 확인할 수 있다.

셋째, 예는 도덕 규율을 나타낸다. 『좌전』에서 "예는 사람의 근간이니 예가 없으면 설수 없다."라고 하여 사람을 사람답게 해주는 기본적인 요소로서 예를 들고 있다. 예의 구체적인 내용에 대해 『좌전』에서는 "군주는 명령하고 신하는 공손하며 아버지는 인자하고 자식은 효도하며 남편은 조화롭고 아내는 부드럽고 시어머니는 인자하고 며느리는 따라야 한다. 이것이 예이다."라고 하여 인륜의 기본적인 도리에 대해 설명하기도 한다. 그러던 것이 춘추시대 후기에 이르러 예와 의식[儀]을 구분하는 양상으로 나타난다.

진나라 제후(평공)가 여숙제에게 "노나라 제후는 예를 잘 알고 있지 않은가?"라고 묻자, (여숙제가) "노나라 제후가 어찌 예를 알겠습니까?"라고 대답하였다. 그러자 평공은 "어째서 인가? 교외까지 마중 나오는 것에서부터 예물을 전달하는 것에 이르기까지 예에 어긋남이 없는데, 어째서 예를 모른다고 하는가?"라고 말하였다. 여숙제는 "그것은 의식儀이지 예라고 말해서는 안 됩니다. …… 의식을 익히려고 힘쓰는 것을 가지고 예를 잘 갖추었다고 말한다면 예와는 먼 것이 아니겠습니까?"라고 대답했다. 군자가 말하기를 "숙후(여숙제)야말로 예를 잘 알고 있다."고 하였다.

『좌전』 「소공」 5년

인용문에서 여숙제는 "예"와 "의"의 차이에 대해 지적한다. 군자는 "숙후야말로 예를 잘 알고 있다."라는 구절을 통해, 우리는 여숙제의 견해가 당시 군자들의 공통된 생각이었다는 것을 추측해볼 수 있다(천병돈 역. 2002: 83). 예는 단순히 의례나 의식이 아닌 본질적 기능을 수행해야 한다. 공자는 예의 근본에 대해 다음과 같이 말하였다.

임방이 예의 근본에 대해 물으니, 공자께서 말씀하시길, "훌륭하구나! 그 물음이여! 예는 사치함보다는 차라리 검소할 것이요, 상례喪禮는 (형식적으로) 잘 치르기보다는 차라리 슬퍼해야 한다."

『논어』 팔일편

"예라고 말하는 것, 예라고 말하는 것이 단순히 옥이나 비단 같은 예물을 말하는 것이겠느냐? 음악이라고 하는 것, 음악이라고 하는 것이 단순히 종이나 북 같은 악기를 말하는 것이겠느냐?"

『논어』 양화편

공자에 따르면, 예는 도덕 규율과 의례를 포함하는 것이지만, 반드시 그것의 정신과 본질을 갖추고 있어야 한다. 예는 단순히 외면적인 형식을 말하는 것이 아니다. 반드시 사람다움이라고 하는 정신이 예에 실려 표현되어야 한다는 것이 공자의 뜻이다(김병환, 2017: 42).

2 인(仁)

예는 자연 질서, 정치 질서, 도덕 규율의 뜻이 있다. 동주시대에 이르러 왕실의 권한이 날로 쇠약해지고 춘추 말기는 예가 형식화되기에 이른다. 공자는 예의 내용이자 본질에 해당하는 인이라는 새로운 도덕적 기준을 제시하여, 예의 본령을 회복하고자 하였다. 인은 사전적 의미로 '어질다'는 뜻으로 풀이되며, 대개 마음이 너그럽고 착하며 슬기롭고 덕행이 높다는 뜻으로 이해된다. 하지만 『논어』에서 등장하는 인은 '사람다움'으로 풀이하는 것이 가장 적절하다. 사람다움이란 기본적으로 사람으로서 요구되는 자격을 갖추었다는 것으로, 영어 번역으로는 humanity에 해당된다(신정근, 2011: 34).

"사람이 사람답지 못하다면 예가 무슨 소용인가? 사람이 사람답지 못하다면 음악이 무슨 소용인가?"

『논어』 팔일편

위의 인용문은 예와 인의 관계에 대한 매우 적절한 설명을 제공해준다. 예는 반드시 사람다움이라는 미덕을 담고 있어야 한다. 만약 사람다움이 빠져있다면 그 예는 예의 본질적 기능을 수행하였다고 보기 어렵다. 그렇다면 과연 무엇이 사람다움일까? 공자는 인을 하나의 덕목으로 여기지 않았다. 오히려 인이란 여러 덕목이 종합적으로 잘 구현된 상태를 말한다.

> 공자께서 말씀하셨다. "강직함, 의연함, 질박함, 어눌함은 인에 가깝다."
>
> 『논어』 자로편

> 자장이 공자께 인에 대해 여쭙자, 공자께서 대답하시길, "다섯 가지를 천하에 실행할 수 있다면 인이라고 할 수 있다." (자장이) 그 내용을 여쭈었다. (공자께서) 말씀하시길, "공손함, 너그러움, 믿음직함, 영민함, 은혜로움이다. 공손하면 모욕을 받지 않고, 너그러움을 베풀면 많은 사람의 마음을 얻으며, 믿음직하면 사람들이 신뢰하고, 영민하면 공을 세우게 되며, 은혜로우면 사람을 족히 부릴 수 있다."
>
> 『논어』 양화편

공자에 따르면, 공손함, 너그러움, 믿음직스러움, 영민함, 은혜로움 등과 같은 덕목들을 알맞게 실현하여 종합적으로 완성할 때 인을 실현할 수 있다. 따라서 인은 여러 개별 덕목 중 하나가 아닌 여러 구체적인 덕목들이 조화를 이루어 완성되는 덕성 전체[전덕(全德), perfect virtue]라고 볼 수 있다(김병환, 2020: 58-61). 그리고 인은 반드시 예를 통해 수행되어야 한다.

> 공자께서 말씀하시길, "공손하되 예가 없으면 수고롭고, 신중하되 예가 없으면 두려움을 갖게 되며, 용맹스럽되 예가 없으면 혼란이 일어나고, 강직하되 예가 없으면 각박해진다."
>
> 『논어』 태백편

사람다움을 뜻하는 전덕全德으로서의 인은 예의 근거가 되고, 예는 인이 실현되는 방식이다. 다시 말해 인이 있어야 예를 올바로 수행할 수 있으며, 예를 통해 인의 정신은 제대로 구현될 수 있다.

> 안연이 인에 대해 여쭙자, 공자께서 대답하시길, "자기를 극복하고 예로 돌아가는 것[克己復禮]이 인이다. 어느 날 자기를 이기고 예로 돌아가게 된다면 온 천하가 그 사람을 사람답다고[仁] 할 것이다. 인을 행하는 것은 자기에게 달려있는 것이지 남에게 달려있는 것이겠는가?"라고 말씀하셨다. 안연이 "구체적인 세칙에 대해 여쭙겠습니다."라고 하자, 공자께서 대답하시길, "예가 아니면 보지 말고, 예가 아니면 듣지 말고, 예가 아닌 것은 말하지 말고, 예가 아니면 행하지 마라"고 대답하셨다. 안연이 "제가 비록 부족하지만 말씀대로 힘쓰겠습니다."라고 답하였다.
>
> 『논어』 안연편

공자와 안연의 대화문은 예와 인의 관계를 보여주는 가장 대표적인 구절로 여겨진다. 역대 주석가들은 극기克己에서 극자를 약約, 즉 검약함으로 풀이하기도 하였으며, 꾸짖을 책責 자로 풀이하기도 하였다. 이러한 해석에 따르면 극기는 "자신의 몸을 검속"하거나 또는 "자신을 검속하여 예에서 떠난 것을 꾸짖음" 정도로 풀이할 수 있다. 훗날 송대 성리학에 이르러 극자는 이길 승勝자로 풀이되는 경향을 보이는데, 그렇게 되면 극기는 "자기의 사욕을 이겨냄" 또는 "자기의 사욕을 제거함" 등으로 해석이 가능하다. 하지만 어떤 해석을 따르더라도 극기가 보여주는 함의는 자신의 안과 밖을 들여다보고 성찰하는 자기반성 또는 자기수양의 의미가 강하다는 것을 알 수 있다. 다시 말해 전덕으로서의 인을 온전히 실현하기 위해서는 자기반성을 통해 예로 돌아가려는 노력이 요구된다.

3 효제와 충서

인은 사람다움을 뜻하며 예를 통해 표현된다. 예를 적절히 수행하기 위해서는 자기반성과 자기수양에 해당하는 극기의 과정이 선행되어야 한다. 그런데 여기에서 우리가 놓치지 말아야 할 것은 공자가 말하는 사람다움에는 반드시 타인에 대한 사랑과 배려가 중요하게 다뤄지고 있다는 점이다.

> 번지가 인에 대해 여쭈었다. 공자께서 대답하시길, "사람을 사랑하는 것이다."
>
> 『논어』 안연편

위의 구절은 인을 설명하는 대표적 구절 중 하나로, 공자는 인을 애인愛人, 즉 사람을 사랑하는 것이라고 보았다. 여기에서 공자가 말하는 사람[人], 즉 타인의 범주를 어디까지 설정해야 할 것인지에 관한 문제는 차치하더라도, 그것이 혈연관계에 있는 가장 가까운 부모 형제로부터 시작한다는 데에는 이견이 없을 것이다.

> 군자는 근본에 힘쓰니 근본이 서야 도가 생겨난다. 효와 제는 인의 근본이다.
>
> 『논어』 학이편

이 구절을 먼저 인용한 애인과 연결하여 본다면, 효孝는 부모에 대한 사랑을, 제悌는 형제간의 사랑을 의미한다. 근본[本]이라는 말은 가장 기본적이고 핵심이 된다는 뜻이다. 효와 제가 사람다움의 근본이라는 『논어』의 언급은 혈연을 바탕으로 한 가족 윤리가 사회윤리의 토대가 되어야 함을 시사한다. 공자에게 있어, 효제는 사람다움을 배우고 습득하며 다른 타인을 배려하고 존중하기 위한 가장 기본적인 윤리적 토대이다. 공자는 이 토대가 상실될 때 그것을 기반으로 하는 다른 윤리적 관계의 성립은 어려울 것이라고 보았다. 공자에 따르면, 사람다움이란 가장 가까운 관계를 통해 맺어지고 실현되며 확장된다. 그렇다면, 효제를 근본으로 하는 인의 실천 방법에는 무엇이 있을까? 공자는 인의 실천 방법으로 충서忠恕를 제시하였다.

> 인이란 자신이 서고자 하면 다른 사람을 세워주고 자신이 이르고 싶은 대로 타인을 도달하게 해준다. 가까운 데에서 유추해나갈 수 있다면 그것이 바로 인을 실천하는 방법이라고 할만하다.
>
> 『논어』 옹야편

자공이 여쭈었다. "한마디 말로 평생 동안 그것을 실천할만한 것이 있습니까?" 공자께서 대답하시길, "그것은 서恕이다. 자기가 바라지 않는 일을 남에게 행하지 말아야 한다."

『논어』위령공편

유가 사상에서 배려, 공감, 관용을 뜻하는 서恕는 많은 경우 충忠의 개념과 함께 등장한다. 일반적으로 충이라고 하면 충성스러움으로 이해되어 윗사람의 지시에 복종하는 이미지를 떠올리게 된다. 하지만 『논어』에 등장하는 충이란 내 마음[心]의 중심[中]이라는 의미로, 참된 마음을 뜻한다. 오늘날의 표현으로는 자기 진정성 정도가 적당할 것이다. 서는 내 마음[心]과 같다[如]는 의미로, 타인을 나와 같이 여기는 마음을 뜻한다. 오늘날의 표현으로는 타인에 대한 공감과 배려, 관용 정도로 보는 것이 적당하다. 요컨대 충은 자신의 마음을 다하는 자기 진정성을, 서는 타인의 입장을 공감하고 배려하는 마음과 태도를 뜻한다고 하겠다.

충은 자기 자신과 관련된 덕목이고, 서는 타인과의 관계에서 요구되는 덕목이다. 충과 서 중에 무엇이 우선되어야 할까? 당연히 충이다. 스스로 진정성을 갖춘 사람만이 타인을 진정으로 공감할 수 있으며, 또한 올바른 방식으로 배려할 수 있을 것이기 때문이다. 그렇기 때문에 충과 서는 늘 동반되어야 한다.

공자께서 말씀하시길, "삼아, 나의 도는 일관되어 있다." 증자가 "그렇습니다."라고 대답하였다. 공자가 나가자 문인들이 증자에게 무슨 뜻인가를 물었다. 증자가 "선생님의 도는 충忠과 서恕일 뿐이다."라고 대답하였다.

『논어』이인편

충서는 도에서 멀지 않다. 자기에게 베풀어 원하지 않는 것을 또한 남에게 베풀지 말라. 군자의 도가 넷인데, 나는 그 중에 한 가지도 능하지 못하니, 자식에게 바라는 것으로 부모를 섬기지 못하고, 신하에게 바라는 것으로 군주를 섬기지 못하며, 아우에게 바라는 것으로 형을 섬기지 못하고, 친구에게 바라는 것을 내가 먼저 베풀지도 못하는구나.

『중용』

『중용』은 지극히 평범하고 일상적인 삶 속에서조차 서를 실천하기가 얼마나 어려운지 술회한다. 부모와 자식의 관계, 신하와 군주의 관계, 형제들 간의 관계, 친구들 간의 관계는 우리가 살면서 부대끼는 일상적인 삶의 모습 전체를 보여준다. 이러한 일상성 속에서 요구되는 것이 서인데, 이 서는 실천하기가 생각보다 쉽지 않다. 왜냐하면 서의 실천은 일정한 수준의 자기 수양을 전제로 하기 때문이다. 이러한 연유로 서의 온전한 실행에는 충이 전제되어야 한다. 다시 말해 자기 진정성, 즉 충이 확립되지 않는 상태에서 베풀어지는 공감과 관용, 즉 서는 성립되기 어렵다는 말이다. 타인을 진정으로 공감하고 배려하며 관용을 베풀기 위해서는 먼저 자기수양을 통해 도달한 충의 확립이 요구된다.

4 덕치와 정명 사상

공자는 당시 형벌을 위주로 한 통치체제를 비판하며 덕치德治를 주장하였다. 덕치란 덕德으로 다스린다는 뜻으로, 덕을 소유한 통치자가 백성을 다스리는 것을 주된 내용으로 한다. 공자는 통치자가 덕을 소유하고 인재를 공평무사하게 등용한다면, 뭇별들이 북극성을 중심으로 도는 것과 같이 나라를 다스리는 일이 수월할 것이라고 보았다.

> 정치를 함에 있어 덕으로 다스리는 것을 비유해 말한다면, 마치 북극성은 그 자리에 그대로 있는데, 모든 별들이 북극성을 중심으로 돌고 있는 것과 같다.
>
> 『논어』 위정편

북극성은 덕을 소유한 통치자를 의미한다. 덕치가 실현되기 위해 우선적으로 요구되는 것은 통치자의 수기이다. 공자는 수기를 통해 도덕적 인격을 갖춘 군자만이 통치자로서의 자격을 소유할 수 있다고 보았다. 군자란 자기수양을 통해 도덕적 인격을 갖춘 자를 말한다. 공자는 이른바 "아홉 가지 생각[九思]"에서 자기수양을 위한 구체적인 방법들에 대해 언급하였다.

> 공자께서 말씀하시길, "군자는 아홉 가지 생각함이 있으니, 보는 것에 밝게 볼 것을 생각하고, 듣는 것에 경청할 것을 생각하며, 안색에 온화함이 있는지를 생각하고, 매무새에 공손할 것을 생각하며, 말을 할 때 진심에서 우러나온 것인지를 생각하고, 일에 임할 때 경건함을 생각하고, 의심이 가는 것에는 물을 것을 생각하며, 분을 낼 때 어려움이 있을 것을 생각하고, 얻는 것이 있을 때 그것이 과연 의로운 것인지를 생각한다."
>
> 『논어』계씨편

군자란 다른 방법이 아닌, 자기의 내면을 성찰하고 예로써 자신의 몸가짐을 바르게 하는 일상적인 자기수양을 통해 도덕적 인격을 소유한 자를 가리킨다. 이러한 맥락에서 공자는 "정치란 무엇인가"라는 질의에 대해 답하면서 "정치[政]란 다름 아닌 바르게 하는 것[正]"이라고 답하였다.

> 계강자가 공자께 정치에 관하여 묻자 공자께서 대답하셨다. "정치란 바로잡는 것입니다. 선생이 바름으로써 본을 보인다면 누가 감히 바르지 않겠습니까?"
>
> 『논어』안연편

> 공자께서 말씀하시길, "(위정자가) 참으로 자신을 바르게 한다면 정치하는 데 무슨 어려움이 있겠는가? 자신을 바르게 할 수 없으면서 어떻게 남을 바로잡을 수 있겠는가?"
>
> 『논어』자로편

공자에 의하면, 정치는 바로잡는 것이며, 남을 바로잡기 위해서는 반드시 자기 자신을 바르게 해야 한다. 자기 자신을 바르게 한다는 것에는 정명正名, 즉 자신의 직책과 지위에 합당한 역할과 책임을 다해야 한다는 의미가 포함된다. 공자는 정명을 통해 사회를 바르게 할 수 있다고 보았다.

제나라 경공이 공자에게 정치에 대해 묻자, 공자께서 대답하셨다. "군주는 군주답고, 신하는 신하답고, 아버지는 아버지답고, 아들은 아들다운 것입니다."

『논어』 안연편

사회 구성원 전체가 자기가 처한 위치에서의 책임과 의무를 다할 때 사회는 안정될 수 있다. 공자는 당시 횡행하던 법령과 형벌 위주의 통치에 반대하면서 강압으로 백성을 다스리는 것이 아닌 덕과 예를 통해 백성들로 하여금 예의와 염치를 알게 하는 것이 중요하다고 보았다.

법령으로 백성을 다스리고 형벌로 나라의 질서를 유지하면, 백성들은 법과 형벌을 어떻게든 빠져나가려고만 할 뿐 부끄러움을 알지 못한다. 그러나 덕으로 백성을 다스리고 예로 나라의 질서를 유지하면, 백성들은 잘못을 부끄러워하여 착하게 살고자 한다.

『논어』 위정편

법치의 경우 법률 조항을 공표하고 그것을 위반할 경우 받게 될 처벌에 초점을 두는 반면, 예치는 법처럼 하지 말아야 할 것 뿐만 아니라 적극적으로 무엇을 해야 하는지에 대해 규정해 줌으로써 백성들을 적극적으로 계도하는 데 주안점을 둔다. 따라서 예치에서는 사후의 처벌보다 범죄가 발생하기 이전에 백성들을 교육하여 최소한의 양심을 갖도록 하는 것이 중요하다고 본다.

가르치지 않으면서 (죄만 적용하여) 죽이는 것을 학살[虐]이라고 한다. 미리 훈계하지 않고 성공을 재촉하는 것을 난폭[暴]이라고 한다. 명령을 태만히 하고 날짜만 다그치는 것을 도둑질[賊]이라고 한다. 마땅히 남에게 주어야 할 것을 가지고 인색하게 구는 것을 관리같이 행동한다[有司]고 말한다.

『논어』 요왈편

공자는 덕치와 반대되는 네 가지 악덕[四惡]에 대해 논하면서, 백성들을 계도하지 않고 죄만 물으며 인색하게 다그치는 통치자의 부덕한 모습을 비판하였다. 아울러 공자는 통치자의 다섯 가지 미덕[五美]으로 "은혜를 베풀며 낭비하지 않고, 수고롭더라도 원망하지 않으며, 무엇을 하고자 할 때 탐욕스런 마음을 가지지 않고, 태연하되 교만하지 않으며, 위엄이 있으나 난폭하지 말아야 할 것"을 제시하였다. 요컨대 덕치란 유덕한 통치자가 솔선수범을 바탕으로 어진 신하들과 함께 백성들을 교육하고 예로써 다스리는 유가적 정치체제를 의미한다.

5 도덕교육에 주는 시사점

공자가 꿈꾸었던 세상은 모든 사람이 사람다운 삶을 영위하며 타인과 조화를 이루는 평화로운 사회이다. 오늘날 우리가 꿈꾸는 이상적 사회와 별반 다르지 않다고 생각된다. 그가 인류의 기억 속에 여전히 남아있는 이유는 난세를 살아가면서도 좌절하지 않고 자신이 처한 한계를 넘어서고자 부단히 애썼으며, 학생들과 더불어 배우기를 좋아하고 즐거이 그들을 가르치며, 자기에게 주어진 사명을 완수하고자 분투하였기 때문일 것이다.

> 공자께서 말씀하셨다. "(배운 것을) 묵묵히 기억하는 것과, 배움에 있어 싫증내지 않는 것, 학생들을 가르치기를 게을리하지 않는 것, 이 중에 무엇이 나에게 있겠는가?"
>
> 『논어』 술이편

> 공자께서 말씀하셨다. "성인다움[聖]과 사람다움[仁]을 내 어찌 자처하겠는가? 그러나 배우기를 싫증내지 않으며 학생들을 가르치기를 게을리하지 않는 정도라면 그렇다고 말할 수 있을 것이다."
>
> 『논어』 술이편

공자는 배움을 통해 자신의 출신과 배경, 부조리한 사회를 개혁할 수 있다고 믿었다. 그는 누구보다 배우기를 좋아하며[好學] 가르치는 일에 열의를 다하였던[誨

人不倦] 인류의 스승이다. 공자가 제시한 위기지학과 수기치인의 관점에서 볼 때 도덕교육이란 이론적 차원에 머무는 것이 아닌 개인적 측면에서는 자신의 삶을 도덕적으로 견인해나가며, 사회적 측면에서는 타인의 고통에 반응하고 현실의 부조리를 개선해나가도록 촉구하는 실천적 성격을 띤다고 하겠다. 이것이 공자가 제시한 참된 지식인, 즉 군자의 모습이다. 군자는 단순한 도덕 이론가가 아닌, 자신이 처한 현실에 적극적으로 참여하며 행동하는 실천가이다. 공자가 평생토록 제자를 양성하고 교육에 헌신할 수 있었던 동력은 그의 제자들을 군자로 양성하여 현실을 바꿀 수 있을 것이라는 신념 때문이었다. 이러한 공자의 교육관은 도덕교육의 목적과 방향성을 탐구하려는 오늘날의 도덕과 교육에 있어서도 여전히 유효한 가르침을 제공해준다.

6 핵심 개념

① 인(仁)   ② 예(禮)

③ 충서(忠恕)   ④ 극기복례(克己復禮)

⑤ 덕치(德治)   ⑥ 정명(正名)

7 토의·토론 주제

① 공자가 사람다움[仁]으로 제시하고 있는 덕목들에 대해 조사하고, 그것의 현대적 의미에 대해 토의해보자.

② 공자가 제시한 구사(九思)의 마지막 구절인 "견득사의(見得思義)"의 의미와 윤리적 함의에 대해 토의해보자.

③ 일반적으로 충서忠恕는 동양의 황금률로 해석되곤 한다. 서양 황금률의 출처를 찾아보고 공자의 충서 개념과 비교하여보자.

④ 공자가 제시한 덕치德治와 한비자가 제시한 법치法治의 특징에 대해 비교하고, 각 이론의 한계는 무엇인지 생각해보자. 나아가 여러분이 지지하는 정치적 주장은 무엇이며, 그 이유는 무엇인지 토론해보자.

8 더 읽어볼 책

① 김병환(2020), 『공자와 한 시간』, 한올출판사.
② 황종원 역(2011), 『논어, 세 번 찢다』, 글항아리.

참고문헌

① 朱熹, 『論語集註』, 『朱子全書』, 上海古籍出版社.

② 朱熹, 『論孟精義』, 『朱子全書』, 上海古籍出版社.

③ 朱熹, 『四書或問』, 『朱子全書』, 上海古籍出版社.

④ 楊伯峻(2002), 『論語譯注』, 中華書局.

⑤ 천병돈 역(2000), 『공자의 철학』, 예문서원.

⑥ 성백효 역(2001), 『논어집주』, 전통문화연구회.

⑦ 신정근(2011), 『사람다움이란 무엇인가』, 글항아리.

⑧ 김병환(2017), 『김병환교수의 동양윤리사상강의』, 새문사.

제2강	**도덕성의 회복과 확충에 대한 탐구: 맹자**

1 들어가는 말

　　제나라 선왕이 물었다. "어떻게 하면 천하를 통일하여 왕이 될 수 있습니까?" 맹자께서 대답하시길, "백성을 아끼고 보호하며 왕도王道를 실행한다면 이를 막을 자가 없을 것입니다." 왕이 말하길, "저 같은 사람도 백성을 아끼고 보호할 수 있습니까?" 맹자께서 대답하셨다. "가능합니다." 왕이 말하길, "무슨 이유로 나의 가능함을 아십니까?" 맹자께서 대답하시길, "신이 왕을 모시는 호흘이라는 신하에게서 다음과 같은 일화를 들었습니다. 왕께서 당상堂上에 앉아 계시는데 어떤 사람이 소를 끌고 당하堂下로 지나가고 있었습니다. 왕께서 이를 보시고 '소는 어디로 가는가?'라고 물으시니, '장차 (도살하여 그 피로) 흔종에 쓰려고 합니다.'라고 하니, 왕께서 '놓아주어라, 내가 그 두려워 벌벌 떨며 죄 없이 사지로 나가는 것을 차마 볼 수 없다.' 하시자, 신하가 '그럼 흔종을 폐지하오리까?'하니, 왕께서 '어찌 폐지할 수 있겠는가? 양으로 바꾸어 쓰라.'고 하셨다고 하는데, 이런 일이 있었습니까?" 왕이 말하길, "그런 일이 있었습니다." 맹자께서 말씀하셨다. "이 마음이면 족히 천하를 통일하여 왕이 되실 수 있습니다. 백성들은 모두 왕이 재물을 아낀다고 하겠지만, 신은 진실로 왕께서 차마 못하신 바를 알고 있습니다."

『맹자』 양혜왕 상편

맹자(孟子, 기원전 372-289)는 전국시대 추나라 사람으로 공자와 함께 유학의 대표적 인물이다. 맹자는 공자 사후 백여 년이 흐른 뒤 출생하였으므로, 공자와 직접적인 사승관계가 있는 것은 아니다. 하지만 맹자는 자사子思학파에서 교육받았고, 자사학파는 공자의 제자였던 증자曾子의 문하에서 형성되었으므로, 맹자의 학문 연원은 공자에게 소급된다고 볼 수 있다. 맹자는 당시 유행하던 양주와 묵적 사상에 대항하여 공자의 가르침을 회복시키고자 하는 위도주의衛道主義와 당시 무력으로 천하를 장악하고자 했던 제후들을 비판하는 왕도주의王道主義를 표방하였다.

맹자가 활동하던 전국시대 중기는 전국칠웅戰國七雄이 패권을 다투던 시기였다. 맹자는 공자와 마찬가지로 여러 제후국을 주유하며, 사람다운 정치, 즉 인정仁政에 대해 설파하였고, 그에 대한 근거로 성선性善을 제시하였다. 하지만 당시 부국강병이라는 정치적 목적에 혈안이 되어있던 제후들은 법가法家나 병가兵家의 인재들을 재상으로 등용하는 까닭에, 맹자의 주장은 채택되지 못하였다. 맹자는 말년에 다시 추나라로 돌아와 후학을 양성하며 여생을 보내게 된다. 그의 제자들 손에 완성된 『맹자』라는 텍스트를 통해 오늘날 우리는 맹자 사상의 전모를 살펴볼 수 있다.

맹자가 주장한 인성론과 수양론, 왕도정치와 정전제를 포함한 여러 제도의 개혁은 이후 동아시아 역사에 많은 영향을 주었다. 특히 성선설로 알려진 맹자의 인성론은 인성人性을 둘러싼 동아시아의 학술 담론에 지대한 영향을 미쳤다. 그는 "타고난 것이 인성[生之爲性]"이라는 당시 주류적인 사상에 대항하여, 인간의 본질을 '불인인지심不忍人之心'으로 규정하였다. 불인인지심이란 타인에 대한 공감을 바탕으로 한 연민과 동정의 마음을 뜻한다. 맹자는 사람이라면 누구나 이 불인인지심을 가지고 있다는 사실에 근거하여 인간은 본질적으로 금수와 다르며, 또한 반드시 다를 것을 요구하였다. 나아가 불인인지심의 선천성과 내재성에 근거하여, 자기수양의 필요성, 인정의 실행 근거와 가능성에 대해 호소하였다.

2 사단지심과 성선

1 사단지심(四端之心)

맹자는 이른바 유자입정孺子入井의 사례를 들어 사람이라면 누구나 '불인인지심'을 가지고 있다고 주장한다.

> 맹자가 말했다. "(1)사람은 누구나 남에게 차마하지 못하는 마음이 있다. 이전 왕들은 남에게 차마하지 못하는 마음을 가지고 있어서, 이에 차마하지 못하는 정치를 하였으니, 남에게 차마하지 못하는 마음을 가지고 남에게 차마하지 못하는 정치를 행한다면, 천하를 다스리는 것은 손바닥 위에 놓고 움직이는 것과 같이 쉬울 것이다. 내가 사람이라면 누구나 남에게 차마하지 못하는 마음을 가지고 있다고 하는 이유는 다음과 같다. (2)지금 어떤 사람이 어린아이가 우물에 빠지려고 하는 것을 본다면 누구나 깜짝 놀라며 측은하게 여기는 마음이 생기게 될 것이다. 이는 그 어린애의 부모와 친분을 맺기 위함도 아니요, 동네 사람들에게 칭찬을 받으려는 것도 아니요, 그 어린애를 구하지 않았다는 비난을 듣기 싫어서도 아니다. (3)이로 보건대, 측은해하는 마음이 없으면 사람답지 못한 것[非人]이요, 부끄러워하는 마음이 없으면 사람답지 못한 것이요, 사양하는 마음이 없다면 사람답지 못한 것이요, 시비를 가리는 마음이 없다면 사람답지 못한 것이다. (4)측은해하는 마음은 인仁의 단서(실마리)이고, 부끄러워하는 마음은 의義의 단서이며, 사양하는 마음은 예禮의 단서이고, 시비를 가리는 마음은 지智의 단서이다. 사람이 이 네 가지 단서를 가지고 있는 것은 마치 사지를 가지고 있는 것과 같으니, 이 네 가지 단서를 가지고 있으면서도 스스로 그 일을 못한다고 말하는 것은 스스로를 해치는 것이며, 자기 임금이 그 일을 못할 것이라고 말하는 것은 자기 임금을 해치는 것이다. (5)무릇 네 가지 단서가 나에게 있다는 것을 알아서 그것을 확충해가면, 마치 불이 처음 타오르고 샘물이 처음 솟아나는 것과 같이 강력하게 될 것이니, 그것을 확충할 수 있다면 족히 천하를 보전하게 될 것이며, 그것을 확충하지 못한다면 자기 부모 섬기기에도 부족할 것이다."

『맹자』 공손추 상편

맹자는 (1)에서 사람에게는 누구나 불인인지심이 있음을 주장한다. 불인인지심은 보통 우리말로 "남에게 차마하지 못하는 마음"으로 풀이된다. 현대 중국어로는,

타인의 입장이 되어 그의 처지를 불쌍히 여기는[怜悯体恤] 마음 정도로 해석될 수 있다. 다시 말해 불인인지심이란 타인의 불행이나 고통을 차마 모른척하고 지나칠 수 없는 마음을 말하는 것으로, 거기에는 타인의 입장에 대한 공감, 그의 상황을 측은히 여기는 연민과 동정의 마음 등이 포함된다.

(1)에 대한 논거로 맹자는 (2)에서 유자입정의 사례를 제시하였다. 맹자에 따르면, 어린아이가 우물에 빠지려고 하는 상황을 마주치게 될 때 우리는 모두 깜짝 놀라며 몹시 불안한 마음을 가지게 되는데, 이러한 마음은 일련의 인지적 추론 과정을 통해 도달한 결과가 아닌 일종의 외적 자극에 대한 즉각적인 반응에 가깝다. 맹자는 이러한 지각 활동이 후천적인 환경이나 개인의 특수한 상황과는 무관하게 인간이라면 누구나 가지고 있는 특징이라고 보았다. 맹자에 따르면, 인간은 선천적으로 양지良知와 양능良能을 가지고 태어난다. 맹자는 이를 적자지심赤子之心이라고 불렀는데, 적자지심이란 말 그대로 갓난아이의 마음을 의미한다. 불인인지심, 적자지심, 양지와 양능 등은 모두 인간의 본래적 선함을 주장하는 맹자 성선설의 핵심 개념이다.

(3)에서 맹자는, 이러한 불인인지심이란 사람다움의 주요한 특징으로, 만약 특정 상황에서 이러한 감정적 반응을 보이지 못하는 사람이 있다면, 그는 사람답지 못한 것으로 간주할 수밖에 없다고 주장한다. 나아가 맹자는 불인인지심의 구체적인 내용으로 네 가지 마음[四端之心], 즉 측은지심惻隱之心, 수오지심羞惡之心, 사양지심辭讓之心, 시비지심是非之心을 제시하였다. 측은지심이란 타인의 고통에 대한 공감을 전제로 한 동정과 연민을 의미한다. 수오지심이란 자신의 불의를 부끄러워하고 타인과 사회의 부조리를 미워하는 마음을 의미한다. 사양지심이란 타인의 입장을 미루어 생각하여 베풀고 양보하는 마음을 말한다. 시비지심이란 도덕적 옳고 그름을 분별할 수 있는 마음을 가리킨다.

(4)에서 맹자는, 이 네 가지 마음은 인의예지仁義禮智의 단서가 되며, 사람이라면 누구나 선천적으로 이 네 가지 마음을 갖고 있기 때문에, 만약 누군가 자신은 도덕적으로 살 수 없다는 평계를 댄다면 그는 "스스로를 해치는 것"에 불과하다고 강

하게 비판한다. 끝으로, (5)에서 맹자는 이 네 가지 단서는 아주 미미한 것이지만, 개개인이 이를 확충해나간다면 도덕적 사회를 이루는 데 부족함이 없을 것이라고 단언한다. 다시 말해 맹자는 개인의 도덕성 회복이 가정윤리와 사회윤리의 근간이라고 보았다.

2 성선(性善)에 대한 논증

맹자는 불인인지심과 사단지심의 보편성과 내재성에 대해 논하면서, 인간성에 관한 매우 독특한 견해를 정립하였다. 이른바 성선설로 알려져 있는 맹자의 인성론은 고자의 주장을 포함한 당시 인간의 본질에 대한 여러 가지 견해를 반박하기 위해 제기된 것이다.

> 공도자가 말하였다. "(1)'고자는 본성은 선도 없고 불선도 없다.'고 하고, (2)혹자는 '본성은 선할 수도 있고, 불선할 수도 있다. 그러므로 문왕과 무왕이 일어나면 백성들이 선을 좋아하고 유왕과 려왕이 일어나면 백성들이 포악함을 좋아한다.'고 하며, (3)혹자는 '본성이 선한 사람도 있고 본성이 불선한 사람도 있다. 그러므로 요임금을 군주로 삼았는데도 상이라는 사람이 있으며, 고수를 아버지로 삼았는데도 순과 같은 사람이 있으며, 주왕을 형의 아들로 삼고 또 군주로 삼았는데도 미자와 비간 같은 사람들이 있었다.'고 말하는데, 지금 선생님께서는 본성이 선하다고 하시니, 그렇다면 저들은 모두 틀린 것입니까?" 맹자께서 말씀하셨다. "그 성정으로 말하자면 선을 행할 수 있으니, 이것이 내가 말하는 선하다는 것의 본의이다. 불선을 행하는 것은 타고난 자질의 죄가 아니다. 사람이라면 누구나 측은해하는 마음을 가지고 있고, 사람이라면 누구나 부끄러워하는 마음을 가지고 있으며, 사람이라면 누구나 공경하는 마음을 가지고 있고, 사람이라면 누구나 시비를 가리는 마음을 가지고 있다. 측은해하는 마음은 인(의 단서)이고, 부끄러워하는 마음은 의(의 단서)이며, 공경하는 마음은 예(의 단서)이고, 시비를 가리는 마음은 지(의 단서)이다. 인의예지는 밖으로부터 내게 녹아든 것이 아니고 내게 본래부터 있던 것들로서 생각하지 않았을 따름이다. 그래서 '구하면 얻고 버리면 잃는다.'라고 하는 것이니, 혹은 그 차이가 배가 되고 다섯 배가 되어 계산할 수 없음에 이르는 것은 그 자질을 다하지 못했기 때문이다."

『맹자』 고자 상편

공도자는 맹자의 제자이다. 그는 고자를 포함한 당대 인간성에 관한 여러 견해들을 다음과 같이 제시한다. (1)인성에는 선도 없고 불선도 없다. (2)인성은 선해질 수도 있고 불선해질 수도 있다. (3)선천적으로 인성이 선한 사람도 있고 불선한 사람도 있다. 공도자의 언급을 통해 우리는 당시 많은 사상가들이 인성의 선악 문제에 지대한 관심이 있었다는 것을 알 수 있다. 공도자의 질문은, 당시 인성의 선악 문제를 둘러싼 다양한 이론들이 쏟아져 나왔으나, 특정 인성론이 우위를 점하지 못한 채 다양한 학설들이 난립하고 있던 당시의 학술 분위기를 생생하게 전달해준다.

맹자는 먼저, 고자가 제기한 "타고난 그대로를 인성이라고 한다.[生之謂性]"는 주장에 대한 반박을 제기하였다. 여기에서 타고난 그대로의 상태는 식색食色, 즉 생물학적 본능을 의미한다. 맹자는 "그렇다면 개의 본성이 소의 본성과 같고 소의 본성이 사람의 본성과 같은가?"라고 반문하며, 다른 동물들과 인간이 공통적으로 가지고 있는 생물학적 본능을 인성으로 규정하게 된다면, 그것은 인간만이 가진 고유성을 드러내기에 부족하다는 점을 지적하였다.

둘째, 인은 내재적이며 의는 외재적이라는 고자의 의외재설을 반박하며, 인과 의는 모두 내재적임을 주장하였다. 고자의 경우, 인은 마치 어미개가 새끼를 낳아 돌보는 것과 같은 선천적인 본능이기에 내재적이며, 의는 후천적 학습에 의해 습득된 사회적 규범을 의미하므로 외재적이라고 주장한 것이다. 이에 대해 맹자는 '공경'을 예로 들어 내가 연장자를 공경하는 것은 그가 나보다 나이가 많다는 외적인 이유 때문이라든가 연장자를 공경해야 한다는 후천적으로 습득된 사회적 규범 때문이 아닌 자신의 마음에서 자연스럽게 우러나오는 것이기에 의 또한 내재적이라고 반박하였다. 맹자는 자신의 주장에 대한 문헌적 근거로 『시경』의 다음 구절을 제시하였다.

『시경』에서는 "하늘이 온 백성을 낳으시니 사물이 있으면 반드시 법칙이 있네. 백성들은 착한 본성을 지녀 이 아름다운 덕을 좋아하네."라고 하였다. 공자께서도 "이 시를 지은 사람은 도를 아는 사람일 것이다. 진실로 사물이 있으면 반드시 법칙이 있게 마련이니, 백성들은 착한 본성을 지녔으므로 아름다운 덕을 좋아하는 것이다."라고 하셨다.

『맹자』 고자 상편

맹자의 인성론은 당시 인성을 둘러싼 분분한 논쟁 가운데 가장 획기적이며 강력한 도전으로 평가될 수 있다. 그 특징은 다음과 같다. 첫째, 맹자는 식색, 즉 생물학적 본능[生]을 인성[性] 개념과 동일시하였던 전통적인 견해를 반박하고 인성과 본능을 구분하였으며, 다른 동물들과는 다른 인간의 고유한 특질을 인성으로 규정해야 한다고 주장하였다. 둘째, 맹자는 인성에 선험적 내용이 있다는 견해에 회의적이었던 고자의 주장을 반박하며, 인의라는 도덕성은 인간에게 선천적으로 내재된 것으로, 이것이 바로 인성의 주된 특징이며 타 존재와는 달리 인간만이 가진 고유성이라고 보았다. 요컨대, 맹자 인성론의 주요 특징은 인성 개념과 본능 개념을 구분한 것, 인성의 내용을 인의로 규정한 것, 인의를 선험적이라고 본 것 정도로 정리할 수 있다.

3 도덕성 회복을 위한 마음공부

1 구방심(求放心)과 상지(尚志)

맹자는 사람이라면 누구나 선천적으로 사단지심을 가지고 있다고 보았으며, 이를 근거로 성선을 주장하였다. 그렇다면 다음과 같은 의문을 제기할 수 있다. 같은 사람임에도 불구하고 도덕적인 사람이 있는 반면, 또 그렇지 못한 사람도 있는 이유는 무엇일까? 맹자는 "잃어버린 마음을 찾지 않았기" 때문이라고 보았다.

맹자께서 말씀하셨다. "인은 사람다운 마음이고, 의는 사람이 마땅히 가야할 길이다. 그 길을 버리고 가지 않으며, 그 마음을 잃어버리고도 구할 줄 모르니, 애석하구나! 사람이 닭이나 개를 잃으면 찾을 줄 알면서 마음을 잃어버리고서도 찾을 줄 모른다. 학문하는 방법은 다른 것이 아니다. 잃어버린 마음을 찾는 것일 뿐이다."

『맹자』 고자 상편

맹자께서 말씀하셨다. "구하면 얻고 버리면 잃는다. 이 구함은 얻음에 유익함이 있으니, 나에게 있는 것을 구하기 때문이다."

『맹자』 진심 상편

"나에게 있는 것"이란 내 마음에 내재된 인의를 말한다. 인의는 나의 마음에 내재된 것으로 자기 자신에게서 구하면 반드시 얻을 수 있다. 나에게 없는 것을 구하는 것이 아닌 이미 나에게 갖추어져 있는 것을 찾는 것이기에, 유익함이 있다고 한 것이다. 구방심求放心이란 놓쳐버린 마음[放心]을 되찾는다[求]는 말로, 어떤 상황에서도 나의 마음에 갖추어진 인의를 놓치지 않는 것을 말한다. "마음을 놓치게 되는" 이유는 마음이 제 기능을 다하지 못하였기 때문이다.

공도자가 물었다. "같은 사람인데 어떤 사람은 대인이 되고 어떤 사람은 소인이 되는 것은 어째서입니까?" 맹자가 대답하길, "그 대체를 따르는 사람은 대인이 되고 그 소체를 따르는 사람은 소인이 된다." 공도자가 또 물었다. "같은 사람인데 어떤 사람은 대체를 따르고 어떤 사람은 소체를 따르는 것은 어째서입니까?" 맹자가 답하길, "귀와 눈의 기능은 생각할 수 없으므로 사물에 의해 가리어진다. 감각기관은 사물을 만나게 되면 거기에 끌려갈 뿐이다. 마음의 기능은 생각하는 것이니, 생각하면 그것을 얻고, 생각하지 않으면 얻지 못한다. 이것은 천부적인 것이다. 먼저 큰 것을 세워놓으면 작은 것이 빼앗을 수 없다. 이것이 대인이 되는 까닭이다."

『맹자』 고자 상편

맹자에 따르면, 대인과 소인은 마음의 작용에 차이가 있는데, 대체를 따르면 대인이 되고 소체를 따르면 소인이 된다. 쉽게 말해, 양자의 차이는 생각하고 사느냐 생각 없이 사느냐에 달려있다. 여기에서 생각한다는 것은 반성적 사고를 뜻한다. 맹자에 따르면, 소인은 그 마음이 사물에 매몰되어 반성적 사고 기능을 제대로 발휘하지 못하기 때문에 소체를 따르는 것이다. 반성적 사고, 즉 성찰이 없는 삶을 맹자는 마음이 제 기능을 하지 못하는 상태라고 보았다. 그렇다면 마음이 제 기능을 다할 수 있기 위해서는 어떻게 하여야 할까? 맹자는 마음이 지향하는 바, 즉 뜻을 고상히 해야 한다는 상지^{尙志}를 주장하였다.

> 왕자 점이 물었다. "선비는 무엇을 해야 합니까?" 맹자가 대답하였다. "뜻을 고상히 해야 합니다." "무엇이 뜻을 고상히 하는 것입니까?" "인의일 뿐입니다. 죄가 없는 사람을 한 사람이라도 죽이는 것은 인이 아니며, 자기 것이 아닌데도 취하는 것은 의가 아닙니다. 어디에 살아야 하는가? 인입니다. 어디에 길이 있는가? 의입니다. 인에 살고 의를 따른다면 대인의 일이 구비된 것입니다."
>
> 『맹자』 진심 하편

맹자는 나의 마음이 인의를 지향하는 것이 곧 나의 뜻을 고상하게 하는 일이라고 말한다. 이는 나의 마음 중심에 인의가 머무르며, 나의 모든 행위가 인의로부터 비롯되는 상태를 가리킨다. 위 인용문에서 특이한 것은 맹자가 살인과 갈취라는 극단적 사례를 들어 인과 의에 대해 설명하고 있다는 점이다. 원문에 따를 때, 인이란 무고한 사람을 죽이지 않는 것이며, 의란 부당한 이익을 취하지 않는 것이다. 죽이는 것이 문제가 아니라 "무고한 자를" 죽이는 것이 문제이고, 취하는 것이 문제가 아니라 "내 것이 아닌 것을" 취하는 것이 문제이다. 다시 말해 인의란, 인간이라면 마땅히 해서는 안될 일을 포함하여 마땅히 해야할 일에 관한 것으로서, 누구나 동의할 수 밖에 없는 최소한의 '인간다움'을 의미한다.

2 부동심(不動心)에 이르는 방법

부동심^{不動心}이란 마음에 동요가 없는 상태를 뜻한다. 공자는 이른바 "사십이불혹^{四十而不惑}"이라고 하였는데, 부동심은 이 불혹^{不惑}의 뜻과 유사하다. 맹자는 부동심에 이르는 방법으로 양기^{養氣}와 지언^{知言}을 제시하였다.

① 양기(養氣)

양기는 양호연지기^{養浩然之氣}의 줄임말로, 호연지기^{浩然之氣}를 기른다는 뜻이다. 맹자는 호연지기를 일러 "하늘과 땅 사이에 가득 찬 넓고 큰 원기"라고 풀이하였다. 사전적 의미는 "거침없이 넓고 큰 기개"를 뜻하는데, 오늘날의 표현으로 도덕적 용기 정도로 볼 수 있다. 맹자는 호연지기에 대해 논하면서 북궁유의 용기, 맹시사의 용기, 증자의 용기를 비교하였다. 북궁유의 용기는 상대를 이기는 것을 위주로 하여 마음에 동요가 없는 상태를 말하며, 맹시사의 용기는 어떤 상황이 주는 두려움으로부터 초연하여 마음에 동요가 없는 상태를 말한다. 이들이 말하는 용기는 자신을 두렵게 하는 외부의 대상이나 상황을 혈기로 굴복시키거나 아니면 자신의 마음을 다스려 평정의 상태를 잃지 않는다는 특징이 있다. 맹자는 맹시사의 용기가 북궁유의 용기보다 낫기는 하지만, 이들이 말하는 용기는 모두 도덕적 용기와 거리가 있다고 보았다.

한편, 증자의 용기는 "스스로를 돌이켜 떳떳함[自反而縮]"을 중심 내용으로 한다. 여기에서 축^縮은 직^直을 뜻한다. 이 문맥 안에서의 직은 떳떳함, 당당함을 의미한다. 따라서 자반이축^{自反而縮}이란 자반^{自反}, 즉 자기 반성을 통해 도달한 떳떳함을 가리킨다. 다시 말해 증자가 말하는 용기란 자기 양심에 비추어 부끄러움이 없는 상태를 말하는 것으로, 자기 수양을 통해 도달한 내적 자부심에 가깝다. 맹자는 증자가 제시한 용기에 공감하며, 호연지기를 기르는 방법으로 이직양^{以直養}, 집의^{集義} 등을 제기하였다.

먼저, 이직양이란 직역하면 직^直으로 기른다는 뜻으로, 여기에서의 직은 앞서 설명한 자반이축의 축과 같이 떳떳함, 당당함을 의미한다. 따라서 호연지기를 직으로 기른다는 것은 자기 양심에 비추어 부끄러움이 없는 떳떳함을 통해 도덕적 용기가 배양될 수 있다는 뜻이다. 다음으로, 집의란 의를 모은다는 뜻으로, 맹자에게 있어 의, 즉 의로움이란 수오지심의 발현과 관계가 있다. 수오지심이란 인간이 가진 선천적인 도덕 정감 중 하나로 자신의 불의를 부끄러워하고[羞] 타인의 불의를 미워하는 것[惡]을 말한다. 맹자에 따르면, 자신의 불의함에 부끄러움을 느끼지 못하고 타인의 불의함을 목도하고도 마음에 거북한 감정이 일지 않는다면, 이는 집의로 나가기 위한 가장 기본적인 정서적 토대가 부재한 것으로 보아야 한다.

맹자에 따르면, 호연지기는 자기반성을 통해 회복한 떳떳한 양심과 수오지심에 근거한 의로운 실천을 통해 충만하게 길러질 수 있다. 이렇듯 맹자가 호연지기를 기르는 요점으로 제시한 방법들은 모두 외재적 준칙을 따르는 것이 아닌 나의 양심에 의해 촉발된 것이기에, 궁극적으로는 그 행위의 주체에게 충만한 자긍심과 만족함을 가져다줄 것이라고 맹자는 보았다. 따라서 맹자는 자기 수양을 통한 떳떳함[直]과 부끄러움[羞惡]이라는 감정적 토대가 배제된 도덕적 행위는 설사 그것이 사회적 규범을 준수하고 남을 돕는 이타적인 행위였다고 하더라도 자신의 마음에 흡족함을 주지 못할 것이라고 주장한다. 이 점에서 맹자는 고자의 주장에 심각한 문제가 있다고 지적하였다. 맹자의 주장에 따르면, 고자의 의외재설은 내가 왜 의로운 행위를 해야 하는지에 대한 강력한 내적 동기를 부여해줄 수 없다.

② 지언(知言)

지언이란 직역하면 말을 잘 안다는 것으로, 상대방의 말을 제대로 파악한다는 뜻이다. 『논어』에서는 "다른 사람의 말을 잘 알아듣지 못하면 그 사람을 알 수 없다."라고 하여, 말을 아는 것[知言]이 곧 사람을 아는 것[知人]이라고 하였다. 맹자는 상대방의 말을 통해 화자의 마음을 읽어내는 것이 중요하다고 보았다.

> 공손추가 여쭈었다. "무엇을 지언이라 합니까?" 맹자께서 말씀하셨다. "편파적인 말을 들으면 그 사람이 어디에 가려 있는지 알며, 방탕한 말을 들으면 그 사람이 어디에 빠져 있는 바를 알고, 간사한 말을 들으면 그 사람이 정도에서 괴리된 바를 알며, 둘러대는 말을 들으면 그 사람의 처지가 궁함을 안다. 이러한 말들은 마음에서 생겨나 정치에 해를 끼치고 실제로 정사로 행해지면 나라 일을 망치게 된다. 성인이 다시 나오셔도 반드시 내 말을 따르실 것이다.
>
> 『맹자』 공손추 상편

맹자가 제시한 네 가지 말은 네 가지 마음의 병통에서 연유한다. 맹자는 이러한 말들이 마음에서 생겨나 결과적으로는 정치에 악영향을 미친다고 보았다. 편파적인 말[詖辭]이란 한쪽으로 치우치고 공정하지 못한 언사를 말한다. 방탕한 말[淫辭]이란 음흉하고 도리에서 벗어난 언사를 말한다. 간사한 말[邪辭]이란 간사하고 거짓된 언사를 말한다. 둘러내는 말[遁辭]은 회피하고 궁색한 언사를 말한다. 이러한 말을 하는 자는 듣는 사람으로 하여금 실정을 파악하지 못하게 하며, 올바른 판단을 흐리게 한다. 따라서 맹자는 만약 이 네 가지 말을 하는 사람이 있다면, 그 사람이 과연 어떤 마음의 의도를 가지고 이런 말을 하는지 분별할 수 있어야 함을 지적한다. 요컨대, 말[言]을 안다는 것은 그 사람의 마음[心]을 안다는 것이고, 마음을 안다는 것은 그 사람됨[人]을 아는 것이다.

④ 왕도정치와 민본주의

맹자는 누구나 불인인지심을 가지고 있기에, 누구나 인정[仁政]을 시행할 수 있는 가능성을 가지고 있음을 주장하였다.

> 사람은 누구나 남에게 차마하지 못하는 마음을 가지고 있다. 선왕은 남에게 차마하지 못하는 마음을 가지고 남에게 차마하지 못하는 정치를 시행하셨다. 남에게 차마하지 못하는 마음으로 남에게 차마하지 못하는 정치를 시행한다면, 천하를 손바닥 위에 놓고 다스리는 것처럼 쉬울 것이다.
>
> 『맹자』 공손추 상편

불인인지정[不忍人之政]이란, 권세와 무력이 아닌 백성을 인으로 품고 의를 시행하는 정치를 말한다. 맹자는 당시 부국강병을 최우선 과제로 여기는 제후들을 비판하며 이익[利]과 무력[力]이 아닌 인의로 나라를 다스리는 인정에 대해 설파하였다.

맹자께서 양나라 혜왕을 만나셨는데, 왕이 말하기를 "선생님께서 천리를 마다하지 않으시고 오셨으니, 장차 내 나라를 이롭게 함이 있겠습니까?"라고 물었다. 맹자께서 대답하셨다. "왕께서는 하필 이익을 말씀하십니까? 오직 인과 의가 있을 뿐입니다. 왕께서 '어떻게 하면 내 나라를 이롭게 할까?' 하시면, 대부들은 '어떻게 하면 내 가문을 이롭게 할까?' 하며, 선비나 일반백성들은 '어떻게 하면 내 몸을 이롭게 할까?'라고 할 것이니, 이처럼 위아래로 서로의 이익만을 챙긴다면 결국 나라는 위태롭게 될 것입니다. …… 인한 사람이고서 그 어버이를 버리는 자는 없으며, 의로운 사람이고서 그 임금에게 충성하지 않는 자는 없을 것입니다. 어째서 왕께서는 인과 의를 묻지 않으시고 이익만을 논하십니까?"

『맹자』 양혜왕 상편

맹자는 당시 양육강식과 끊임없는 전쟁 등 사회적 혼란의 원인이 이익과 무력만 추구하는 통치자의 통치행위에 있다고 보았다. 맹자에 따르면, 개인의 이익이든 나라 전체의 이익이든 이익의 추구를 최우선으로 여기는 사회적 분위기는 분쟁을 야기할 수밖에 없으며 나라는 결국 위태롭게 된다. 따라서 맹자가 무조건 이익을 거부하고 인의만 주장했다는 평가는 옳지 않다. 맹자는 이익만을 조장하는 것이 아닌 인의로 다스리는 것이 백성의 마음을 얻고 나라 전체를 안정시킬 수 있는 방법이라고 보았다.

맹자에 따르면, 왕이 먼저 물어야 할 것은 어떻게 하면 자기 나라를 이롭게 할 것인가가 아니라, 오히려 자기 내면에 인의를 추구할 마음이 있는지, 진정으로 백성들을 위하는 통치자로서의 애절한 마음[不忍人之心]이 있는지에 대한 자기성찰이어야 할 것이다.

맹자께서 말씀하시길, "닭이 울면 일어나 부지런히 선을 행하는 자는 순 임금의 무리요, 닭이 울면 일어나 부지런히 이익을 추구하는 자는 도둑의 무리이니, 순 임금과 도둑의 차이를 알고자 한다면 다른 것이 아닌 선을 좇느냐 이익을 좇느냐의 차이일 뿐이다."

『맹자』 진심 상편

선^善을 좇는다는 말은 인의를 우선적으로 추구한다는 뜻이다. 인정의 연장선에서 맹자는 무력이 아닌 덕으로 다스리는 왕도정치에 대해 설파하였다.

> 맹자께서 말씀하셨다. "힘으로 인을 가장하는 것은 패자[霸]이니, 패자가 되고자 한다면 반드시 큰 나라를 소유해야 할 것이다. 덕으로 인을 행하는 자가 진정한 왕자[王]이니, 왕자는 큰 나라를 기다리지 않는다. 탕왕은 70리를 가지고 하셨고, 문왕은 100리를 가지고 하셨다. 힘으로 남을 복종시키는 자는 (상대가) 진심으로 복종하는 것이 아니라 힘이 부족해서이며, 덕으로 남을 복종시키는 자는 (상대가) 진심으로 기뻐하여 복종함이니 70명의 제자가 공자에게 심복하였던 것과 같다."
>
> 『맹자』 공손추 상편

왕도王道와 패도霸道의 차이는 통치자가 힘으로 통치하느냐 덕으로 통치하느냐에 따라 갈린다. 힘이란 무력, 권력 등과 같은 외적인 힘을, 덕이란 도덕적 감화력과 같은 내적인 힘을 의미하기 때문에, 맹자는 무력과 덕 모두 사람을 복종시키는 외적 영향력을 행사할 수 있다고 보았다. 맹자는 "백성들이 굶주리지 않고 추위에 떨지 않으며", "산 사람을 봉양하고 죽은 사람을 장사지내는데 유감이 없도록 하는 것"이 왕도의 시작이라고 하였다. 다시 말해 왕도의 핵심은 민생에 있다. 백성들의 삶을 최우선으로 생각하고 그들의 고통에 민감하게 반응하는 자, 그가 바로 민본民本과 애민愛民을 실천하는 왕도의 실행자일 것이다.

5 도덕교육에 주는 시사점

맹자의 인성론과 정치론은 이후 동아시아 사상사에 큰 획을 남겼다. 맹자의 인성론은 이후 중국학술사에서 전개된 인성에 관한 제 담론 중 가장 중요한 이론적 논거로 활용되었다. 특히 성리학의 성립 이후 맹자 성선설의 지위는 절대적인 위상으로 올라 동양 인성론의 주류적 사상이 되었다. 또한 왕도사상은 근대 이전 동아시아 모든 나라들의 정치적 이상으로 숭상되었다. 우리나라의 경우, 맹자의 왕도사상과 혁명사상은 조선의 건국과 함께 동아시아 역사상 유례없는 전성기를 누리기도 하였다. 따라서 맹자의 전체 사상을 이해하는 것은 동아시아의 사상과 문화를 이해하는 데 있어 매우 중요하다.

맹자의 인성론은 도덕성의 기원을 설명하는 진화윤리학, 도덕성의 형성과 발달을 연구하는 도덕 심리학 등의 관점에서 볼 때 선구적 의의를 가진다. 특별히 맹자가 제시한 유자입정 사례의 경우, 오늘날 아동의 도덕성 발달을 연구하는 발달 심리학의 관점과도 유의미한 비교 논의가 가능할 것이다. 하지만 학문적 차원을 넘어, 내가 원하는 삶은 무엇이며, 어떻게 사는 것이 의로운 삶인지를 묻는 우리의 실존적 물음 앞에, 이천여 년 전 동일한 고민을 하였던 맹자라는 한 인물이 주는 울림이 더욱 클 것이라 생각된다.

> 사는 것도 내가 원하는 바요, 의로움도 내가 원하는 바이지만, 이 두 가지를 함께 얻을 수 없다면, 삶을 버리고 의를 취하겠다[捨生取義]. 삶도 내가 원하는 바이지만, 사는 것보다 더 간절히 원하는 것이 있다. 그러므로 삶을 구차하게 얻으려고 하지 않으며, 죽음도 내가 싫어하는 바이지만 죽는 것보다 더 싫은 것이 있으므로, 환난을 굳이 피하지 않는 것이다. …… 살아남는 것보다 더욱 간절한 것이 있으며, 죽는 것보다 더욱 싫은 것이 있으니, 다만 현자만이 이러한 마음을 가지고 있는 것이 아니라 사람이라면 누구나 다 가지고 있건만, 다만 현자만이 능히 이 마음을 잃지 않는 것이다.
>
> 『맹자』 고자 상편

6 핵심 개념

① 불인인지심(不忍人之心)　　　　② 사단(四端)과 사덕(四德)

③ 이로움[利]과 의로움[義]　　　　④ 인의(仁義)

⑤ 호연지기(浩然之氣)　　　　　　⑥ 왕도(王道)와 패도(霸道)

① 맹자는 행위자의 동기를 중심으로 행위나 사건을 평가하는 동기주의적 입장에 서있다. 맹자의 사상에서 동기주의적 요소를 찾아보고, 동기주의의 일반적인 함의 및 그 한계에 대해 토의해보자.

② 맹자는 사단四端을 확충하기 위한 다양한 수양방법론을 제시하였다. 맹자의 수양론이 오늘날 초등학생의 도덕성 발달에 주는 시사점에 대해 생각해보자.

③ 맹자가 도덕적 용기를 기르는 방법으로 제시한 '집의集義'의 구체적인 방법과 그것의 현대적 의의에 대해 토의해보자.

④ 효율성의 증대와 경제적 이윤의 추구를 우선시하는 오늘날 자본주의 체제의 역기능에는 무엇이 있는지 토의해보자.

8 **더 읽어볼 책**

① 인터넷 자료: 이승환, 『동양의 고전을 읽는다(맹자편)』, NAVER 지식백과.
② 이승환(1998), 『유가사상의 사회철학적 재조명』, 고려대학교출판부.

참고문헌

① 朱熹, 『孟子集註』, 『朱子全書』, 上海古籍出版社.

② 朱熹, 『論孟精義』, 『朱子全書』, 上海古籍出版社.

③ 朱熹, 『四書或問』, 『朱子全書』, 上海古籍出版社.

④ 楊伯峻(2007), 『孟子譯注』, 中華書局.

⑤ 천병돈 역(2000), 『맹자의 철학』, 예문서원.

⑥ 성백효 역(2001), 『맹자집주』, 전통문화연구회.

⑦ 김병환(2017), 『김병환교수의 동양윤리사상강의』, 새문사.

제3강 욕망의 조절과 사회적 규범의 확립: 순자

1 들어가는 말

예禮는 어디서 생겨났는가? 인간은 선천적으로 욕망을 가지고 있다. 욕망이 충족되지 못하면 그것을 충족시키고자 어떤 것을 추구할 수밖에 없다. 이러한 추구에 한계가 없다면 반드시 투쟁[爭]이 일어난다. 투쟁은 전쟁[亂]을 일으키고, 전쟁이 일어나면 궁핍해진다. 선왕先王은 이러한 분쟁을 싫어하여 예의禮義를 제정하여 그것을 구분[分] 짓고 사람의 욕구를 길러주고 그들의 욕망을 채워주었다. 그리하여 욕망하는 것으로 하여금 재화를 궁핍하게 하지 않게 하고, 재화로 하여금 욕망을 채우기에 모자라지 않게 하여, 양자가 서로 조화를 이루니 장구하게 된다. 이것이 예의 기원이다.

『순자』 예론편

순자(荀子, 기원전 298-238)는 전국시대 말기 조나라 사람이었으나, 당시 뛰어난 학자들을 양성하기 위해 설립된 직하학궁이 있는 제나라에서 유학하였다. 사마천은 순자가 직하학궁의 최고지위인 좨주祭酒를 세 차례나 맡았다고 기록하고 있다.

순자는 당대 최고의 석학이었으며, 진나라의 재상이 된 이사李斯와 법가의 대표적 인물인 한비자韓非子가 모두 그에게서 수학한 것으로 전해진다. 순자의 인성론과 예치 사상은 한비자를 대표로 하는 법가 사상가들에게 많은 영향을 주었다. 순자는 당시 사회적 혼란의 원인이 인간의 선천적 욕망에 있다고 보고, 후천적인 교육과 예禮를 통해 이를 다스리고 제어해야 한다고 보았다.

『순자』에서 禮는 총 343회 등장한다. 『논어』에서 75회, 『맹자』에서 68회 등장하는 것과 비교해볼 때, 순자의 사상에서 예 개념이 차지하는 위상을 잘 보여준다 (박동인, 2012: 197). 순자는 공맹과 마찬가지로 예를 자연의 질서, 통치 규범, 인륜 도덕 등의 일반적인 의미로 사용하면서도, 등급 질서에 따른 차등과 그에 따른 권한의 제한을 강조하였다는 점에서 구별된다. 순자는 기존의 귀족세습제를 반대하고, 예치禮治를 통해 새롭게 정비된 봉건관료제의 등급 질서를 옹호하였다. 따라서 그의 예론은 귀천貴賤, 존비尊卑, 상하上下 등의 차이를 강조하는 봉건제적 특징과 관직에 따른 분업의 강조, 위계질서에 따른 행동 양식의 규제 등과 같은 관료제적 특징을 보인다.

순자는 이후 맹자의 성선설을 숭상하는 성리학의 영향으로 인해 이단시되었으며, 특히 공맹의 예치와는 달리 형벌의 사용을 일정 부분 긍정하였다는 점에서 법가와 유사하다는 비판을 받기도 하였다. 하지만 순자는 "위에서 예의를 좋아하고, 현명한 사람을 존중하며 능력 있는 사람을 등용하고, 탐욕과 이익을 추구하는 마음이 없으면, 아랫사람들도 서로 사양하게 되고, 진실됨과 신의를 갖추게 되며, 신하로서의 할 일에 힘쓸 것이다."라고 하여, 예를 실행하는 주체인 제왕이 없다면 예치가 원활하게 운용될 수 없다는 왕도王道의 원칙을 고수하였다는 점, 그리고 인간이라면 누구나 수양을 통해 군자가 될 수 있다는 믿음을 가지고 있었다는 점에서, 공맹과 더불어 선진 유가儒家의 핵심 인물이자 예치의 집대성자로 평가될 수 있다.

② 선천적 본성과 인위적 노력의 구분

① 인간 본성[性]에 대한 이해

순자는 대체로 "타고난 그대로를 인성으로 여기는[生之謂性]" 인간 본성에 대한 전통적 견해를 계승하였다. 흥미로운 부분은 타고난 것의 내용을 단순히 식색^{食色}으로 규정하였던 전통적 견해를 넘어, 생리적 욕구, 감각의 작용, 감정, 욕망 등 다양한 개념으로 인성을 설명하였다는 점이다.

> 본성[性]이란 타고난 것이고, 감정[情]이란 본성의 성질이며, 욕구[欲]란 감정의 반응이다. 욕구하는 바를 얻으려고 추구하는 것은 감정이 피할 수 없는 것이다.
>
> 『순자』 정명편

> 대체로 사람에게는 동일한 것이 있다. 굶주리면 먹으려하고 추우면 따뜻하고자 하고 피곤하면 쉬기를 바라고 이익을 좋아하고 손해를 싫어한다. 이것은 태어나면서부터 가지고 있는 것으로 후천적으로 그렇게 된 것이 아니다. 이것은 우임금이나 걸임금 모두 동일하다. 눈이 흰색과 검은색, 아름다움과 추함을 구분하고, 귀가 소리의 맑음과 탁함을 구분하며, 입이 신맛, 짠맛, 단맛, 쓴맛을 구별하고, 코는 향기와 악취를 구분하며, 몸은 추위와 더위, 통증과 가려움을 구분하니, 이것 역시 사람이 태어나면서부터 가지고 있는 것으로 후천적으로 그렇게 된 것이 아니니, 우임금이나 걸임금 모두 동일한 것이다.
>
> 『순자』 영욕편

순자에 따르면, 인성은 선천적으로 타고난 것이며, 감정은 인성의 실질적 내용으로 "본성적으로 좋아하고 싫어하거나, 기뻐하고 노여워하거나, 슬퍼하고 즐거워하는" 감각 작용이 이에 해당한다. 감정은 특정 상황에서 욕구 내지 욕망으로 나타나는데, 이를테면 "굶주리면 먹으려하고, 추우면 따뜻하기를 바라며, 피곤하면 쉬기를 바라고, 이익을 좋아하고 손해를 싫어하는 것"으로, 순자는 이것이 인성의 주된 내용이라고 보았다. 요컨대 순자에게 있어 인성이란 생리적 본능[生]과 욕구, 감각 작용[耳目口鼻] 및 그로 인해 자연스럽게 느껴지는 감정[情], 어떤 것을 선호하고 싫어하는 경향성으로 인해 무엇을 추구하는 상태인 욕망[欲] 등을 그 내용으로 한다.

> 사람의 본성은 선천적으로 이익을 좋아하는데, 이것을 따르기 때문에 쟁탈^{爭奪}이 생기고 사양함이 없어진다. 사람은 나면서부터 질투하고 미워하는데, 이것을 따르기 때문에 남을 해치고 상하게 하는 일[殘賊]이 생기며 충실과 믿음이 없어진다. 사람은 나면서부터 귀와 눈의 욕망이 있어 아름다운 소리와 빛깔을 좋아하는데, 이것을 따르기 때문에 음란^{淫亂}이 생기고 예의와 아름다운 형식이 없어진다. 그러니 사람의 본성과 사람의 감정을 쫓는다면 반드시 다투고 빼앗게 되며, 분수를 어기고 이치를 어지럽히게 되어 난폭함으로 귀결될 것이다. 그러므로 반드시 스승과 법도에 따른 교화와 예의의 교도가 있어야 하며, 그러한 뒤에야 사양함에 나아가게 되고 아름다운 형식에 합하게 되며 다스림에 귀결될 것이다. 이것으로 볼 때 사람의 본성은 악한 것이 분명하며 그 선함은 작위이다.
>
> 『순자』성악편

순자에 의하면, 이익을 좋아하고 시기하며 미워하는 인간의 선천적 경향성과 감각작용으로 인한 욕망은 "쟁탈^{爭奪}", "잔적^{殘賊}", "음란^{淫亂}" 등의 현상을 초래하고, 이러한 현상들은 결국 사회적 혼란으로 귀결된다. 이렇듯 순자는 인간의 선천적인 경향성이 그대로 방치될 경우 사회적 악은 불가피하다고 보았다. 따라서 순자의 성악^{性惡} 개념은 인성이 본질적으로 악하다는 의미라기보다 욕망을 가진 이기적인 인간이 사회를 이루고 살아갈 때 발생하는 여러 가지 갈등과 분쟁에 초점을 두고 성립된 것이라는 점에 유의할 필요가 있다. 예를 들어 누군가 무인도에서 홀로 살게 되었다고 가정해보자. 그의 이기적 본능과 생물학적 욕구를 과연 악이라고 할 수 있을까? 순자가 문제 삼는 것은 사회적 존재인 인간이 자신의 욕망을 조절하지 못하였을 때 발생하는 무절제와 무질서에 있다.

> 천하의 해악은 욕망을 좇는 데서 생겨난다. 사람들이 원하는 것과 싫어하는 것은 같은데 욕구하는 것은 많고 재화는 부족하다. 재화가 부족하면 서로 투쟁하게 될 것이다.
>
> 『순자』부국편

과도한 욕망의 추구는 재화의 부족을 일으키고, 재화의 부족은 결국 투쟁으로 귀결된다. 무절제한 욕망의 추구는 결국 '만인의 만인에 대한 투쟁' 상태를 초래한다.

> 지금 시험 삼아 군주의 권세를 없애고 예의를 통한 교화를 없애고 법도의 다스림을 중지하고 형벌의 금지를 모두 중단한 다음 천하의 사람들이 서로 어떻게 살아가는지 보기로 하자. 그렇게 된다면, 강자는 약자를 해치고 약탈할 것이요, 다수는 소수를 억압하고 짓밟을 것이며, 세상은 어그러지고 모두 망하게 될 것이다.
>
> 『순자』 성악편

그렇다면, 재화의 희소성 문제가 해결된다면 투쟁은 종결될 것인가? 절대 그렇지 않다. 빈부의 차이와 양극화 문제는 비단 오늘만의 문제가 아닐 것이다. 순자는 인간의 욕망을 다스리는 것이 부족한 재화를 해결하는 일보다 근본적이라고 주장한다. 그는 백성들의 기본적 욕구가 채워지고 특정 계층의 과도한 욕망 추구가 조절될 때 재화의 희소성 문제 역시 해결될 수 있다고 보았다.

> 다스림[治]을 논하면서 욕망이 없어지기를 기다리는 자는, 욕망을 잘 인도해주지는 않고 욕망이 있는 자들을 괴롭게 한다. 다스림을 논하면서 욕망이 적어지길 기대하는 자는 욕망을 조절해주지는 않고 욕망이 많은 자들을 괴롭게 한다.
>
> 『순자』 정명편

순자는 무조건 욕망을 억제하려는 통치자의 요구가 불합리하다는 점을 지적한다. 그는 백성들의 기본적인 욕구를 적절히 채워주고, 특정 계층의 욕망을 적절히 조절해 줌으로써, 사회의 모든 계층이 욕망으로 인한 괴로움에서 벗어나도록 하는 것이 다스림[治]의 요체라고 보았다. 따라서 순자가 인간이 가진 욕망을 가치론적으로 부정되어야 할 본질적인 악으로 규정하였다는 생각은 오해이다.

2 화성기위(化性起僞): 본성을 변화시키고 인위를 일으킴

순자는 인간에게 있는 것 중 자연적인 것과 인위적인 것을 나누었다. 전자는 성性, 후자는 위僞에 해당하며, 이것을 '성위지분性僞之分', 즉 선천적 본성과 인위적 노력의 구분이라 한다. 순자는 인간의 생득적 능력에서 도덕의 가능성을 찾는 맹자의 시도와는 달리, 도덕이란 인간의 후천적 노력을 통해서만 성취될 수 있다고 보았다. 순자는 맹자의 성선性善 개념을 반박하며, 맹자가 선천적인 본성과 후천적인 노력의 차이를 간과하였다고 지적한다. 순자는 이를 본성[性]과 인위[僞]라는 개념으로 구분하였다.

본성이란 선천적인 것으로 배울 수 있는 것이 아니며, 노력해서 얻게 되는 것도 아니다. 예의란 성인이 만든 것으로 사람이 배워서 할 수 있는 것이며, 노력해서 성취할 수 있는 것이다. 배우지 않고 노력하지 않아도 인간에게 있는 것을 본성이라고 하고 배워서 할 수 있고 노력해서 이룰 수 있는 것을 인위라고 한다. 이것이 본성적인 것[性]과 인위적인 것[僞]의 구분이다.

......

사람의 본성은 선천적으로 배가 고프면 배가 부르기를 바라고 추우면 따뜻하기를 바라고 힘들면 쉬기를 바라는 것으로 이것은 사람의 성정性情이다. 어떤 사람이 배가 고픈데도 연장자를 보고 감히 먼저 먹지 않는 것은 양보하는 것이며, 힘든데도 쉬지 않는 것은 연장자의 일을 대신하려는 것이다. 자식이 부모에게 양보하고 동생이 형에게 양보하며 자식이 아버지를 대신하여 일하고 동생이 형을 대신하여 일하는 것은 모두 본성에 반하는 것이며 감정에 위배되는 것이다. 그러나 효자의 도리는 예의의 규범이다. 그러므로 성정을 따르면 사양이 없어지니, 사양함이란 성정에 위배되는 것이다. 이것으로 볼 때 사람의 본성은 악한 것이 분명하며 그 선함은 인위적인 것이다.

......

눈은 아름다운 색을 좋아하고 귀는 아름다운 소리를 좋아하고 입은 맛있는 것을 좋아하고 마음은 이익을 좋아하며 육신은 편안함을 좋아한다. 이는 모두 인간의 성정에서 나온 것이다. 이는 감각의 자연스러움이며, 노력으로 얻어지는 것이 아니다. 감각으로는 불가능하며 반드시 노력하여 그렇게 된 것은 인위에서 생겨난다. 이것이 본성과 인위가 생겨난 바이며, 양자가 서로 다르다는 증거이다.

『순자』 성악편

순자에 따르면, 인간의 생득적 능력[性]은 생물학적 본능에 해당하는 것으로 다른 동물들과 다를 바가 없다. 인간의 특수한 지위는 그러한 본성을 넘어 인위적 노력을 통해 예를 창출할 수 있다는 데 있다. 위는 인위적, 작위적 노력을 가리키는 것으로, 교육을 포함한 후천적인 교화와 법도에 따른 다스림이 이에 해당한다.

> 옛 성왕들은 인성이 악하기 때문에, 치우치고 음험하여 바르지 않고 어그러지고 어지러워 다스려지지 않는다고 여겨, 이를 위해 예의를 일으키고 법도를 제정하여, 사람의 성정을 교정하고 단장하여 바르게 하고 사람의 성정을 다스리고 변화시켜 바른 길로 인도하셨다. …… 그러므로 성인은 본성을 변화시켜 작위를 일으키고[化性起僞], 작위가 일어나 예의禮義가 생기고, 예의가 생겨나니 법도法度가 제정되었다. 그러므로 예의와 법도는 성인이 만든 것이다.
>
> 『순자』 성악편

요컨대, 순자는 성위지분性僞之分, 즉 선천적 본성과 후천적 노력의 차이를 구분할 것과, 화성기위化性起僞, 즉 본성을 변화시키고 인위적인 노력을 기울일 것을 주장하였는데, 그것의 구체적인 내용이 바로 예이다. 예의 기능은 사람의 본성을 교정하여 올바르게 인도하는 데 있다.

③ 예(禮)의 성립 가능성과 사람다움의 재정립

순자는 사람다움의 의미를 선천적 본성에서 찾는 맹자의 주장에 동의하지 않는다. 그는 후천적인 노력을 통해 제정된 예만이 당시 만연한 사회적 갈등과 무질서로부터 백성들을 구제해주며 사람다움을 회복시켜줄 수 있다고 보았다. 다시 말해 순자는 예론禮論를 통해 사람다움의 의미를 재정립하고자 하였다.

> 사람이 사람 되는 이유는 무엇인가? 분별[辨]이 있기 때문이다. 배고프면 먹고 싶고 추우면 따뜻하고 싶고 피곤하면 쉬고 싶고 이익을 좋아하고 해를 싫어하는 것은 생득적인 것이다. 기다리지 않아도 그렇게 되며 우임금과 걸임금이 공유하는 것이다. 그렇지만 사람이 사람

되는 이유는 단지 두 다리를 가지고 있고 털이 없어서가 아니라 분별이 있기 때문이다. …… 새나 짐승도 아비와 새끼가 있지만, 아버지와 자식 간의 친함[親]은 없고, 암컷과 수컷이 있지만, 남자와 여자의 구별[別]은 없다. 그러므로 사람의 도리에는 분별이 없을 수 없다. 분별에서 구분[分]보다 큰 것이 없고, 구분은 예[禮]보다 큰 것이 없다. 예는 성왕이 제정한 것보다 큰 것이 없다.

『순자』 비상편

순자에 따르면, 인간이 타 생명체와 다른 점은 분별[辨]하는 능력에 있다. 분별이란 구별하여 가려내는 것을 말한다. 친[親]이란 혈연적으로 가까운 사람을 가깝게 여기는 것이며, 별[別]이란 남녀에 따른 차이를 의미한다. 다시 말해 분별이란 사회의 다양한 구성원들 간의 다름[異]과 차이[別]를 가려내는 능력을 의미하는 것으로, 순자는 이러한 능력이 사람의 도리[人道]를 행하는 데 있어 매우 중요한 요소가 된다고 보았다. 나아가 순자는 분별 능력에 있어서 구분[分]이 가장 중요하다고 보았으며, 구분에 있어서는 예[禮]가 가장 중요하다고 보았다.

인간의 삶은 무리[群]를 짓지 않을 수 없다. 무리를 지어 살되 구분이 없으면 다툼[爭]이 일어난다. 다투면 혼란[亂]해지고, 혼란하면 가난[窮]해진다. 그러므로 구분이 없는 것은 인간에게 있어 큰 해악[害]이다. 구분이 있는 것이 천하의 근본적인 유익함[利]이다.

『순자』 부국편

순자는 구분이 필요한 현실적 이유로 인간이 사회적 존재라는 점을 들며, 구분이 없는 사회는 인간의 실제적 삶에 큰 해악을 끼친다고 보았다. 구분이란 나눈다는 뜻으로, 나이와 성별, 직분, 역할에 따른 구분을 의미한다. 따라서 구분은 "장유長幼"를 포함한 "귀천貴賤", "지우智愚" 등과 같이 사회를 이루는 구성원들 간의 여러 위계질서를 전제한다. 사회는 다양한 역할과 직분을 가진 구성원들로 이루어져 있다. 예를 들면 아버지와 자식의 역할은 서로 다르며, 남자와 여자의 직분 역시 서로 다르다. 서로 다르다는 것은 서로의 역할과 직분이 구분되어 있다는 뜻이다. 순자에 따르면, 인간에게는 분별하는 능력이 있고, 그것으로 인해 사회 구성원들의 다양한 역할과 직분 등 다양한 차이를 구분해낼 수 있다. 따라서 구분은 예의 성립에 있어 가장 기본적인 전제가 된다. 하지만 구분에는 반드시 합당한 이유가 있어야 하며, 사회적으로 통용되는 마땅함[宜]에 근거하여야 한다. 순자는 그것을 의^義라고 하였다.

> 물과 불에는 물질적 기운은 있으나 생명은 없고, 초목에는 생명은 있어도 지능은 없으며, 짐승에게는 지능이 있어도 의^義는 없다. 사람은 기운과 생명, 지능이 있고 또한 의까지 있으므로 천하에서 가장 존귀하다. 인간이 힘은 소만 같지 못하고 달리기는 말만 같지 못하여도 소나 말을 이용할 수 있는 것은 왜 그런가? 사람은 사회[群]를 이룰 수 있지만, 그들은 그럴 수 없기 때문이다. 사람은 어떻게 사회를 이룰 수 있는가? 구분에 의해서이다. 구분은 어떻게 이루어지는가? 의에 의해서이다. 그러므로 의로써 구분하게 되면 조화[和]를 이루고, 조화를 이루면 하나가 되며, 하나가 되면 많은 힘이 생기고, 많은 힘이 생기면 강해지고, 강해지면 다른 생명체들을 능가할 수 있다. 그러므로 (인간만이) 친족을 거느리며 살 수 있는 것이다. 따라서 사계절에 따라 만물을 이루고, 천하를 이롭게 하는 까닭은 다른 것 때문이 아니라 구분과 의를 얻었기 때문이다. …… 따라서 잠시라도 예와 의를 떠나서는 안 된다.
>
> 『순자』 왕제편

순자에 따르면, 인간이 자연 세계를 활용할 수 있는 까닭은 사회적 존재이기 때문이다. 인간은 혼자서는 생존할 수 없으며, 사회 속에서 다른 구성원들과의 협동, 갈등, 경쟁 등의 상호작용을 통해 살아간다. 사회 속의 개인은 특정한 역할과 직분이 있으며, 그에 따른 책임과 의무가 요구된다. 예를 들어 교사라는 역할에는 교사의 의무와 책임이 부여되며, 교사로서 마땅히 따라야 할 행동 양식이 있다는 뜻이다. 순자는 이것을 의^義라고 하였다. 의란 마땅함[宜]을 뜻하며, 사회를 살아가는 인간에게는 각자에게 합당한 본분이 있다는 것을 의미한다. 다시 말해 의는 내가 마땅히 해야 할 것과 하지 말아야 할 것을 구분해주는 기능을 한다. 따라서 순자는 의로써 구분하게 되면 사회 구성원들이 모두 조화를 이루어 화합에 이를 수 있다고 보았다. 조화[和]란 다양한 직분과 역할을 가진 구성원들이 서로의 권리를 침해하지 않고 조화를 이루며 질서 잡힌 사회를 구성한다는 뜻이다. 예가 궁극적으로 추구하는 것은 사회를 이루는 구성원들 간의 조화이다.

> 귀한 것으로는 천자가 되는 것이며, 부유한 것으로는 천하를 소유하는 것이다. 이것은 인간의 성정이 동일하게 요구하는 것이다. 그런즉 인간의 욕망을 따라가면 그 기세는 용납할 수가 없고, 재화는 넉넉할 수가 없다. 그러므로 선왕은 이를 위해 예의禮義를 제정하여 그것을 구분하여, 귀천의 등급, 장유의 마땅함, 지적 차이와 능력의 차이로 인한 구분이 있도록 하여 사람들에게 일을 맡기고 각각 그 마땅함을 얻도록 하였다. 그런 뒤에 곡식과 녹봉의 많고 적음, 후하고 박함의 헤아림이 있게 되었다. 이것이 무리를 지어 살면서도 하나로 조화를 이루는 길이다.
>
> 『순자』영욕편

순자의 예론은 그의 정명론과 맥을 같이 한다. 정명正名이란 명분을 바로잡는다는 뜻으로, 『춘추』와 『주역』 등에 나타난 명분론名分論에서 그 유래를 찾을 수 있다. 『논어』에서 정치에 대한 포부를 묻는 제자에게 "먼저 명분을 바로 잡을 것이다"라고 답한 공자의 언급은 이후 예치禮治의 핵심 내용으로 정립되었다. 공자는 명분을 바로 세움으로써 사회의 기강을 바로잡는 것이 정치를 행하는 자들의 선결 과제라고 보았다. 다시 말해 사회 구성원 각자가 자신의 책임과 의무를 다하도록 하는 것이 사회 질서를 마련하기 위한 첫걸음이라고 본 것이다. 순자는 공자의 정명론을 계승하였지만, 신분과 분업의 차이에 입각한 엄격한 위계질서를 강조하였다는 특징이 있다.

> 군주는 군주답고 신하는 신하답고 아버지는 아버지답고 자식은 자식답고 형은 형답고 동생은 동생다운 것은 하나의 원리이다. 농부는 농부답고 선비는 선비답고 기술자는 기술자답고 상인은 상인다운 것도 하나의 원리이다.
>
> 『순자』왕제편

> 농민은 힘으로 밭 가는 데 최선을 다하고, 상인은 살핌으로써 재화를 늘리는 데 최선을 다하며, 기술자들은 기교를 가지고 작업하는 데 최선을 다하고, 사대부 이상 공후公侯에 이르

기까지 인품과 능력으로 관직에 최선을 다한다. 이것이 (다스림의) 지극함이다.

『순자』영욕편

순자는 천하를 하나의 유기적인 전체로 상정하고, 그 안에 존재하는 귀천상하^貴^{賤上下}, 군신부자^{君臣父子}, 사농공상^{士農工商}의 다양한 차이들에 근거하여 사회를 조직화하였다. 그리고 이러한 조직이 원활하게 작동하기 위해서는 예^禮가 필수적이라고 보았다. 예란 상호 간의 역할과 직분을 나누고[分], 나아가 자기가 마땅히[義] 수행해야 할 바를 행하도록 하며, 동시에 서로에게 합당한 행동 양식을 요구하는 기능을 한다. 물론 여기에는 자신의 본분에 맞는 예의 적용과 그에 따른 욕구의 제한이 전제되어 있다.

예란 귀천에 따라 등급을 매기고 장유의 차이가 있게 하며 빈부와 (지위의) 상하에 따라 모두 어울리는 대우를 하는 것이다. 그러므로 천자는 붉은 비단의 곤룡포를 입고 면류관을 쓰며, 제후는 검은 비단의 곤룡포를 입고 면류관을 쓰며, 대부는 비의[裨]를 입고 면류관을 쓰며, 사대부는 피변^{皮弁}을 쓰고 거기에 맞는 소적의 옷을 입는다.

『순자』부국론

순자는 신분의 차등에 따라 누릴 수 있는 특권을 달리하여, 천자와 제후, 대부, 사대부들의 의복제도 및 장례제도 등과 같은 구체적인 의례에 대해서도 엄격한 규제가 필요하다고 보았다. 따라서 순자의 예론은 귀천, 존비, 상하 등의 차이를 강조하는 봉건제적 특징과 분업을 중요시하고 위계질서에 따라 개인의 행동 양식을 규제하는 관료제적 특징을 보인다.

4 마음의 작용을 통한 인위[僞]의 완성

맹자에게 있어 마음이 측은지심과 같은 도덕적 정서에 해당한다면, 순자에게 있어 마음은 선택, 판단, 사려 등의 작용을 관장하는 기관이다.

마음이란 몸의 주재자이며, 신명의 주인이므로, 명령을 내리되 명령을 받지는 않는다. (마음은) 스스로 금지하고 스스로 부리며, 스스로 빼앗고 스스로 취하며, 스스로 행동하고 스스로 멈춘다. 그러므로 입으로 하여금 침묵하게 할 수도 있고 말하게도 할 수 있으며, 몸으로 하여금 구부리게 할 수도 있고 펴게 할 수도 있다. 마음을 강제하여 그 뜻을 바꿀 수 없다. 마음은 스스로 옳으면 받아들이고 그르면 물리친다.

『순자』 해폐편

신명神明이란 정신이나 의식을 가리킨다. 마음은 몸과 정신을 주재하며, 명령을 내릴 뿐 명령을 받지 않는다. 다시 말해 마음은 감각작용을 주재하는 역할을 한다.

본성의 좋아함과 싫어함, 기쁨과 노여움, 슬픔과 즐거움을 감정[情]이라고 한다. 감정이 그러하나 마음[心]이 취사 선택하는 것을 사려[慮]라고 한다. 마음이 사려 한 뒤에야 능히 행위로 나타나는 것을 인위[僞]라고 한다. 사려가 쌓이고 능력이 숙달되어 비로소 완성되는 것이 바로 인위이다.

『순자』 정명편

마음은 감정과 욕구를 다스리는 작용을 한다. 감정과 욕구에 마음의 작용이 개입하여 일어나는 의식적이고 의도적인 행위가 바로 순자가 말하는 인위[僞]이다.

사람의 본성은 본래 예의를 가지고 있지 않다. 그러므로 열심히 배워[彊學] 그것을 지니기를 바라는 것이다. 본성이 예의를 알지 못하므로 사려[思慮]를 통해 그것을 알기를 바라는 것이다.

『순자』 성악편

순자는 인성의 내용을 인의仁義로 규정하였던 맹자의 주장에 동의하지 않는다. 순자에게 있어 예의는 선천적으로 타고난 본성이 아닌 후천적인 학습[彊學]과 사려思慮를 통해 습득되는 것이다. 학습이란 성인이 제정한 예의를 부지런히 배우고 익히는 것을 말하며, 사려란 사유를 통해 예의의 마땅한 도리에 대해 깨닫는 것을 의미한다. 따라서 인위를 탁월하게 발휘하는 데에는 학습과 더불어 사려를 관장하는 마음의 작용이 매우 중요하다.

> 사람은 어떻게 도리[道]에 대해 알 수 있는가? 마음이 있기 때문이다. 마음은 어떻게 도리를 아는가? 텅 빔[虛]과 전일함[壹], 그리고 고요함[靜]으로 알 수 있다. 마음은 모든 것을 저장하고 있지만, 텅 빔이라는 것이 있다. 마음은 가득 차 있으나, 전일함이라는 것이 있다. 마음은 늘 움직이지만, 고요함이라는 것이 있다.
>
> 『순자』 해폐편

먼저, 텅 빔[虛]이란 "마음에 저장된 것들로 인해 새로 받아들이는 것들이 방해를 받지 않는 것"을 말한다. 다음으로, 전일함[壹]이란 "하나의 생각이 다른 어떤 생각을 해치지 않는 것"을 말한다. 마지막으로 고요함[靜]이란 "망상이나 잡념으로 인해 마음이 어지럽혀지지 않는 것"을 말한다. 다시 말해 마음은 비어 있어 수용할 수 있고, 여러 가지를 동시에 인식하면서도 하나에 전념할 수 있으며, 움직이면서도 고요할 수 있다. 허虛, 일壹, 정靜은 마음의 특징이자 일종의 공부이다(천병돈 역, 2000: 101). 순자는 인위를 완성하는 데 있어 마음의 기능을 온전히 회복하는 것이 중요하다고 보았다.

> 도리를 아직 터득하지 못하여 도리를 구하려는 사람은 반드시 (마음을) 텅 비우고 전일하게 하며 고요하게 해야 한다. 그렇게 하면 도리를 구하는 사람은 (마음이) 텅 비게 되어 도리를 받아들일 수 있게 되고, 도리를 행하려는 사람은 (마음이) 전일하게 되어 도를 다할 수 있게 되며, 도리를 생각하려는 사람은 (마음이) 고요하게 되어 도리를 상세히 살필 수 있게 될 것이다. 도리를 알게 되어 그것을 잘 살피며, 도리를 알게 되어 그것을 행하는 것이 도리를 체득한 것이다. 텅 비고 전일하며 고요한 것을 일러 지극히 맑고 밝다[大淸明]고 한다.
>
> 『순자』 해폐편

요컨대, 마음의 기능을 온전히 하는 공부란 텅 빈 마음[虛心]으로 도리를 따르며, 전일한 마음[一心]으로 도리를 행하고, 고요한 마음[靜心]으로 도리에 대해 살피는 것을 말한다. 다시 말해 우리의 마음이 허, 일, 정의 상태가 될 때 우리는 도리에 대해 밝게 알게 되며 그것을 실천할 수 있게 된다. 순자는 이러한 상태를 '지극히 맑고 밝은[大淸明]' 상태라고 하였다.

5 ▎도덕교육에 주는 시사점

순자가 살았던 시대는 전국칠웅戰國七雄이 첨예하게 갈등하며 국가 간의 합종연횡合從連衡이 난무하던 시기로, 공맹이 살았던 시기와 비교해 볼 때 그 혼란함은 더욱 극에 달하였다. 부국강병을 위시한 법치가 득세하던 시기, 순자는 유가儒家를 자처하며 예치를 통해 새롭게 등장할 통일제국의 통치 시스템을 구현하고자 하였다. 다시 말해 순자의 예치는 당시 당면한 현실적 문제를 해결하기 위해 제기된 것으로, 등급 및 위계질서를 강조하는 그의 주장들 역시 이러한 역사적 맥락 안에서 이해되어야 한다. 주지하듯 순자의 사상은 진나라의 천하통일에 결정적인 공헌을 한 한비韓非와 이사李斯를 포함하여, 진나라를 거쳐 한나라 초에 이르기까지 많은 사상가들에게 지대한 영향을 미쳤다. 한대漢代 경학經學은 대부분 순자의 학통을 계승한 것이다. 송대宋代에 이르러 성리학이 득세함에 따라 순자의 사상은 철저히 배척당하였음에도 불구하고, 그가 제시한 마음[心]에 대한 이론은 주자학朱子學의 성립에 일정 부분 기여한 바가 있다는 점을 간과해서는 안 된다.

도덕교육의 관점에서 볼 때, 욕망과 감정이 도덕적 교화의 대상이 되어야 한다는 순자의 주장은 주목할만한 가치가 있다. 순자는 욕망을 무조건 제거해야 할 대상으로 보지 않았으며, 기본적인 욕구의 충족과 함께 예禮를 통한 욕망의 절제를 주장하였다. 순자는 또한 그의 「악론」에서 "악樂이란 천하를 크게 고르게 하고, 화목하게 하는 기강이며, 사람의 감정에 없어서는 안 되는 것"이라고 하여, 예와 더불어 악, 즉 음악을 포함한 인간의 모든 예술 활동이 인간의 정서를 고양한다는 점에서 도덕적 의의가 있다고 보았다. 순자에 따르면, 악을 통해 인간은 심미적 정신을 기르고 도덕적 감수성을 습득하며, 나아가 공동체의 화합을 도모할 수 있다. 만약 순자가 감정을 부정적으로만 보았다면, 그의 악론^{樂論}은 아마 성립하지 못하였을 것이다. 순자는 사회의 질서가 타율적인 법이 아닌 사회 구성원들의 욕구와 정서에 부합하는 예와 악을 통해 마련되어야 한다고 보았다.

6 핵심 개념

① 성악(性惡)　　　　　　② 예의(禮義)

③ 예치(禮治)　　　　　　④ 화성기위(化性起僞)

⑤ 심(心)　　　　　　　　⑥ 허(虛), 일(壹), 정(靜)

7 토의·토론 주제

① 공자의 정명^{正名} 사상과 순자의 정명 사상의 공통점과 차이점에 대해 토의해보자.

② 여러분은 인간의 도덕성이 선천적이라고 하는 맹자의 주장에 동의하는가? 아니면 인간의 본성은 생물학적 본능에 불과하다는 순자의 주장에 동의하는가? 오늘날 인간의 도덕성을 논하는 여러 주장들을 검색해보고, 이에 대해 조원들과 토의해보자.

③ 순자에 따르면 개인의 도덕적 감정 또는 감수성에 관한 문제는 사적인 문제가 아닌 교육의 대상이며, 나아가 사회가 관여해야 할 문제라고 본다. 이에 대한 자신의 생각을 공유하여보자.

8 더 읽어볼 책

① 신영복(2004), 『강의-나의 동양 고전 독법』, 돌베개.

② 인터넷 자료: 장현근, 『동양의 고전을 읽는다(순자편)』, NAVER 지식백과.

③ 인터넷 자료: "욕망-부정할 것인가, 긍정할 것인가", 『2천 년을 이어져 온 논쟁』, NAVER 지식백과.

참고문헌

① 王天海(2005), 『荀子校釋』, 上海古籍出版社.

② 蔡仁厚(1984), 『孔孟荀哲學』, 臺灣學生書局.

③ 천병돈 역(2000), 『순자의 철학』, 예문서원.

④ 정인재(1989), "중국사상에 있어서의 사회적 불평등-순자의 예론을 중심으로", 『철학』, 32권, 83-103.

⑤ 박동인(2012), 『선진 유가 예법관의 종합자: 순자의 예법관』, 『퇴계학보』, 131집, 191-228.

제2부

서양윤리사상과 도덕교육

덕 이론의 탄생: 소크라테스와 플라톤

 시작하는 말

키케로는 소크라테스야말로 철학을 하늘로부터 땅으로 내려오게 해서 인생과 도덕 및 선악에 관해 탐구하게 한 최초의 인물이자 철학의 아버지라고 평가했다.[1] 탁월함(덕)의 교사를 자처하면서 당대의 시대적 요구에 부응하는 새로운 덕, 특히 말 잘하는 기술(논쟁에서 승리하는 기술)을 가르치는 소피스테스[2]에 대항해서, 소크라테스는 인간의 탁월함(덕)이 무엇인지, 또 덕이 교육 가능한지에 관해 본격적으로 논한 것이다. 또 그는 자신과 대화 상대자의 생각을 면밀히 검토하면서 진정으로 참되고 올바른 것이 무엇인지 찾고자 했다.

한편 플라톤은 호메로스가 아킬레우스와 오뒷세우스를 주인공으로 서사시를

---

1   『투스쿨룸 대화』 5.10-11; 『신들의 본성에 관하여』 1.93.

2   원래는 '현자', '전문가'를 뜻하는 용어였으나, 기원전 5세기 무렵에는 '돈을 받고 말 잘하는 기술을 가르쳐주는 설득의 전문가'라는 의미로 사용되었다.

기록했듯 소크라테스를 주인공으로 하는 대화편들을 저술함으로써, 아테네의 전통적 문학과 관습을 대체하는 새로운 문학 양식과 교육 커리큘럼을 제시하고자 했다.

2 인간에 대한 탐구: 소크라테스 vs 소피스테스

'덕'에 해당하는 그리스어 단어는 arete이다. 이 단어는 본래 '탁월함'을 뜻하는데, 가령 칼의 탁월함은 잘 자르는 것이고, 컴퓨터의 탁월함은 잘 연산하는 것이다. 그러면 과연 인간의 탁월함이란 무엇이며 이는 교육 가능한가? 바로 이 물음이 소피스테스와 소크라테스 사이의 주요한 논쟁거리 중 하나였다.

대표적인 소피스테스인 프로타고라스(기원전 490-421년 경)는 덕을 일종의 시민적 기술 내지 정치적 기술과 동일시하면서[3] 스스로 덕의 선생이라고 자처한다.[4] 프로타고라스에 따르면 덕을 완전히 결여한 사람은 다른 이들과 공존할 수 없으므로, 덕은 모든 시민에게 존재한다.[5] 따라서 프로타고라스가 가르치는 덕이란 사람들 사이에 이미 존재하는 잠재적 능력을 계발하는 것이다. 이처럼 덕이 모든 사람에게 잠재적으로 존재하며 교육 가능하다고 주장함으로써, 프로타고라스는 전통적 신분제에 도전하면서 아테네 민주정을 이론적으로 뒷받침했다.

반면 소크라테스(기원전 470-399년 경)는 정의, 용기 등의 덕을 가지는 삶이 최선의 삶이라는 프로타고라스의 주장에 동의하면서도, 프로타고라스와는 달리 덕이 교육 가능하지 않은 것이므로 이를 가르치는 교사도 존재하지 않는다고 주장한

---

3   프로타고라스에 따르면 덕이란 어떻게 집안일을 잘 경영하며 나랏일을 능력 있게 행하고 논할 것인지 숙고하는 것이다(『프로타고라스』 318e-319e).

4   젊은이들이 다른 소피스테스를 찾아가면 엉뚱한 것들을 배우는 반면, 프로타고라스를 찾아오면 목적에 부합한 것을 배우게 된다는 것이다(『프로타고라스』 318d-319a).

5   『프로타고라스』 323b-c.

다.[6] 뿐만 아니라 소크라테스는 자신이 덕이 교육 가능한지 아닌지 모를뿐더러 덕 자체가 무엇인지도 알지 못한다고 고백하면서,[7] 덕에 대한 교사도 학생도 존재하지 않으므로 결국 덕은 교육 불가능하다고 결론을 내린다.[8]

물론 덕을 가르치고 배우는 교사나 학생이란 존재하지 않으며 덕이 교육 불가능하다는 소크라테스의 말을 문자 그대로 받아들이기는 어렵다. 왜냐하면 소크라테스는 **덕이 일종의 지식이므로 원리상 교육 가능**하다고 여겼으며, 실제로 덕을 교육하기 위한 방안을 제시했기 때문이다. 가령 프로타고라스가 덕을 교육 가능한 것으로 전제하고서는 결국에는 덕이 앎이 아니라고[9] 주장한 반면, 소크라테스 자신은 덕이 교육 불가능한 것이라고 전제했지만 정의, 절제, 용기 등(즉 덕)이 일종의 앎이며 따라서 덕이 교육 가능한 것임을 보이고자 했다고 말한다.[10] 다시 말해 소크라테스가 보기에 참된 덕이란 전통적 교육으로는 학습 불가능하지만, (덕은 일종의 앎이므로) 원리상 학습 가능하다는 것이다.[11] 이런 이유로 소크라테스는 『국가』에서 이상국가의 각 계층이 가져야 할 덕목을 밝히면서, 시민들에게 덕을 함양할 방안을 논했다.[12]

---

6   『프로타고라스』 319a-319e. 『고르기아스』 519a에서 소크라테스는 페리클레스를 비롯한 저명 정치인들에게 덕이 있었다는 것도 의심스럽다고 말한다.

7   『메논』 71a.

8   『메논』 96c.

9   따라서 덕은 교육 불가능한 것.

10   『프로타고라스』 361a-b.

11   소피스테스는 돈을 받고 덕을 가르쳤지만 소크라테스는 돈을 받지 않는데, 소크라테스는 돈을 받고 가르치는 행위에 대해 근본적 비판을 가한다. 또한 소크라테스가 덕의 교육 가능성에 대해 비판적 전략을 취한 까닭은 아마도 그가 추구한 덕이 당대에 이해되던 일상적 수준의 덕과 달랐기 때문이라고 생각된다.

12   덕에 관한 소크라테스의 역사적 입장을 정확히 규정하기는 어렵지만, 소크라테스의 제자였던 플라톤이 소크라테스의 견해를 이어받았고 이를 대화편에 기술했다고 이해하는 것이 자연스럽다.

3 검토하지 않는 삶은 살 가치가 없다: 대화술과 덕 교육

소크라테스는 자신이 무지하다는 사실 외에 아는 바가 없다고 인정하면서도, 인간이 갖추어야 할 덕이 무엇이고 그것이 어떻게 획득 가능한지에 대해 묻고 논했다. 대화 상대자와의 문답을 통한 소크라테스의 대화술은 산파술이라고 일컬어진다. 나이가 많아 더 이상 아기를 낳지 못하는 산파가 산모의 출산을 돕듯, 늙고 아는 것이 하나도 없는 소크라테스도 대화 상대자가 참된 앎에 도달하는 일을 도울 수 있다는 것이다.[13] 소크라테스는 대화 상대자가 앎에 대한 열망을 가지려면 먼저 자신의 무지를 자각해야 한다고 여겼기 때문에, 대화 상대자의 잘못된 생각을 논박함으로써 그의 영혼을 깨끗하게 정화하고자 했다.[14] 가령 소크라테스는 현실적 힘을 발휘하는 것을 덕(특히 정의)으로 간주하는 트라시마코스의 견해를 다음과 같이 논박한다.

> 트라시마코스: 모든 나라에 있어서 동일한 것, 즉 수립된 정권의 편익이 올바른 것(정의)
>   이지요. …… 바르게 추론하는 사람에게 있어서 올바른 것(정의)은 어디
>   서나 동일한 것으로, 즉 더 강한 자의 편익으로 귀결합니다.
>
>   ……
>
> 소크라테스: 그러면 말해주시오. 물론 선생은 통치자들에게 복종하는 것 역시 올바르다
>   고(정의롭다고) 주장하는 게 아니오?
> 트라시마코스: 저로서는 그렇습니다.
> 소크라테스: 한데, 각국에 있어서 통치하는 이들은 전혀 실수를 하지 않는 이들이겠소,
>   아니면 어떤 점에서는 실수를 할 수도 있는 이들이겠소?
> 트라시마코스: 어쨌든 어떤 점에서는 실수를 할 수도 있는 이들임에 틀림없죠.
> 소크라테스: 그렇다면 그들이 법률의 제정에 착수했을 때, 그들은 어떤 것들은 옳게(정의

---

13 『테아이테토스』 148e-149c, 150b-d.

14 이런 이유로 소크라테스의 대화술을 논박술elenchus이라고도 부른다. 논박술 개념의 형성과 발전에 관해서는 김유석(2009), 58-82 참고.

롭게) 제정하지만, 다른 것들은 옳지 않게(불의하게) 제정하지 않겠소?

트라시마코스: 저로서는 그렇다고 생각합니다.

소크라테스: 하나, 옳게(정의롭게) 제정한다는 것은 자신들을 위해서 편익이 되는 것들을 제정하는 것이고, 옳지 않게(불의하게) 제정한다는 것은 편익이 되지 않는 것들을 제정하는 것이겠구려? 아니면 어떤 뜻으로 하는 말이오?

트라시마코스: 말씀하신 대로입니다.

소크라테스: 그러나 그들이 제정하는 것은 무엇이나 다스림을 받는 이들로서는 이행하여야만 되고, 또한 이게 올바른(정의로운) 것이겠구려.

트라시마코스: 어찌 그렇지 않겠습니까?

소크라테스: 그러니까, 선생의 주장에 따르면, 더 강한 자의 편익뿐만 아니라 그 반대의 것, 즉 편익이 못 되는 것도 이행하는 것이 올바르오(정의롭소).

플라톤, 「국가」 339b-339d[15]

인용문에 따르면 트라시마코스는 정의(올바름)를 '강자(통치자, 권력자)가 하는 모든 일' 또는 '강자의 편익'으로 규정한다. 따라서 트라시마코스에 따르면 통치자가 제정한 모든 법은 올바르며, 피통치자는 이에 복종해야 한다. 하지만 소크라테스는 다른 사람들처럼 통치자도 잘못을 저지를 수 있는지, 또 통치자가 법률을 제정할 때 어떤 경우에는 올바르게 제정할 수도 있지만 다른 경우에는 올바르지 않게 제정할 수도 있는지 묻는다. 이 물음에 트라시마코스가 동의하는데, 이때 법률을 올바르게 제정한다는 것은 통치자에게 편익이 되도록 제정하는 것이고 올바르지 않게 제정한다는 것은 통치자에게 편익이 되지 않도록 제정하는 것이다. 따라서 때로는 통치자가 자신에게 편익이 되지 않도록 법률을 제정할 수 있고, 피통치자가 이에 복종하는 것이 올바르다(정의롭다)는 결론이 따라 나온다. 그런데 통치자가 '자신에게 편익이 되지 않도록 법률을 제정'할 수도 있고 이 경우에도 법을 지키는 것이 올바르다(정의롭다)는 결론은 "올바름(정의)이란 강자(통치자)가 하는 모든일 또는 강자의 편익"이라는 최초의 전제와 양립 불가능하다. 결국 올바름(정의)이

---

15 박종현 역(2005), 84-85쪽 번역을 일부 수정.

뭔지 알고 있다는 트라시마코스의 주장은 기각된다.

위에서 살펴본 것처럼, 소크라테스의 논박술은 대체로 다음과 같은 형식으로 대화 상대자의 주장을 논박한다.

① 대화 상대자는 윤리적 물음과 관련해서 명제 p를 주장한다.
② 소크라테스는 p로부터 q, r, s 등의 함축을 이끌어 내고, 대화 상대자는 이견 없이 이들을 논증의 전제로 받아들인다.
③ 하지만 소크라테스는 q, r, s로부터 도출된 결론이 처음의 전제인 p와 양립 불가능함을 밝힌다.
④ 결국 대화 상대자는 p를 알고 있다는 자신의 주장이 오류임을 인정한다.[16]

소크라테스 자신은 아무것도 알지 못한다고 전제했으므로, 논증의 모든 전제들은 대화 상대자의 견해가 되며, 논증의 결론 또한 대화 상대자의 것이다. 하지만 논증의 결과 최초의 전제 p와 양립 불가한 결론(-p)이 도출되며, 대화 상대자는 전제와 결론 사이의 양립 불가능성을 해소할 수 없으므로 자신의 무지를 인정할 수밖에 없다.

논박술을 통해 소크라테스는 대화 상대자가 자신의 무지를 자각하고 앎에 대한 열망을 가지기를 희망했다.[17] 그래서 그는 자신과 함께 탐구해 나가자고 대화 상대자에게 제안한다. 하지만 무지가 폭로된 대화 상대자는 소크라테스에게 고마워하기는커녕 부끄러워하고 분노하면서 탐구 제안을 거절한다. 결국 소크라테스에게 논박당한 자들 중 일부가 소크라테스를 고소한다. 법정에 선 소크라테스는 자신의 무죄를 입증하기 위해 노력했지만 결국 사형 선고를 받는다. 자신의 무죄

---

16 이 논증형식은 그레고리 블라스토스가 제안한 표준 논박술standard elenchus을 일부 변형한 것이다. 표준 논박술에 관해서는 G. Vlastos (1982), 711-2 참고.

17 소크라테스에 따르면 인간의 참된 자아는 그의 영혼이다. 따라서 자신을 돌보는 것은 곧 자기 영혼을 돌보는 것이며, 영혼이 훌륭한 상태(덕의 상태)가 되도록 돌보는 것이다. 결국 우리는 논박술을 통해 영혼의 상태(무지)를 파악하며 영혼이 훌륭한 상태가 되도록 돌본다.

를 입증하려는 소크라테스의 법정 변론은 실패했지만, 그의 변론은 덕 교육이 단순히 과거의 관습을 무비판적으로 수용하는 것이 아니라, 무엇이 옳고 그른지 비판적으로 검토하고 따져보는 것임을 보였다. 이러한 비판적 사고의 정신은 도덕적 무지와 혼란에 빠진 당대의 시민들뿐만 아니라 오늘날 우리를 바람직한 삶에 관한 탐구로 초대한다.

4 앎과 행함: 좋음의 원리와 아크라시아

『프로타고라스』 351b-358d에서 소크라테스는 인간이 본성상 자신에게 최선이라고 판단되는 것을 선택한다고 주장한다. 그런데 올바른 판단과 행위를 위해서는 선악을 바르게 계산할 수 있는 측정술(일종의 앎)이 필요하다.[18] 또 선악을 바르게 측정할 올바른 앎을 결여한 사람은 쾌락과 고통 또는 선악에 관해 잘못된 판단을 내리게 되며 잘못된 행동을 하게 된다. 따라서 소크라테스에 따르면 누구나 좋음을 추구하므로 어떤 사람도 고의로 악행을 저지르지 않으며, 악하다고 여기는 바를 행하는 것은 인간 본성과 부합하지 않는다. 좋은 것이 무엇인지 알기만 하면 행할 수밖에 없고 악한 것이 무엇인지 알면 행할 수 없다는 소크라테스의 견해를 '좋음의 원리'로 이해할 수 있다.

하지만 사회적으로 공분을 산 흉악범들은 선한 행위가 무엇이고 악한 행위가 무엇인지 몰라서 그런 악행을 저질렀는가? 오히려 우리는 담배 피우는 일이 건강에 해롭다는 것을 알면서도 담배의 유혹에 빠지고 가난한 이웃을 돕는 일이 좋다는 것을 알면서도 이를 외면하지 않는가? 이에 대한 소크라테스의 답변은 이렇다. 악인들도 자신이 보기에 좋다고 여겨지는 바를 행하지만, 좋다고 생각되는 것과 실제로 좋은 것은 다를 수도 있다. 악인들은 '좋다고 생각되는 행위'를 '실제로 좋

---

18 이러한 앎은 탁월하고 강력하므로 쾌락뿐만 아니라 그 어떤 것이라도 제어할 능력이 있다.

은 것'으로 착각한 것이다. 이렇게 볼 때 소크라테스에 있어서 악인은 사실상 무지한 자이다.

선한 일이 무언지 알면서도 행하지 않는 것, 혹은 악한 일이 무언지 알면서도 행하는 것을 그리스 말로 아크라시아(자제력 없음, 의지의 박약)라고 한다. 소크라테스에 의하면 아크라시아란 불가능하다. 왜냐하면 좋은 게 뭔지 알면 행할 수밖에 없기 때문이다. 그런데 아크라시아가 불가능하다는 소크라테스의 주지주의는 도덕적 행위에 '인지적 요소' 뿐 아니라 '정의적 요소'가 포함된다는 사실을 간과했다. 그래서 아리스토텔레스는 자제력 없는 자가 단순히 무지로 인해서 악행을 저질렀다고 말하는 소크라테스를 비판하면서 아크라시아의 가능성을 보이고자 했다. 특히 아리스토텔레스는 아크라시아가 감정의 영향 하에 생겨나게 된다는 사실을 지적하면서, 술 취한 사람이나 미친 사람은 앎을 가지고 있더라도 이를 활용하지 않는 사람, 즉 어떤 의미로는 (보편적 윤리 원칙을) 알지만 다른 의미로는 (보편 원칙을 특정 상황에 구현하는 법을) 알지 못하는 사람이라고 주장한다.[19]

5 아름다운 것과 아름다움: 플라톤의 이데아론

당대의 도덕적 혼란에 대해 근본적 검토를 시도하면서, 소크라테스는 대화 상대자들에게 "What is X?"("정의란 무엇인가?", "용기란 무엇인가?" 등) 형식의 질문을 던진다. 가령 소크라테스가 "아름다운 게 무엇인가?"라고 물었을 때 대화 상대자들은 아름다운 것들(아름다운 여인, 아름다운 꽃 등)을 열거한다. 하지만 아름다운 여인은 늙고 아름다운 꽃도 시든다. 소크라테스가 묻고자 한 바는 '아름다운 여인이나 꽃이 아름다운 까닭은 도대체 무엇인가?', '아름다운 것들을 아름답게 만들어주는 아름다움의 원리가 무엇인가?'였다. 다시 말해 소크라테스는 아름다움 그 자체auto to kalon

---

19 『니코마코스 윤리학』 1145b10-1147a7.

가 무엇인지 정의해 줄 것을 대화 상대자에게 요청한 것이다.[20] 여기서 '아름다움 그 자체'를 아름다움의 이데아라고 볼 수 있는데, 아름다움의 이데아란 비물질적 이고 불변하는 아름다움의 본질이다.[21]

플라톤(기원전 427-348년경)은 소크라테스의 최후를 묘사한 『파이돈』에서 소크 라테스의 입을 통해 이데아와 감각대상(또는 개별자)의 관계를 다음과 같이 설명한다.

> *소크라테스: 다음과 같이 살펴보세요. 돌들과 나무들은 같은 것들이면서도, 때로 어떤 것*
> *과는 같게 보이고 다른 것과는 다르게 보이지 않나요?*
> *심미아스: 물론입니다.*
> *소크라테스: 그러면 이건 어떤가요? 같음 그 자체인 것이 당신에게 같지 않은 것으로 보*
> *이거나 같음이 같지 않음으로 보이는 게 가능한가요?*
> *심미아스: 아닙니다. 결코 그렇지 않습니다, 오! 소크라테스여!*
> *소크라테스: 그러면 같은 것들과 같음 자체는 동일한 게 아닙니다.*
>
> *『파이돈』74b-c*

막대기와 돌도 다른 막대기나 돌과 같아 보일 수 있고 우리가 이들로부터 같음 자체를 연상할 수 있지만, 막대기나 돌은 '같음 자체'와 다르다. 왜냐하면 막대기, 돌, 나무 등 감각대상은 때로 어떤 것과는 같게 보이고 다른 것과는 다르게 보이는 반면, '같음 그 자체(같음의 이데아)'는 어떤 경우에도 같지 않은 것으로 보일 수 없 으며 항상 동일한 것(비감각적이고 불변하는 대상)이기 때문이다. 그러면 돌이나 막대 기, 나무는 어떻게 '같은 것'이라고 일컬어질 수 있는가?

> 제가 생각하기에, 만약 아름다움 그 자체 외에 다른 무언가가 아름답다면 그것은 다름 아 니라 아름다움을 나누어 가지기 때문에 아름답습니다. …… 저는 단순하고 우직하며 아마도 어수룩하게 다음 전제를 꽉 붙듭니다. 즉 '아름다움 그 자체가 함께 하거나 어떤 식으로든 교

---

20   『대(大) 히피아스』286e.

21   반면 아름다운 여인이나 꽃은 아름다운 것들의 사례일 뿐 아름다움의 본질이 무엇인지 규명해 주지 못한다.

제하지 않고서는 다른 어떤 것도 대상을 아름답게 하지 않는다.' 이를 단정적으로 주장하려는 것은 아니지만, 저는 아름다움에 의해서 모든 아름다운 것들이 아름답게 된다고 말합니다. 왜냐하면 저는 이렇게 답변하는 게 저 자신에게나 다른 사람에게도 가장 안전하다고 생각하니까요.

『파이돈』100c-d

플라톤에 따르면, 그 자체로 아름다운 것은 오직 아름다움 그 자체(아름다움의 이데아)뿐이며, 아름다운 것들(감각대상)은 아름다움의 이데아와 함께 하거나 교제함으로써 아름답게 된다. 플라톤은 이러한 함께 함, 또는 교제를 '나누어 가짐' 또는 '참여함'metechein이라고 부른다.

플라톤은 소크라테스의 '좋음의 원리'를 이어받아 윤리학, 정치학뿐만 아니라 우주론에도 '좋음의 원리'를 적용한다. 즉 그는 감각대상과 이데아의 관계를 원상-모상의 관계로 설명하면서, 이데아를 본paradeigma으로 삼아 좋음의 실현을 꾀했다. 이를테면 『티마이오스』에서 플라톤은 우주의 아버지(제작자) 데미우르고스가 우주를 어떻게 제작했는지 밝히는데, 이에 따르면 데미우르고스는 완전한 범형인 이데아를 보고 세계를 제작했다.[22] 그러므로 이데아(영원하고 불변하는 존재, 가령 아름다움의 이데아)가 감각대상(생성되며 가시적인 대상, 가령 아름다운 것들)의 원상이며, 감각대상은 이데아의 모상인 것이다. 그런데 데미우르고스는 우주를 가능한 한 원상을 닮은 최선의 모습으로 제작하고자 했지만, 재료로 '필연' 또는 '방황하는 원인'[23]을 사용했다. 따라서 세계는 완전한 이데아를 본으로 제작되었지만 불완전한 재료로 만들어졌기 때문에 결함을 가지게 되었고, 감각대상도 원상인 이데아를 최대한 닮고자 하지만 그 재료의 불완전함 때문에 이데아와 완전히 동일할 수 없다.

---

22 『티마이오스』 29a-b.

23 즉 정지해 있지 않고 조화하지 않으며 무질서하게 움직이는 것들(『티마이오스』 30a).

정의로운 국가와 정의로운 사람

『국가』에서 플라톤은 정의로운 사회가 어떤 것이고, 이상적인 국가에서 시민이 갖추어야 할 덕목은 무엇이며, 바른 시민을 길러내기 위해서 어떤 교육이 필요한지 논한다. 대화편에서 트라시마코스는 정의란 '강자의 이익'에 불과하거나 남 좋은 일이고, 불의가 나한테 이득이라고 주장한다. 불의한 사람이 정의로운 사람보다 더 잘 살므로 불의가 정의보다 행위자 자신에게 유익하다는 것이다.[24] 이에 맞서 소크라테스는 다음과 같이 말한다.

> 소크라테스: 선생은 나라나 군대, 강도단이나 도둑의 무리, 또는 다른 어떤 집단이 올바르지 않게(불의하게) 뭔가를 공동으로 도모할 경우에, 만약에 그들이 자기네끼리 서로에 대해 올바르지 않은(불의한) 짓을 저지른다면, 그 일을 그들이 조금인들 수행해 낼 수 있을 것이라고 생각하오?
>
> 트라시마코스: 물론 해낼 수 없습니다.
>
> 소크라테스: 하지만 만약에 자기네끼리는 올바르지 않은(불의한) 짓을 하지 않는다면, 어떻겠소? 한결 더 잘 해낼 수 있지 않겠소?
>
> 트라시마코스: 물론입니다.
>
> 소크라테스: 트라시마코스 선생, 어쩌면 그건 올바르지 못함(불의)이 서로 간에 대립과 증오 및 다툼을 가져다주나, 올바름(정의)은 합심과 우애를 가져다주기 때문일 것이오.
>
> 『국가』 351c-d[25]

정의는 남 좋은 일일 뿐이고 불의가 자신에게 이득이라고 주장하는 트라시마코스와 반대로, 소크라테스는 불의가 국가나 공동체에 대립과 증오, 다툼만을 가져다 줄 뿐이며 합심과 우애를 가져다주는 것은 정의라고 말한다. 또한 소크라테

---

24 『국가』 338c-347e.

25 박종현 역(2005), 112쪽 번역을 일부 수정.

스에 따르면 국가뿐만 아니라 개인의 영혼에도 정의/불의가 깃들 수 있는데, (개인의 영혼의) 정의란 영혼의 올바른 상태인 반면 불의는 영혼의 나쁜 상태이다.[26] 결국 국가나 개인에게 유익을 가져다 주는 것은 불의가 아니라 정의이며, 불의는 누구에게도 이익이 되지 않는다.

여기서 주목할 점은 국가를 이루는 계층과 영혼의 부분들 사이에 동형구조가 존재한다는 것이다. 즉 국가가 통치자, 수호자, 생산자 계층으로 구성되듯, 영혼도 이성, 기개, 욕구의 세 부분으로 구성된다. 또 국가의 각 계층이 자신의 고유한 덕목을 가지듯 영혼의 부분들도 각자의 덕목을 가진다. 가령 통치자에게는 국가를 잘 경영할 지혜가 필요하고 수호자에게는 용기[27]가 필요하며 생산자에게는 절제[28]가 필요한 것처럼,[29] 영혼의 이성(배움과 지혜를 사랑하는 부분)은 영혼 전체와 각 부분에 좋은 것이 무엇인지 파악할 지혜를 가져야 하고 기개(이기기 좋아하고 명예를 사랑하는 부분)는 이성을 보조해서 욕구를 다스려야 하며 욕구(돈 또는 이득을 사랑하는 부분)는 이성의 명령에 복종하고 절제해야 한다. 그러면 정의란 무엇인가? 국가의 정의란 어느 한 계층에만 귀속되는 것이 아니라 각자가 자신에게 맞는 일을 하면서 서로 조화를 이루는 것이다.[30] 마찬가지로 (개인) 영혼의 정의란 영혼의 각 부분이 자기 일을 하면서 서로 조화하는 것이다.

플라톤이 보기에 국가를 구성하는 계층들이나 영혼의 부분들이 서로 조화로운 상태에 있기 위해서는 이들이 적절한 방식으로 질서지워져 있어야 한다. 다시 말해 어떤 (국가) 계층 내지 (영혼의) 부분은 주도적 지위를 담당하는 반면, 나머지 계층 내지 부분들은 주도적 계층 내지 부분을 적절히 보조하고 지원해야 하는 것이다. 그래서 이상국가(정의로운 국가)에서는 좋음의 이데아를 파악한 철학자가 통치

---

26 『국가』 353e.

27 두려워해야 할 것과 두려워하면 안되는 것을 제대로 판단하는 능력.

28 쾌락과 욕구를 억제함.

29 『국가』 428a-430e.

30 『국가』 433a-434c.

자가 되어 좋음의 이데아를 본으로 자기 자신과 국가의 시민들을 다스리며,[31] 나머지 계급은 통치자의 명령을 자발적으로 받아들이면서 분업의 원칙에 따라 자기 역할을 충실히 수행한다. 마찬가지로 정의로운 영혼의 경우에도 이성(헤아리는 부분 또는 지혜를 사랑하는 부분)이 지배하고 기개(명예를 사랑하는 부분)는 이에 복종하고 협력자가 되어 욕구(돈과 이득을 사랑하는 부분)를 다스린다. 좋음에 대한 앎을 추구하는 이성이 다스릴 때 기개는 좋음에 대한 앎을 얻는 일을 명예롭게 여길 것이고 욕구도 좋음에 대한 앎을 얻기 적절한 방식으로 신체적 욕망을 조절하게 되는 것이다. 이런 상태에서 영혼의 모든 부분은 각자 자신의 고유한 목표를 탁월하게 달성할 수 있고 참된 즐거움과 행복을 누릴 수 있다.[32]

반대로 이성과 기개가 제대로 교육받지 않을 경우 욕구를 다스리기는커녕 오히려 욕구에 의해 지배될 수 있다. 이 경우 욕구는 자기 목적을 위해 이성과 기개를 도구로 삼는다. 플라톤은 영혼의 가장 선량한 부분들이 노예 노릇하고 가장 사악하고 광적인 부분이 주인 노릇하는 유형의 인물을 참주 같은 사람[tyrannikos][33]이라고 규정한다. 플라톤에 따르면 이런 사람은 자신의 욕구들을 어떤 식으로든 충족시킬 수 없으므로 평생 두려움과 고통으로 충만하며, 자신을 다스릴 수 없을 뿐 아니라 자신과 가까운 사람들까지 불행하게 한다. 한 마디로 참주 같은 사람은 욕구의 노예이다.[34] 이런 이유로 플라톤은 이성이 다스릴 때 영혼이 정의로운 상태에 있게 된다고 생각한다.

여기까지 국가와 개인 영혼의 정의를 요약하면 다음의 [표 4-1]과 같다.

---

[31] 『국가』 540a-b.

[32] 『국가』 586e. 강철웅 외(2013), 355.

[33] 철인 통치자는 이성이 기개를 협력자로 만들어서 욕구를 길들이고 다스리며 돌보는 사람이다. 반면 참주[tyrannos]란 욕구의 노예가 되어 일생을 고통과 두려움 속에 살아가는 사람이다. 플라톤에 따르면 철학자가 다스리는 이상국가가 최선의 정치체제인 반면, 참주가 다스리는 참주정은 최악의 정치체제이다.

[34] 『국가』 577d-580a.

표 4-1 국가와 개인 영혼의 정의

개인의 영혼	국가 계층	필요 덕목	
이성	통치자 계층	지혜	정의
기개	수호자 계층	용기	
욕망	생산자 계층	절제[35]	

플라톤이 목표로 삼은 이상국가[36]는 사치스러운 국가 또는 염증 상태의 국가[37]의 내적 분열과 전쟁의 위협을 해소하고 상호 호혜적 공존 관계를 회복한 최선의 공동체이다. 우리는 이상국가의 특징을 다음과 같이 제시할 수 있다.[38]

① 구성원들의 본성에 기초한 상호 호혜적 공동체: 국가란 개인이 자급자족할 수 없기 때문에 탄생했다.[39] 즉 인간은 자신의 다양한 욕구를 혼자 충족할 수 없기 때문에 다른 사람과 모여서 분업하게 되었고 여기서 국가라는 공동체가 탄생했다. 이렇게 볼 때 플라톤에 따르면 인간의 원초적인 사회관계는 갈등 관계가 아니라 분업의 원리에 기초한 협동 관계이다.[40]

② 각 계층의 기능적 고유성과 기능 수행의 탁월성을 추구: 플라톤의 계층 구분은 자족을 실현하는 사회 기능적 통합을 목표로 하므로 생물학적 세습이 끼

---

35 절제는 누가 다스려야 하는지와 관련해서 다스리는 자들과 다스림 받는 자들이 동일한 믿음을 가지는 것이므로 다스리는 자와 다스림 받는 자(즉 국가 구성원 모두)에 해당하는 덕(일종의 조화)이라고 볼 수 있다(『국가』 431e-432a). 하지만 과도한 욕구를 억제하는 절제의 기능은 생산자 계층에게 더 중요하다.

36 사실 『국가』에는 '이상국가'라는 표현이 등장하지 않는다. 대신 플라톤은 '훌륭한 국가[agathe polis](472e)' 또는 '아름다운 국가[kallipolis](527c)'라는 용어를 사용한다.

37 『국가』 372e.

38 이상국가의 특성에 관해서는 강철웅 외(2013), 425-434 참고.

39 『국가』 369b.

40 플라톤의 이상국가에서 각 계층의 분업은 국가 전체의 좋음(훌륭하게 기능함)이라는 공동의 목표를 위한 것이다. 이런 점에서 이상국가의 분업은 오늘날의 분업과 다르다.

어들 여지를 차단하며 여성에게도 남성과 동일하게 사회 참여가 허용된다. 또 각 계층은 자신의 기능이 최상의 상태로 보존될 수 있도록 각자 자신에게 맞는 역할을 담당해야 하며 탁월함을 갖추어야 한다. 특히 통치자 계층의 탁월함(덕)이 중요하다. 통치자의 탁월함이 온전치 못할 경우 각 계층이 자기 직분을 탁월하게 수행할 수 없게 되어 정의를 구현할 수 없게 되는 반면, 통치자의 탁월함이 온전하면 각 계층의 능력도 온전해져서 정의가 구현되고 보존될 것이기 때문이다.

③ 국가의 유기적 총체성을 담보하는 객관적 원리로서 좋음의 이데아: 좋음의 원리는 우주 제작의 원리이자, 국가 간의 상호 공존 및 국가 내부 계층 간 조화의 궁극적 기초이다. 따라서 공동체 전체에 좋은 것이 무엇이고 각 구성원에게 좋은 것이 무엇인지 아는 사람이 통치자가 되어야 한다. 이처럼 이데아에 대한 앎을 정치술의 궁극 기초로 삼는 것은 플라톤 정치철학의 엘리트주의적 성격을 반영한다.

④ 철인 통치자: 엄정한 기준으로 선발된 수호자들 중 수십 년의 수련 과정을 거쳐 통치자 계급이 선정된다. 수련 과정에서 통치자를 포함한 수호자들에게는 사유재산이 금지되고 처자 공유가 요구된다.[41] 가족이나 사유재산이 공동체의 분열을 초래하는 원인이므로, 수호자 계층(특히 철인 통치자)이 가족과 사유재산을 내려놓고 고통과 즐거움을 공유할 때 모두가 공감 상태homopatheia에 이를 수 있다는 것이다.[42]

물론 플라톤 자신도 (철인 통치자에 대한) 사유재산 금지와 처자 공유가 많은 반발을 초래할 수 있음을 인정한다. 이 때문에 대화편에서 소크라테스는 이상국가가 실제로 실현될 수 있는지 보여달라고 강요하지 말아 줄 것을 요청하면서, 자신의

---

41 물론 플라톤의 이상국가는 생산자 계층에게는 소유에 제한을 가하지 않기 때문에, 사유재산을 전적으로 폐지하는 공산주의를 지향하는 것은 아니다.

42 『국가』 457c-464d.

논의는 훌륭한 나라 또는 정의로운 나라의 본을 보여주려는 것이었다고 고백한다. 가장 아름다운 사람의 모습을 묘사한 화가가 자기 그림처럼 생긴 사람이 실제로 존재할 수 있음을 증명할 수 없더라도 그의 그림을 평가절하할 수 없는 것처럼, 이 상국가가 실제로 성립 가능함을 입증할 수 없더라도 그런 나라의 본을 논하는 일은 무가치하지 않다는 것이다.[43]

7 동굴 밖으로 나온 죄수: 플라톤의 교육론

플라톤은 아무리 훌륭한 성향을 타고난 영혼이라도 올바른 교육을 받지 못하면 유달리 못되게 되고 국가와 시민들에게 큰 해를 입힐 수 있음을 지적하면서,[44] 교육 과정을 동굴의 비유로 설명한다. 동굴의 비유의 주요 내용을 다음과 같이 요약해 볼 수 있다.[45]

① 인간의 실존적 상황(동굴 속의 죄수): 죄수들은 지하 동굴 속에서 어렸을 때부터 사지와 목을 결박당한 채로 살아간다. 이들은 포박 때문에 머리를 돌릴 수 없고 앞만 볼 수 있다. 이들이 평생 보는 것은 일종의 인형 그림자극이다. 담벼락 뒤의 사람들이 다양한 종류의 인물상, 동물상을 들고 지나가면 그림자가 맞은편 동굴 벽면에 비친다. 동굴 속 죄수들은 이 그림자들을 보고 그것이 진실이라고 믿는다.

② 전환: 죄수 중 누군가가 다른 이에 의해 결박에서 풀려나고 어리석음에서 치유되어 동굴 속 불빛을 보지만, 눈부심 때문에 고통스러워하게 된다. 또 누

---

43 『국가』 472c-e.

44 『국가』 491e-495b.

45 『국가』 514a-517a.

군가가 험하고 가파른 길을 통해 이 죄수를 동굴 밖으로 이끌면, 죄수는 고통스러워하면서 억지로 이끌려 나온 것에 대해 짜증을 낸다.

③ 진리 인식: 죄수가 동굴 밖에 이르면 밝은 햇빛 때문에 너무 눈부셔서 아무것도 볼 수 없게 된다. 따라서 죄수가 실물을 보는 데는 익숙해짐의 시간이 필요하다. 처음에 그는 그림자나 물에 비친 영상을 볼 것이고 실제 대상을 목격한 후 마지막으로 태양 자체(좋음의 이데아)를 보게 된다.

④ 귀환: 죄수는 동굴 속의 동료들을 상기하고, 그들을 결박에서 풀어주고 동굴 밖으로 인도하기 위해 다시 동굴 속으로 돌아온다. 하지만 동료들은 동굴로 귀환한 죄수를 비웃고, 할 수만 있다면 죽여 버리려 한다.

플라톤은 교육을 '동굴 속 죄수를 동굴 밖으로 이끌어 인도하는 것'이라고 생각한다. 그런데 동굴 속 죄수들의 결박을 풀어주고 이들을 동굴 밖으로 이끌어 내기 위해서는 인도자 또는 교육자가 필요하다. 또 교육자는 동굴 속 죄수들의 영혼 속에 지식을 주입해서 가르치는 것이 아니라, 죄수의 눈이 어둠에서 밝음을 향하듯 그 영혼이 감각세계(동굴 속)에서 참된 실재(동굴 밖)로 전환되도록 이끈다. 즉 플라톤에 따르면 교육 커리큘럼은 감각적, 신체적 교육에서 시작해서 점차 영혼을 좋음의 원리로 고양시키는 과정으로 구성된다. 가령 어렸을 때는 시가(영혼을 위한 교육: 문학, 음악 등)와 체육(신체를 위한 교육)을 가르치고, 20세부터 30세까지는 변증술 교육을 위한 예비 교과(산술, 기하학, 천문학 등)를 가르치며, 30세부터 5년간 변증술^{dialektike}을 가르치는 것이다.[46] 이를 통해 좋음의 이데아를 파악하게 된 철인 통치자가 교육자가 되어 후진을 양성한다. 바로 이것이 동굴 밖으로 나간 죄수가 다시 동굴로 귀환해서 동료 시민들을 진리로 인도하는 과정이다.

하지만 교육의 과정이 늘 순탄한 것은 아니다. 결박에서 풀려나 동굴 속 불빛을 바라보도록 강요된 죄수는 고통을 느끼고, 험하고 가파른 길을 따라 동굴 밖으로 억지로 끌려 나가면서 짜증을 내기도 한다. 이렇듯 교육의 과정이 험난하고 불

---

46 「국가」 376c-403d, 521c-539e

쾌할 수도 있기 때문에 동료 죄수들은 동굴로 귀환한 죄수(철인 통치자, 교육자)를 조롱하고 심지어 할 수만 있다면 죽이려고 한다. 아테네 시민들이 소크라테스를 사형시켰던 까닭도 이 때문이다. 그렇다면 동굴 밖으로 나간 죄수(철학자)는 어째서 생명의 위협을 감수하면서까지 동료 죄수들(동료 시민)을 동굴 밖(참된 실재)으로 인도하려 하는가? 플라톤은 동굴 밖으로 나가 진리를 파악한 죄수가 거기 머무르려 할 뿐 다시 동료 죄수들 곁으로 내려가서 그들과 함께 노고와 명예를 나누어가지길 원치 않는다는 점을 인정하지만, 통치하기를 원치 않는 철학자들이 국가 경영에 임하고 동료 시민들을 진리의 길로 인도하도록 국가의 법률이 설득하고 강제해야 한다고 생각한다.[47]

　　글라우콘, 더 나아가 이 점에 유의하게나. 즉 우리의 이 나라에서 철학자들로 된 사람들로 하여금 다른 사람들을 보살피고 지켜주도록 우리가 강요한다고 해서 이들에게 올바르지 못한 짓을 하게 되는 것은 아니며, 오히려 올바른 것을 이들에게 말해주게 된다는 걸 말일세. 우리는 이렇게 말할 걸세. '다른 나라들에 있어서는 그런 사람들이 생기더라도 그 나라들에 있어서의 노고는 함께 나누지 않는 게 합당하오. …… 스스로 자란 것은 어떤 것에도 양육의 신세를 지지 않았을진대, 어떤 것에도 양육의 빚을 갚으려 열의를 보이지 않는 게 정당하기 때문이오. 하지만 우리는 여러분 자신들과 더불어 여느 시민들을 위해, 마치 벌떼 가운데 지도자들과 왕들처럼 여러분을 탄생시켜서는, 여느 시민들보다 더 훌륭하고 완벽하게 교육을 받도록 했으며, 양쪽의 삶[48] 모두에 더 잘 관여할 수 있도록 했소. 그러므로 여러분은 여느 시민들과의 동거를 위해 각자가 번갈아 내려가서는, 어두운 것들을 보는 데 익숙해져야만 하오. 일단 익숙해지고나면 그곳 사람들보다도 월등하게 잘 보게 될 것인데. …… 이는 여러분이 아름다운 것들과 올바른 것들 그리고 좋은 것들과 관련해서 참된 것을 이미 보았기 때문이오. 또한 이렇게 해서 우리와 여러분의 이 나라가 깨어있는 상태에서 경영될 것이니, 결코 꿈 속에서 경영되는 일은 없을 것이오. 오늘날 많은 나라가 통치와 관련해서 마치 그것이 굉장히 좋은 것이기라도 한 것처럼 서로들 암투를 하며 반목하는 자들에 의해 경영되듯 말이오. 그러나 아마도 진실은 이런 것일 것이오. 한 나라에 있어서 장차 통치하게 될 사람들이

47　『국가』519d-521b.

48　동굴 밖에서 진리를 관조하는 삶을 누리는 것과 다시 동굴로 돌아와 시민들과 노고를 함께 하는 실천적인 삶.

통치하기를 가장 덜 열망하는 나라가 가장 잘 그리고 반목하는 일 없이 경영될 게 필연적이고, 이와 반대되는 자들을 지배자로 가지는 나라는 역시 반대로 다스려질 게 필연적이오.'라고 말일세.

『국가』 520a-d[49]

플라톤에 따르면 이상국가에서는 통치하기를 열망하는 자(현실 정치인)가 통치하는 것이 아니라 통치하기를 가장 덜 열망하는 자(철학자)가 통치한다. 왜냐하면 통치하기 열망하는 자가 추구하는 것은 자신의 부와 권력, 명예이므로 이들은 결국 서로 반목하면서 나라를 혼란스럽게 할 것이기 때문이다. 반면 철학자는 진리 탐구를 원하므로 정치에 참여할 생각이 없다. 그럼에도 국가는 설득과 강요를 통해 철학자로 하여금 정치에 참여하도록 한다. 철학자가 정치에 참여하는 것은 한편으로 자신이 정치에 참여하지 않을 경우 자신보다 열등한 자(국가 공동체 전체에 좋은 게 무엇이고 각 개인에게 좋은 게 무엇인지 알지 못하는 자)가 정치하게 될 것을 우려하기 때문이지만, 다른 한편으로 국가가 자신을 어려서부터 양육하고 철학자로 양성했으므로 국가와 시민들을 위해 봉사하는 것이 정의롭다는 사실을 알기 때문이다.

플라톤의 철인 통치론은 많은 비판을 받았다. 이상국가는 모든 계층을 행복하게 하는 것을 지향하지만,[50] 원하는 것(진리 탐구)을 할 수 없고 원치 않는 일(정치)을 해야 하는 철인 통치자 계급은 불행하지 않은가? 플라톤의 소위 이상국가는 개인의 자유와 권리를 말살하는 일종의 전체주의 사회가 아닌가? 사적 자유를 강조하는 현대의 시각에서 보면 플라톤의 이상국가가 전체주의적 국가로 보일 수 있지만, 플라톤은 배운 자, 권력을 얻은 자가 순전히 자신의 능력만으로 그 자리에 오른 것이 아니라 국가와 동료 시민의 도움으로 그 지위를 얻었다고 생각한다. 따라서 통치자가 자신의 이익과 탐욕을 추구할 것이 아니라 진정으로 공동체의 유익을 위해 봉사해야 한다는 것이다. 또 플라톤은 교육이란 시민 각자가 개별적으로 짊

---

49 박종현 역(2005), 458-460쪽 번역을 일부 수정.

50 『국가』 420c.

어져야 할 짐이 아니라 공동체 전체의 책임임을 강조하면서 공교육의 중요성을 제시한다. 아울러 참된 도덕교육이란 도덕적 지식을 학생의 머리에 주입하는 것이 아니라, 올바른 것이 무엇인지 학생 스스로 생각하고 판단하도록 돕는 것임을 보여준다.

8 핵심 개념

① 덕(탁월함) ② 대화술(논박술, 산파술)

③ 아크라시아 ④ 이데아

⑤ 정의 ⑥ 철인 통치자

9 토의·토론 주제

① 소크라테스가 아크라시아의 가능성을 부정하는 까닭을 설명하고, 앎과 행위에 관한 소크라테스의 견해를 구체적인 사례를 들어가며 비판적으로 평가해보자.

② 플라톤의 정의론을 비판적으로 평가하고, 국가 지도자가 갖추어야 할 바람직한 품성이 무엇인지 설명해보자.

③ 동굴의 비유를 교육적 관점에서 설명하고, 플라톤의 교육론이 오늘날 도덕교육에 주는 시사점에 대해 토의해보자.

🔟 더 읽어볼 책

① 강성훈 역(2022), 『플라톤, 프로타고라스』, 아카넷.

② 강철웅(2016), 『설득과 비판: 초기 희랍의 철학 담론 전통』, 후마니타스.

③ 김주일(2022), 『플라톤의 국가: 정의에 이르는 길』, EBS BOOKS.

참고문헌

① 강성훈(2013), "덕의 가르침과 덕의 단일성: 대화편 《프로타고라스》에서 '위대한 연설'과 그에 대한 반응", 『서양고전학연구』, 50, 한국서양고전학회, 33-72.

② 강철웅, 박희영 외(2013), 『서양고대철학 1: 철학의 탄생으로부터 플라톤까지』, 길.

③ 김민수, 정혜진(2020), "플라톤의 「국가」 동굴 비유에 나타난 교육의 목적", 『도덕교육연구』, 제32권 4호, 한국도덕교육학회, 71-88.

④ 김유석(2009), "플라톤의 초기대화편에 나타난 소크라테스의 엘렝코스", 『서양고전학연구』, 35, 한국서양고전학회, 53-89.

⑤ 박성우(2004), "플라톤의 《국가》와 철인왕의 패러독스", 『정치사상연구』, 제10집 2호, 한국정치사상학회, 161-184.

⑥ 박종현 역(2005), 『플라톤의 국가 정체』, 서광사.

⑦ 이창우, 김재홍, 강상진 역(2006), 『니코마코스 윤리학』, 이제이북스.

⑧ 전헌상(2008), "아리스토텔레스의 아크라시아론", 『철학사상』, 30, 서울대학교 철학사상연구소, 37-67.

⑨ Becker, L. & Becker, C.(eds.)(2003), *A History of Western Ethics*, Routledge.

⑩ Douglas, A. E.(1990), *Cicero: Tusculan Disputations II & V*, Oxbow Books.

⑪ Irwin, T.(1977). *Plato's Moral Theory: The Early and Middle Dialogues*, Oxford Clarendon Press.

⑫ Irwin, T.(2007). *The Development of Ethics*, Vol. 1, Oxford University Press.

⑬ Jowett, B(ed.)(1892), *The Dialogues of Plato*, 5 Vols, Oxford University Press. https://oll.libertyfund.org/titles/plato-the-dialogues-of-plato-in-5-vols-jowett-ed

⑭ Nettleship, R. L.(1935), *The Theory of Education in Plao's Republic*, Oxford University Press.

⑮ Vlastos, G. (1982), "The SocraticElenchus", *The Journal of Philosophy*, 79(11), 711-714.

⑯ Woodruff, P.(2006), "Socrates among the Sophists", in Ahbel-Rappe, S. & Kamtekar, R.(eds.), *A Companion to Socrates*, Blackwell.

덕 이론의 완성: 아리스토텔레스

1 시작하는 말

아리스토텔레스(기원전 384-322)는 칼키디케 반도의 스타기라에서 출생했다. 그의 아버지 니코마코스는 마케도니아 아뮌타스 2세의 궁정에서 활동한 의사였으나 아리스토텔레스가 어렸을 때 사망했다. 후견인에 의해 양육된 아리스토텔레스는 17세에 아테네에 와서 플라톤의 아카데미아에 들어갔고 플라톤이 사망할 때(기원전 347년)까지 아카데미아에서 활동했다. 플라톤이 사망한 후 아리스토텔레스는 아카데미아를 떠나 아소스와 레스보스를 거쳐 기원전 343년 마케도니아로 돌아왔다. 마케도니아의 왕 필립포스 2세의 아들 알렉산드로스의 가정교사로 2-3년 동안 가르친 아리스토텔레스는 335년 필립포스 왕이 죽고 알렉산드로스가 왕위에 오르자 다시 아테네로 돌아와 뤼케이온이라는 학원을 세운다. 하지만 323년 알렉산드로스 대왕이 사망하자 아테네에는 반 마케도니아적 기류가 팽배하게 되었고, 아리스토텔레스는 "아테네 사람들이 철학에 대해 두 번 죄를 짓도록 하지 않기 위해서"[51] 어머니의 고향인 에우보이에아 섬의 칼키스로 피신했다. 결국 이듬해 지병 때문에 아리스토텔레스는 칼키스에서 사망한다.

아리스토텔레스의 저술은 오랜 기간 동안 잊혀진 채 방치되어 있었는데, 기원전 86년 로마 장군 술라(기원전 138-78년)가 아테네와 소아시아를 정복할 때 약탈한 도서관 자료 중 포함되어 있다가 로도스의 안드로니코스(기원전 1세기 경)에 의해 편집되었다. 본래 아리스토텔레스는 학문을 이론학^{theoretike}/실천학^{praktike}/제작학^{poietike}으로 분류했지만,[52] 안드로니코스는 헬레니즘 시대의 학문 분류 방식에 따라 논리학/자연학/윤리학으로 분류했다. 안드로니코스의 편집 이후 아리스토텔레스의 저작은 서양 사상에 지대한 영향을 끼쳤으며, 그의 덕 윤리는 20세기에 매킨타이어에 의해 재발견됨으로써 오늘날까지도 영향을 주고 있다.

2 최고선으로서 행복

> 모든 기술과 탐구 그리고 모든 행위와 합리적 선택은 어떤 선(좋음)을 목표로 하는 듯하다. 그러므로 '선은 모든 것이 추구하는 바'라는 규정은 올바르다.
>
> 『니코마코스 윤리학』 1094a1-3

아리스토텔레스에 따르면 인간의 모든 행위와 합리적 선택은 어떤 선(혹은 좋음)을 목표로 한다. 그런데 A라는 행위는 B를 목적으로 하고, B는 C를 목적으로 하며, C는 D를 목적으로 하는 것과 같이 목적들 간의 위계질서가 무한히 진행될 수는 없으므로 궁극적 목적으로서 최상의 좋음 내지 최고선이 존재해야 한다.[53]

---

51 이는 아테네 사람들이 소크라테스를 사형시켰듯 아리스토텔레스 자신을 사형시킴으로써 두 번이나 죄를 짓도록 할 수 없다는 것을 의미한다.

52 『토피카』 145a15-16; 『형이상학』 1025b25, 1064a16-19; 『니코마코스 윤리학』 1139a26-28.

53 『니코마코스 윤리학』 1094a19-22. 최고선이란 그 자체가 목적이므로 더 이상 다른 무언가를 목표로 하지 않는 궁극적 좋음이다.

그렇다면 과연 최상의 좋음이란 무엇인가? 아리스토텔레스는 최상의 좋음이 '행복'eudaimonia54이라는 것에 대부분의 사람이 동의한다고 말한다. 하지만 문제는 도대체 행복이 무엇인가이다. 사람들은 행복이란 잘 사는 것to eu zen 또는 to eu prattein이라는 데 동의하지만, 행복이 정확히 무엇인지에 관해서는 서로 견해를 달리한다.55 가령 어떤 이들은 쾌락을 행복과 동일시하고, 다른 이들은 명예를 행복이라고 여기며, 또 다른 이들은 부를 행복으로 여긴다. 그러나 아리스토텔레스에 따르면 쾌락을 추구하는 삶은 욕망의 노예가 되는 것이기에 짐승에게나 어울리는 삶이고, 명예란 그것을 주는 사람에게 의존하므로 언제든 박탈될 수 있는 것이며, 부는 그 자체가 목적이 아니라 다른 목적을 위해 유익한 도구일 뿐이다.56

그러면 행복을 어떻게 정의해야 할까? 아리스토텔레스의 행복은 선(좋음)이라는 전제에서 출발한다. 좋음은 기능과 연관된다. 가령 좋은 칼은 잘 자르는 칼이고 좋은 컴퓨터는 잘 연산하는 컴퓨터이다. 그렇다면 좋은 사람은 잘 사는 사람이고, 최고선으로서 행복이란 인간의 기능(즉 인간이 아니면 잘 할 수 없는 인간의 고유 기능)을 탁월하게 발휘하는 것이라고 볼 수 있다. 이런 이유로 아리스토텔레스는 인간의 좋음 내지 행복을 '탁월함(덕)arete에 따르는 영혼의 활동'으로 정의한다.57

---

54 오늘날 많은 사람들은 행복을 일종의 주관적 느낌 또는 만족감으로 여기지만, eudaimonia는 어떤 이의 삶이 성공적으로 진행되고 있음을 객관적으로 평가할 수 있는 상태이다. 이런 이유로 일부 학자들은 eudaimonia를 happiness가 아니라 flourishing, living well 등으로 번역하기도 한다. 강상진·김재홍 외 (2016), 162-163.

55 『니코마코스 윤리학』 1095a17-22.

56 『니코마코스 윤리학』 1095b14-1096a9. 아리스토텔레스는 행복을 규정하기 위해 두 가지 기준(완전성과 자족성)을 제시한다. 여기서 완전성이란 '그 자신 때문에 선택될 뿐 자신 아닌 다른 것 때문에 선택되지 않음, 동시에 다른 모든 것들은 이것을 위해 선택됨'을 뜻하고, 자족성은 '그것에 다른 가치가 부가되더라도 그것의 가치가 증대되지 않을 만큼 결핍이 없음'을 뜻한다(『니코마코스 윤리학』 1097a25-1097b21).

57 『니코마코스 윤리학』 1097b22-1098a18.

1 탁월함(덕)[58]

아리스토텔레스에 있어서 덕은 인간 삶의 본질적 가치이며 행복을 위해 필요한 수단이자 행복의 핵심 요소이다. 따라서 행복을 제대로 이해하려면 덕에 관해 면밀히 검토해야 한다. 이런 이유로 아리스토텔레스는 『니코마코스 윤리학』 1권 13장부터 6권에 이르기까지 덕에 관해 상세히 논한다.

> 덕도 영혼의 이러한 차이에 따라서 나뉜다. 왜냐하면 우리는 덕 가운데 어떤 것을 사고의 덕이라 부르고, 다른 어떤 것들을 품성의 덕이라고 부르기 때문이다. 지혜[sophia], 이해력[synesis], 실천적 지혜[phronesis]는 사고의 덕이라고 하고, 자유인다움과 절제는 품성의 덕이라고 부르는 것이다. 어떤 사람의 품성에 관해서 말할 때, 우리는 그가 지혜롭다거나 혹은 이해력을 가지고 있다고 하지 않고, 그가 온화하다거나 절제한다고 말한다. 하지만 우리가 지혜로운 사람[sophos]을 칭찬하는 것도 그의 (영혼의) 품성 상태[hexis]에 따른 것이다. 품성 상태 중 칭찬받을 만한 것을 우리는 덕이라고 부른다.
>
> 『니코마코스 윤리학』 1103a2-10[59]

아리스토텔레스는 영혼이 이성적 부분과 비이성적 부분으로 구성되듯, 덕도 영혼의 이성적 부분에 따르는 덕(사고의 덕 또는 지적 덕)과 비이성적 부분에 따르는 덕(품성의 덕 또는 도덕적 덕)으로 구별된다고 생각한다. 덕이란 일종의 품성 상태[60]인데, 영혼의 이성적 부분이 보여주는 탁월한 품성 상태가 사고의 덕이고 영혼의 비이성적 부분이 보여주는 탁월한 품성 상태가 품성의 덕이라는 것이다.

① 품성의 덕(도덕적 덕)

사고의 덕은 가르침에 기초하는 반면, 품성의 덕은 습관[ethos]의 결과로 얻어진

---

58 아리스토텔레스에 있어 '잘 사는 것' 또는 '탁월하게 사는 것'이란 '도덕적 덕을 실현하며 사는 것'을 뜻하므로 인간의 탁월함은 덕과 동일하다.

59 김남두·김재홍 외(2004), 83쪽 번역을 일부 수정.

60 여기서 품성 상태란 반복된 행위를 통해 한 방향으로 향하게 된 경향성이라고 이해할 수 있다.

다.[61] 이 때 품성의 덕이 습관의 결과로 생겨난다 함은 품성의 덕이 자연적으로 생겨나는 것이 아님을 뜻한다.[62] 가령 우리는 갓난아기를 보고 "이 아기는 참 품성이 좋네."라고 말하지 않는다. 이는 습관이 자연적, 본능적으로 저절로 생겨나는 것이 아니라 오랜 기간의 반복적 행위 내지 활동을 통해 형성되기 때문이다.[63] 습관은 본성이 허용하는 가능성의 범위 내에서 형성되는 것이지만, 주어진 본성을 완전하게 할 수도 있고 나쁘게 할 수도 있다. 갓난아기는 자라서 훌륭한 품성 상태를 가진 사람이 될 수도 있지만 완전히 부도덕한 사람이 될 수도 있는 것이다.[64]

아리스토텔레스는 모든 품성 상태가 덕인 것은 아니며 칭찬받을 만한 품성 상태가 덕이라고 생각한다. 이 때 덕을 다른 품성 상태로부터 구별해 주는 본질적 특성이 바로 중용, 즉 '지나침과 모자람의 어떤 중간'이다.[65] 그러므로 품성의 덕이란 '지나침으로 말미암은 악덕과 모자람으로 말미암은 악덕 사이의 중용' 혹은 '중용 안에서 합리적 선택을 하는 품성 상태'이다.[66] 가령 용감함이라는 품성의 덕은 비겁과 무모의 중용이다.[67] 또 감정에도 양 극단과 중간적 품성 상태가 존재한다. 필요 이상으로 화를 너무 잘 내는 사람도 있고 마땅히 화를 내야 하는 경우에도 화를

---

61 '윤리'ethics라는 용어도 '습관'ethos이라는 단어에서 파생된 것이다.

62 『니코마코스 윤리학』 1103a19-26.

63 아리스토텔레스에 따르면 우리는 정의로운 행위들을 함으로써 정의롭게 되고, 절제 있는 행위를 함으로써 절제 있게 되며, 용감한 행위를 함으로써 용감하게 된다(『니코마코스 윤리학』 1103a26-1103b2).

64 이를테면 어떤 사람이 분노나 두려움의 감정을 느끼는 것 자체는 그가 선한 사람인지 악한 사람인지 평가하는 것과 무관하며, 그가 감정에 대해 어떤 태도를 취하느냐(가령 두려움에 대해 과도한 반응을 보이는가)에서 도덕적 품성에 대한 평가가 시작된다.

65 『니코마코스 윤리학』 1106a26-1106b7.

66 『니코마코스 윤리학』 1106ba36-1107a3. 합리적 선택은 목적을 지향하는 욕구의 계기와 그 목적에 이르는 수단을 이성적으로 강구하는 이성의 계기를 동시에 가진다. 따라서 중용은 실천적 지혜를 가진 사람의 이성에 의해 이루어진다.

67 물론 모든 행위나 감정에 중용이 존재하는 것은 아니다. 이를테면 분노의 감정이나 성적 욕구에는 지나침이나 모자람이 존재하지만 파렴치, 시기 등의 감정이나 간통, 도둑질, 살인 등의 행위는 그 자체로 나쁜 것이므로 중용과 무관하게 무조건 잘못이다(『니코마코스 윤리학』 1107a8-17).

내지 않는 사람도 존재하므로, 양 극단의 중용으로서 온화함이 존재한다는 것이다.[68]

② 사고의 덕(지적 덕)

아리스토텔레스에 따르면 영혼은 이성적 부분과 비이성적 부분으로 나뉘며, 이성적 부분은 다시 '학적으로 인식하는 부분'epistemonikon과 '이성적으로 추론하는 부분'logistikon(숙고하는 부분, 사량적 부분)으로 나뉜다. 학적으로 인식하는 영혼의 부분은 수학적 대상에 대한 통찰처럼 그 원리가 불변하는 것을 성찰하는 것인 반면, 이성적으로 추론하는 부분은 윤리학이나 정치학처럼 그 원리가 변할 수도 있는 것을 성찰한다.[69]

영혼의 이성적 부분이 학적으로 인식하는 부분과 이성적으로 추론하는 부분으로 나뉘므로, 영혼의 이성적 부분과 관련된 덕(사고의 덕 또는 지적 덕)도 둘로 나뉜다. 학적으로 인식하는 부분에 상응하는 덕이 '학적 인식'episteme인데, 학적 인식은 증명할 수 있는 품성 상태를 가리킨다.[70] 반면 (변할 수 있는 것을) 이성적으로 추론하는 영혼의 부분에 해당하는 덕 중 대표적인 것이 '실천적 지혜'phronesis인데, 아리스토텔레스는 실천적 지혜를 다음과 같이 정의한다.

> 자기 자신에게 좋은 것과 유익한 것들에 관해서 잘 숙고할 수 있는 것이 실천적 지혜를 가진 사람phronimos의 특성으로 보이는데, 이런 사람은 건강이나 체력과 같은 부분적인 것과 관련해서 무엇이 좋은지 잘 숙고하는 것이 아니라, 전체적으로 잘 사는 것과 관련해서 (무엇이 좋고 유익한지) 잘 숙고하는 사람이다. …… 일반적으로 (잘 사는 것에 관해) 잘 숙고하는 사람이 실천적 지혜를 가진 사람일 것이다.
>
> 『니코마코스 윤리학』 1140a25-31[71]

---

68 『니코마코스 윤리학』 1108a4-9.

69 즉 아리스토텔레스에 있어 학문 분류는 대상의 성격(달리 될 수 없는 불변의 대상 혹은 달리 될 수 있는 가변적 대상)에 상응해서 이루어진다. 『니코마코스 윤리학』 1139a3-1139a15.

70 『니코마코스 윤리학』 1139b31-35.

71 김남두·김재홍 외(2004), 193쪽 번역을 일부 수정.

실천적 지혜란 어떻게 건강해질 수 있는가, 어떻게 돈을 벌 수 있는가처럼 삶의 부분적 측면을 잘 숙고하는 것이 아니라 좋은 삶이 무엇이고 어떻게 좋은 삶을 살 수 있는가에 관해 잘 숙고하는 것(최선의 행위가 무엇인지 선택할 수 있는 지적 능력)이다. 다시 말해 '잘 사는 것 일반에 관해 잘 숙고하는 것'이 실천적 지혜이다. 아무렇게나 만들어 낸 물건을 보고 기술이 발휘된 결과라고 말하지 않듯, 우리는 아무렇게 한 행동을 보고 실천적 지혜가 발휘된 행동이라고 하지 않는다. 이런 이유로 아리스토텔레스는 실천적 지혜를 '인간에게 좋은 것, 나쁜 것에 관련해서 이성을 가지고 행위를 산출하는 참된 품성 상태'라고 정의한다.[72]

그런데 (좋은 의미의) 실천적 지혜는 주로 개인(행위자 자신)과 관련되지만, 실제로 개인의 잘 됨은 가정이나 정치 공동체로부터 분리될 수 없다. 이 때문에 아리스토텔레스는 가정경영oikonomia이나 정치술politike도 실천적 지혜라고 일컬어질 수 있다고 말한다.[73]

③ 최선의 행위를 위한 조건

우리는 실천적 지혜와 품성의 덕을 따라 우리의 고유한 기능ergon을 성취한다. 왜냐하면 (품성의) 덕은 우리가 바라보는 목표를 올바르게 해 주고, 실천적 지혜는 이 목표를 위해 이바지하는 수단들을 올바르게 하기 때문이다.

『니코마코스 윤리학』 1144a6-9[74]

아리스토텔레스에 따르면 올바른 숙고와 행위를 위해서는 두 가지, 즉 품성의 덕과 실천적 지혜가 필요하다. 품성의 덕은 삶의 일반적 목표를 바르게 설정하게 하며, 실천적 지혜는 그 목표를 실현할 방법을 파악하는 것이다. 즉 행위자는 습관화의 과정을 통해서 그 자체로 가치 있는 것들에 관한 목록을 얻게 되고, 이 목록은 그가 숙고하는 데 전반적인 지침으로 기능한다. 하지만 최선의 숙고와 행위

---

72 『니코마코스 윤리학』 1140b4-7.

73 『니코마코스 윤리학』 1141b29-1142a11.

74 김남두·김재홍 외(2004), 201쪽 번역을 일부 수정.

를 위해서는 바른 품성만으로는 불충분하다. 올바른 가치관을 가진 사람이라도 주어진 상황의 특수성을 정확히 파악하지 못할 경우 그 상황에 맞는 행위를 파악할 수 없을 것이기 때문이다. 이를테면 곤경에 빠진 친구를 돕는 일은 바람직한 일이고 그런 성향을 가진 사람은 바른 품성을 가진 사람이다. 하지만 불법을 저지르고 있는 친구가 처벌을 피하도록 궁리하는 것은 옳지 않다. 이런 이유로 바른 품성 뿐 아니라 사태를 정확히 파악하는 능력이 필요한데, 주어진 상황의 특수성을 정확히 파악할 능력을 제공하는 것이 바로 실천적 지혜이다. 그러므로 실천적 지혜는 개별적인 것과 관련해서 잘 숙고하는 능력인 것이다(강상진·김재홍 외, 2016: 181-182).

2 영혼의 활동

아리스토텔레스가 행복을 영혼의 활동이라고 정의하는 것은 설령 덕을 소유하고 있더라도 그것이 활동으로 실현되지 않으면 행복이 아니라고 생각하기 때문이다. 가령 아무리 훌륭한 피아니스트라도 손가락이 마비되었다면 피아니스트로서의 탁월함을 발휘할 수 없다. 마찬가지로 아무리 훌륭한 품성 상태를 가진 사람이라도 영원히 식물인간 상태로 지낸다면 그는 자신의 품성적 덕에 따라 살아갈 수 없고 따라서 그의 삶은 행복하지 않을 것이다.

행복-덕-활동의 밀접한 연관성은 행위(함)praxis/제작(만듦)poiesis 구분에서 더 분명히 드러난다.

> 제작하는 사람은 무언가를 위해 제작하며, 제작되는 것은 그 자체로 목적이 아니라, 무언가를 향한 누군가의 목적이기 때문이다. 반면 행위에 의해 성취되는 것은 그 자체가 목적이며, 잘 행위함euphraxia이 그 목적이다.
>
> 『니코마코스 윤리학』 1139b1-3

가구 제작은 그 자체가 목적이 아니라 안락한 생활을 목적으로 한다. 반면 잘 사는 것 또는 행복이란 그 자체가 목적이지 다른 무언가를 지향하지 않는다. 이처럼 제작(만듦)과 행위(함)가 서로 다르듯 기술techne과 실천적 지혜도 서로 다른데, 기술을 통해 성취되는 것은 삶의 특정한 영역(가령 건축가의 기술은 좋은 집을 짓는 것과 관련됨)인 반면, 실천적 지혜를 통해 성취되는 것은 삶의 특정 영역이 아니라 잘 사는 것 자체이다.[75] 이렇게 볼 때 아리스토텔레스에 있어서 실천적 지혜를 가진 사람은 자신에게 좋고 이로운 것에 관해 잘 숙고할 수 있는 사람이며, 건강함 같은 부분적 목적이 아니라 잘 사는 것 일반에 대해 잘 숙고하는 사람이다.[76]

3 지성의 관조

행복이 탁월함(덕)을 따르는 활동이라면 그것은 당연히 최고의 탁월함에 따르는 것임이 합당하다. 그런데 이것은 (우리의) 최선의 부분의 탁월함일 것이다. 이것이 지성nous이든 혹은 다른 어떤 것이든, 자체가 신적인 존재이든 혹은 우리 안에 있는 것 중 가장 신적인 것이든, 이것은 본성상 우리를 지배하고 인도하며, 고귀하고 신적인 것에 대한 이해를 가질 것이다. 이것의 활동이 자신의 고유한 탁월함과 일치할 때, 그것이 바로 완전한 행복일 것이다. 우리는 이것이 관조적theoretike 활동임을 이미 말한 바 있다.

『니코마코스 윤리학』 1177a12-18[77]

아리스토텔레스는 『니코마코스 윤리학』 1권에서 인간의 최고선으로서 행복을 '탁월함에 따르는 영혼의 활동'으로 정의했다.[78] 반면 10권에서는 행복이 탁월함에 따르는 인간 영혼의 최선의 부분(즉 지성)의 활동이라고 말한다. 또 지성은 신적인 것을 관조 내지 인식하므로, 지성의 관조적 활동이야말로 완전한 행복이라는 것이다. 관조란 가장 즐겁고 자족적인 활동이며 그 자체가 목적이자 신적인(인간의 차원을 넘어서는) 활동이다.[79]

---

75 『니코마코스 윤리학』 1095a19-20.

76 『니코마코스 윤리학』 1140a25-28.

77 김남두·김재홍 외(2004), 76쪽 번역을 일부 수정.

78 『니코마코스 윤리학』 1097b22-1098a18.

79 『니코마코스 윤리학』 1177a22-1178a8. 아마도 아리스토텔레스는 '가능한 한 신과 닮음'이라는 플라톤의

3 정의

아리스토텔레스는 정의[80]가 품성 상태라고 생각한다. 즉 정의란 타고난 본성이 아니라 오랜 기간 반복된 행위를 통해 습득된 품성이며, 정의로운 품성을 지닌 사람은 늘 정의로운 것을 바라고 정의롭게 행동할 뿐 그 반대의 것(불의)을 행하지 않는다는 것이다.[81] 불의(올바르지 않음)란 법을 지키지 않는 것이거나 불공정한 것이므로, 정의(올바름)는 법을 지키는 상태[82]이고 공정한 상태이다.[83]

아리스토텔레스에 따르면 덕을 가진다는 것은 법을 포함한 사회적 규범에 따르는 것을 의미한다. 그런데 우리는 사회적 규범을 지키는 사람을 올바른 사람 또는 정의로운 사람이라고 부른다. 이런 이유로 아리스토텔레스는 정의로움(규범을 지킴)이 모든 덕을 포괄한다는 점에서 완전한 덕$^{arete\ teleia}$이라고 말한다.[84] 정의는 공공선을 만들고 보전함으로써 공동체의 행복에 기여하기 때문이다.

한편 아리스토텔레스는 전체적 덕으로서의 정의(일반적 의미의 정의, 법과 규범을 지킴)와 개별적 덕으로서의 정의(부분적 정의, 개인들 사이의 관계에서 성립하는 덕)를 구분하면서, 부분적 정의의 대표적 사례로 분배적 정의와 시정적 정의를 제시한다.

1 분배적 정의

분배적 정의는 정치 공동체 구성원들 사이에 나눌 수 있는 명예, 부 등의 분배

전통(『테아이테토스』 176b 참조)을 계승하고 있는 듯하다.

80 아리스토텔레스는 『니코마코스 윤리학』에서 다양한 품성 상태 및 덕을 제시하는데, 대표적인 덕이 정의와 우정이다.

81 『니코마코스 윤리학』 1129a7-12.

82 아리스토텔레스에 따르면 법은 모든 이의 공동의 이익을 지향하므로 법을 지키는 것은 정치 공동체를 위해 행복을 만들고 보전하는 일이다(『니코마코스 윤리학』 1129b11-25).

83 『니코마코스 윤리학』 1129a31-1129b1.

84 『니코마코스 윤리학』 1129b25-30.

와 관련된 정의이며, 분배적 정의가 성립하려면 적어도 네 개의 항이 필요하다. 분배를 받는 사람이 둘 이상 있어야 하며 분배되는 대상(부, 명예 등)도 둘 이상이어야 하기 때문이다. 아리스토텔레스는 기하학적 비례에 따른 분배적 정의를 제시하며, '가치'를 분배의 기준으로 제시한다.

① 기하학적 비례에 따른 분배적 정의

> 정의란 이런 것, 즉 비례적인 것이며 정의롭지 않은 것이란 비례를 어긋나는 것이다. 따라서 (정의롭지 않은 행위의 경우) 한편의 항이 더 많아지게 되고, 다른 편의 항은 더 적어지게 된다. 이것이 실제로 일어나는 일이다. 왜냐하면 불의를 행하는 사람은 좋은 것을 더 많이 가지지만, 불의를 당하는 사람은 좋은 것을 더 적게 가지기 때문이다. 나쁜 것의 경우는 이와 반대이다. 왜냐하면 더 적은 악이 더 큰 악에 비교해서 좋은 것으로 간주되기 때문이다. 즉 더 적은 악이 더 큰 악보다 더 선택할 만한 것이고, 선택할 만한 것은 좋은 것이며 더 선택할 만한 것은 더 큰 좋은 것이다.
>
> 『니코마코스 윤리학』 1131b16-24[85]

아리스토텔레스에 따르면 분배에 있어서 정의 또는 공정함(동등함)[ison]이란 분배받을 사람(A, B)과 분배받을 재화(x, y) 사이에 기하학적 비례 관계가 성립하는 경우(A:B = x:y)이다. 즉 정의는 비례에 따른 것이며 불의는 비례에서 어긋나는 것이다.[86] 불의를 행하는 사람은 남의 몫을 가로챔으로써 좋은 것을 (자신에게 마땅한 몫보다) 더 많이 가지게 되는 반면, 불의를 당하는 사람은 자기 몫을 남에게 빼앗김으로써 좋은 것을 (자신에게 마땅한 몫보다) 더 적게 가지게 된다.

② 기하학적 비례의 기준으로서 가치

> 이것은 가치에 따라 (알맞은 것을) 분배해야 한다는 관점에서 보아도 분명하다. 왜냐하면 분배에 있어서 올바름은 어떤 종류의 가치에 따라야만 한다는 데 모두가 동의하지만, 모든 사람이 동일한 것을 가치라고 주장하는 것은 아니기 때문이다. 즉 민주주의자들은 자유(민의

---

85 김남두·김재홍 외(2004), 166쪽 번역을 일부 수정.

86 『니코마코스 윤리학』 1131a29-b13.

신분)를 가치라고 말하고, 과두정 지지자들은 부 또는 좋은 혈통을 가치라고 말하며, 가장 뛰어난 자의 정체^{aristokratia}[87]를 지지하는 사람들은 덕을 가치라고 말한다.

『니코마코스 윤리학』 1131a24 -29[88]

아리스토텔레스는 기하학적 비례의 기준으로 '가치'를 제시한다. 더 가치 있는 사람 혹은 공동체에 더 기여한 사람이 자신의 가치에 비례해서 부와 명예를 더 차지하는 것이 정의롭다는 것이다. 그런데 아리스토텔레스에 따르면 무엇이 가치 있는가는 정치 체제에 따라 다르다. 가령 민주정에서는 자유로운 시민인가 여부가 분배(가치)의 기준이 되고, 과두정에서는 부 또는 혈통이 분배(가치)의 기준이 되며, 가장 뛰어난 자들에 의해 다스려지는 정치 체제에서는 덕의 유무가 분배(가치)의 기준이 된다.

2 시정적 정의

시정적 정의는 상호 교섭의 영역에서 성립한다. 교섭에서의 정의도 일종의 공정 또는 동등함이지만 기하학적 비례가 아니라 산술적 비례의 동등함이다. 분배적 정의에서는 분배 당사자의 가치에 비례해서 부와 명예의 배분이 정해졌으나, 시정적 정의의 경우 악을 행한 자는 누구든 동등한 자로 취급되며 그가 행한 해악을 바로잡는 데 초점이 맞추어져 있다.[89] 또 분배적 정의가 둘 이상의 사람들에게 분배 가능한 것(명예, 부)에 관한 것이라면, 시정적 정의는 이득과 손실에 관련된다. 사람들 사이의 상호 교섭에 있어 이득과 손실의 동등함이 깨어졌을 때 동등함을 다시 회복하는 것 또는 교정하는 것이 바로 시정적 정의인 것이다. 재판관은 가해자의 이득(마땅히 가져가야 할 몫보다 더 많이 가져간 만큼)을 떼어내어 피해자에게 돌려줌으로써 손실을 만회하고 중간을 회복한다.[90]

---

87 통상적으로 aristokratia는 '귀족정'으로 번역되지만, 본래 의미는 '가장 뛰어난 자^{aristos}가 다스리는 통치형태^{krateia}'를 뜻한다.

88 김남두·김재홍 외(2004), 165쪽 번역을 일부 수정.

89 『니코마코스 윤리학』 1131b32-1132a6.

90 『니코마코스 윤리학』 1132a6-1132b20.

3 중용으로서의 정의

① 분배적 정의에서의 중용

아리스토텔레스는 분배적 정의로서의 공정함을 중용과 연결시킨다. 즉 분배적 정의란 지나치게 많음과 지나치게 적음의 중간이다.[91] 다른 개별적 덕들에 있어서는 중용의 품성 상태에 반대되는 두 극단의 품성 상태가 악덕으로 제시된다. 가령 용기라는 품성의 덕은 비겁과 무모의 중용이다. 반면 분배적 정의에 반대되는 악덕과 관련해서는 주로 탐욕^{pleonexia}(마땅히 가져야 할 것보다 더 많이 가지는 것)이 언급된다. 이는 마땅히 가져야 할 것보다 더 적게 가지는 품성 상태가 너무 드물기 때문일 것이다(김남두·김재홍 외, 2004: 175).

② 시정적 정의에서의 중용

사람들은 재판관^{dikastes}을 '중재자(중간을 얻는 자)'라고 부르는데, 이는 재판관이 재판 당사자(가해자와 피해자) 사이의 중재자(중간)이며 따라서 가해자와 피해자 사이의 중간의 것(즉 올바른 것)을 판정할 수 있을 것이라고 여기기 때문이다.[92] 이렇게 볼 때 시정적 정의에서의 중용은 이득과 손해의 중간이다.

4 인간과 공동체

인간은 본성상 폴리스적 동물$^{zoon\ politikon}$이다. 이런 까닭에 사람들은 서로 도움을 필요로 하지 않을 때조차 함께 살기를 욕구한다. 그럼에도 불구하고 각자가 잘 삶(훌륭한 삶)의 몫을 성취하는 한, 공동체의 유익도 사람들을 한데 모으는 것이다. 그렇다면 잘 삶은 모든 사람에게 공통적으로 그리고 각 개인에게도 최고의 목적인 것이다.

『정치학』 1278b19-22

---

91 『니코마코스 윤리학』 1131a10-15.

92 『니코마코스 윤리학』 1132a19-24.

아리스토텔레스에 따르면 인간은 본성적으로 공동체적 동물(폴리스적 동물)이다.[93] 즉 개인들은 공동체를 벗어나 혼자 생존할 수 없다.[94] 그러므로 인간의 행복은 단순히 개인적 수양을 통해 획득되는 것이 아니라 공동체 속에서 타인과의 교류와 협력을 통해 획득된다(유원기, 2014: 96). 특히 아리스토텔레스는 국가 공동체의 목적이 구성원들로 하여금 가능한 한 최상의 삶을 영위하도록 하는 것이라고 말하면서,[95] 공동선 또는 시민의 행복 실현을 위해 국가가 갖추어야 조건들을 다음과 같이 설명한다(유원기, 2014: 112-113).

① 계층이나 계급 구분 없이 모든 사람이 평등해야 한다: 권력이나 소유가 불평등한 경우 분란이 발생하므로 이를 방지해야 한다.[96]

② 사유재산은 인정하되 소비는 공동으로 해야 한다: 사유재산 인정(가령 토지를 개인이 소유)은 사람들에게 열심히 노력할 동기를 부여하기 위한 것이며, 공동 소비(가령 농산물을 공동으로 비축)는 사회적 약자들이 외면당하지 않게 하기 위한 것이다.[97]

③ 모든 어린이에게 공교육의 혜택을 부여한다: 공교육은 어린이들이 자기 능력을 계발할 기회인 동시에 중용을 선택하는 습관을 배울 기회이다.[98]

아리스토텔레스에 따르면, 사회적, 정치적, 경제적 불평등 없이 모든 구성원이 자기 능력을 최대한 발휘하면서 사는 공동체가 최선의 공동체이며, 그런 공동체에서는 모든 시민이 행복해질 수 있다. 특히 아리스토텔레스는 교육의 중요성을 강

---

93 『니코마코스 윤리학』 1097b11; 『정치학』 1253a2-9.

94 『정치학』 1253a7 이하.

95 『정치학』 1328a36-37.

96 『정치학』 1295b25-32.

97 『정치학』 1262b37-1263a8.

98 『정치학』 1337a21-27; 1337a10-12, 33-34.

조하면서, 공교육 실현을 위한 입법자의 역할을 강조한다.[99] 시민들을 바르게 교육하고 시민들의 바른 습관을 형성함으로써 그들을 바른 시민으로 만드는 것이야말로 모든 입법자의 소망이라는 것이다.[100] 하지만 완전한 공동체 내지 이상국가를 건설하는 것은 정치가와 입법자만의 책임이 아니며 모든 시민의 협조가 필요한 일이다. 그래서 아리스토텔레스는 개인의 목적과 국가의 목적이 일치해야 한다고 말한다.[101] 국가의 근본 목표는 모든 시민의 행복이므로, 정치가와 입법자는 최선의 정치 체제와 법률 체제를 제시해야 하고 이러한 국가의 지침에 시민들도 최대한 협조해야 한다는 것이다(유원기, 2014: 114).

5 아리스토텔레스의 도덕교육론

1 잠재적 가능성의 현실화

품성의 덕은 태어났을 때부터 본성적으로 생겨난 것이 아니라, 마치 씨앗처럼 미래에 실현 가능한 잠재적 능력dynamis으로 우리에게 주어져 있다. 이러한 가능성은 습관을 통해 현실화된다. 즉 우리는 동일한 행위를 반복적으로 실천함으로써 덕 있는 사람이 되는 것이다.

2 통합적 인격교육으로서 덕 교육

아리스토텔레스에 있어서 덕이란 훌륭한 품성과 아름다운 행동을 올바르게 판단해서 기뻐하는 것, 또 마땅한 것을 기뻐하고 사랑하며 미워하는 것이다. 올바른 교육이란 어려서부터 마땅히 기뻐할 것에 기뻐하고 마땅히 괴로워해야 할 것에 괴

---

99 『정치학』 1337a10-11; 『니코마코스 윤리학』 1180a14-24.

100 『정치학』 1103b3-4.

101 『정치학』 1334a11.

로워하게끔 하는 것이므로,[102] 아리스토텔레스는 시가 교육(정서 교육)이 교육 커리큘럼에 포함되어야 한다고 생각한다. 이는 시가가 우리에게 즐거움과 안식을 제공할 뿐 아니라 영혼의 품성에도 영향을 끼치기 때문이다. 즉 리듬과 멜로디는 분노와 온화함, 용기와 절제 등 다양한 도덕적 품성의 모습을 묘사함으로써 영혼을 변화시킨다.[103] 이렇게 볼 때 아리스토텔레스에 있어 덕 교육은 인지적 요소(올바른 것을 파악하고 판단함)[104] 뿐 아니라 정의적 요소(마땅히 느껴야 할 감정을 느낌)와 행동적 요소(반복된 행동을 통해 올바른 품성 상태를 습관화)[105]까지 포함한다.[106] 아리스토텔레스의 덕 교육론은 훌륭한 인격이란 선을 아는 것(인지적 차원), 선을 열망하는 것(정의적 차원), 선을 행하는 것(행동적 차원)을 포괄한다는 토마스 리코나의 통합적 도덕교육론의 선구가 되었다(박장호·추병완 역, 1998: 73).

3 공교육으로서 덕 교육

아리스토텔레스는 폴리스(국가)가 단순히 같은 곳에 거주하는 사람들의 모임이 아니라 그 구성원들이 훌륭한 삶을 살 수 있게 해주기 위한 공동체라고 생각한다.[107] 특히 국가를 통일시키고 하나의 공동체로 만들어 주는 것이 교육이기 때문

---

102 『니코마코스 윤리학』 1104b11-14.

103 『정치학』 1339b10-1340a23.

104 덕이란 중용에 따르는 행동인데, 중용에 따르는 행동을 분별하기 위해서는 합리적 판단이 필요하다. 즉 숙고해서 선택하지 않은 행동은 설령 올바른 행동이더라도 우연에 따른 행동일 뿐이다.

105 품성 상태는 그 품성 상태와 유사한 활동들로부터 생긴다(『니코마코스 윤리학』 1103b23). 집을 지어 봄으로써 건축가가 되고 기타를 연주함으로써 기타 연주자가 되듯, 정의로운 행동을 함으로써 정의로운 사람이 되고 절제 있는 일을 행함으로써 절제 있는 사람이 되며 용감한 일을 행함으로써 용감한 사람이 되는 것이다(『니코마코스 윤리학』 1103a31).

106 가령 정의로운 사람은 (정의로운 것이 무엇인지 알고) 정의롭게 행동할 뿐 아니라 정의로운 것을 바라는 품성 상태를 가진 사람이다(『니코마코스 윤리학』 1129a7-10).

107 『정치학』 1280a31-1281a5. 인간 본성은 자족적이고 행복한 삶을 실현하는 것을 목적으로 하며, 이 목적을 실현해 주는 공동체가 바로 국가(폴리스)이다.

에[108] (공)교육은 공공의 관심사이다.[109] 덕 교육은 각 시민 자신에게도 좋은 일이지만, 덕 교육을 통해 각 시민은 공동체 전체의 선을 증진하려는 소망을 가지게 되며, 이로써 국가 공동체의 구성원들이 '최선의 삶을 살아가기'라는 목적을 공유하게 된다. 덕 교육이 시민적 우애라고 할 수 있는 시민들 간의 조화 혹은 상호 선의와 협력을 증진하는 것이다(손윤락, 2019: 15-17). 이런 이유로 잠재적 시민인 아동, 청년의 덕 교육이 국가의 중요한 공적 업무가 되어야 한다. 국가 공동체의 보존과 발전은 시민의 덕에 기초하므로 젊은이들을 좋은 사람으로 만들지 못하면 국가 제도가 파괴될 것이기 때문이다.[110]

결론적으로, 아리스토텔레스에 따르면 덕을 소유한 훌륭한 시민을 양성한다는 것은 쾌락과 고통의 감정을 적절하게 함양하는 것이며, 이는 어렸을 때부터 올바른 정서를 느끼고 올바르게 행동하도록 습관화함으로써 가능케 된다. 그러므로 최선의 국가를 이루기 위해서는 덕의 습관화 교육이 국가 규범에 의해 규정되어야 한다. 이처럼 덕의 습관화와 공교육을 강조한 아리스토텔레스의 도덕교육론은 도덕적 아노미 상태의 현대사회에도 많은 시사점을 제공하고 있다.

6 핵심 개념

① 행복   ② 품성의 덕

③ 실천적 지혜   ④ 중용

⑤ 정의   ⑥ 공교육

---

108 『정치학』 1263b36-37.

109 이런 이유로 입법자들은 젊은이들의 교육에 관심을 기울여야 한다. 『정치학』, 1337a10-27.

110 『정치학』 1337a9.

7 토의·토론 주제

① 아리스토텔레스 행복론의 주요 내용을 설명하고 현대적 의의를 평가해보자.

② 앎과 행함의 관계에 대한 소크라테스와 아리스토텔레스의 관점을 비교하고, 이에 대한 자신의 관점을 정리하여 발표해보자.

③ 아리스토텔레스가 공교육의 중요성을 강조하는 까닭을 설명하고, 아리스토텔레스의 도덕교육론의 현대적 의의에 대해 토론해보자.

8 더 읽어볼 책

① 김인수 역(2022), 『모두를 위한 아리스토텔레스: 쉽게 풀어낸 어려운 생각』, 마인드큐브.

② 유재민(2021), 『아리스토텔레스의 니코마코스 윤리학: 행복한 사람이 욕망에 대처하는 자세』, EBS BOOKS.

③ 조대호(2023), 『영원한 현재의 철학: 21세기의 삶을 위한 소크라테스, 플라톤, 아리스토텔레스의 지혜』, EBS BOOKS.

참고문헌

① 강상진, 김재홍 외(2016), 『서양고대철학 2: 아리스토텔레스부터 보에티우스까지』, 길.

② 김남두, 김재홍 외(2004), 『아리스토텔레스, 니코마코스 윤리학』, 서울대학교 철학사상연구소.

③ 김상돈(2007), "도덕과교육의 목표로서 도덕적 인간과 도덕적 시민의 관계-아리스토텔레스의 '좋은 인간'과 '좋은 시민'의 관계를 중심으로-", 『도덕윤리과교육』, 제25호, 117-150.

④ 김재홍 역(2018), 『아리스토텔레스 정치학』, 쌤앤파커스.

⑤ 박장호, 추병완 역(1998), 『토마스 리코나, 인격교육론』, 백의.

⑥ 손윤락(2019), "시민 소통의 이상적 조건 -아리스토텔레스의 '사회적 우애'를 중심으로-", 『수사학』, 제36집, 7-30.

⑦ 유원기(2014), "아리스토텔레스의 본성 개념과 공동체의 목적", 『서양고전학연구』, 53(1), 95-119.

⑧ 이영환(2015), "아리스토텔레스 행복관에 대한 몇 가지 오해에 대한 해명: 아리스토텔레스와 칸트 윤리학의 온당한 비교를 위하여", 『인간 환경 미래』, 14, 67-98.

⑨ 이창우, 김재홍, 강상진 역(2006), 『니코마코스 윤리학』, 이제이북스.

⑩ 전헌상(2005), "함[praxis]'과 '만듦[poiesis]' -『니코마코스 윤리학』VI. 4-5-", 『서양고전학연구』 23, 95-124.

⑪ Furley, D.(1999). *Routledge History of Philosophy*, Vol. 2, Routledge.

⑫ Rackham(ed.)(1959), *Aristotle: Politics*, Harvard University Press.

⑬ Reeve, C. D. C.(2016), *Aristotle, Metaphysics*, Hackett.

⑭ Shields, C.(2007), *Aristotle*, Routledge.

⑮ Tredennick, H. & Forster, E. S.(eds.)(1966), *Aristotle: Posterior Analytics, Topica*, Harvard University Press.

의무와 덕의 종합: 칸트와 프랑케나

 들어가는 말

오늘날 진화심리학이나 사회생물학은 인간을 동물에 불과하다고 간주하며, 자본주의 경제학은 인간이 이기적 존재임을 전제한다. 하지만 인간이 단지 이기적이고 동물적인 존재에 불과하다고 생각할 경우, 인간이 어떻게 도덕적 존재일 수 있으며 어째서 도덕적 행위자가 되어야 하는지 설명하기 어렵다. 도덕규범을 지키면 손해를 보게 될 수도 있는데, 그러면 어째서 나는 도덕규범에 따라야 하는가?

칸트^{Immanuel Kant}(1724-1804)는 인간이 동물성(본능적 욕구)을 가진 자연적 존재라는 점을 인정하면서도, 인간에게는 본능적 욕망의 차원과 더불어 이성적 차원이 공존한다고 생각한다. 또 칸트는 이성적 차원을 다시 둘로 나누어 인간 본성의 세 차원을 논한다. 첫째, 자연적 존재로서 인간은 동물성^{Tierheit}의 소질을 가지는데 이는 자연적이고 비이성적인 자기애이다. 둘째, 동물적 존재인 동시에 이성적 존재인 인간은 인간성^{Menschheit}(타산적·도구적 이성)의 소질, 즉 자연적이면서도 계산할 수 있는 자기애를 가진다. 셋째, 이성적이면서 도덕적인 존재로서 인간은 인격성^{Persönlichkeit}(도덕적·실천적 이성)의 소질을 가지는데, 인격성이란 도덕 법칙에 대한 존경을 가리킨다. 칸트에 따르면 인간은 본능적 욕구를 가진 존재이지만 동시에 이성을 가진 존재이므로 동물성을 넘어 인간성과 인격성으로 나아갈 수 있다. 다시 말해 인간은 자신의 본능적 욕구를 이성적 사고 능력으로 통제할 수 있으며, 자연적 경향성을 극복하고 도덕 법칙을 선택 및 실현할 수 있다(박찬구, 2023: 20-22). 칸트는 인간이 이성에 따라 실천 법칙을 스스로 수립하는 '목적의 왕국'을 꿈꾸면서, 목적의 왕국이라는 이상을 실현하기 위해 학생들에게 어떻게 도덕교육을 실천해야 할 지 논했다.

한편 프랑케나$^{William Frankena}$(1908-1994)는 의무론 윤리에 품성 교육을 가미한 칸트의 도덕 교육론을 계승하여, 도덕교육을 의무의 윤리에 기반을 둔 원리·규칙 중심의 도덕교육(Moral Education X = MEX)과 덕 윤리에 기반을 둔 품성 중심의 도덕교육(Moral Education Y = MEY)의 두 측면으로 나누어 설명했다. 성품 없는 원리는 무력하고 원리 없는 성품은 맹목[111]이므로 양자는 상보적으로 종합되어야 한다는 것이다.

2 도덕 형이상학의 기초: 의지의 자유

자주 그리고 오랫동안 깊이 생각하면 할수록, 내 마음을 늘 새롭고, 한층 더 감탄과 경외심으로 가득 채우는 것이 두 가지 있다. 그것은 내 위에 있는 별이 빛나는 하늘과 내 안의 도덕법칙이다. …… 헤아릴 수 없이 많은 세계를 쳐다보노라면 잠시 동안 생명력을 가지다가 전 우주 속에서 한 점에 불과한 혹성으로 되돌아갈 수밖에 없는 물질로 이루어진 동물적 존재로서의 나의 가치가 아무것도 아닌 것이 되어버린다. 그러나 도덕 법칙은 지성적 주체 ^{Intelligentia}(지성인, 예지인)로서 나의 가치를 인격성을 통해 무한히 드높여준다. 도덕 법칙은 인격성을 통해 동물성과 감성계 전체로부터 독립한 삶을 내게 보여준다.

『실천이성비판』, 161-162[112]

---

[111] 이는 "내용 없는 사상은 공허하고 개념 없는 직관은 맹목"이라는 칸트의 말을 패러디한 것이다.

[112] 강영안(2000), 99-100의 번역을 일부 수정.

칸트에 따르면 인간은 한편으로 자연의 인과법칙에 지배되는 감각적, 동물적 존재이지만, 다른 한편으로는 자연의 필연성을 초월하는 자유[113]의 법칙(도덕 법칙)에 속하는 지성적 존재이다(강영안, 2000: 97). 인간 존재의 이러한 이중성 때문에 감각경험의 주체로서 인간은 시공간에 종속되는 반면, 지성적 주체로서 인간은 자신의 자유와 도덕 법칙을 인식한다.[114] 또 자연적 존재로서 인간은 행복에 대한 욕구를 가지지만, 지성적 존재로서 인간은 도덕적 완전성을 추구한다. 즉 인간에게는 자연과 현상세계를 초월하는 윤리적 당위와 의지의 자유가 존재한다.

> 순수이성은 인과성을 가진다. 최소한 우리는 이성의 인과성을 생각할 수 있다. 이러한 사실은 명령들에서 분명히 확인된다. 우리가 무언가를 행하고자 할 때 행위의 규칙으로서 행위하는 힘에게 부과되는 것이 바로 명령이다. 당위란 필연성의 표현, 근거들과의 결합의 표현이지만 이러한 근거들은 이성이 인과성을 가지지 않는 한 결코 자연상에 나타나지 않는다. 지성은 자연에 관해 "무엇인가 있다.", "무엇인가 있었다.", "무엇인가 생길 것이다." 등만을 인식할 수 있다. 시간 관계상에 실제로 존재하는 어떤 것이 현 상태와 다르게 존재해야만 한다는 것은 가능하지 않다. …… 당위는 하나의 가능적 행위를 표시한다. 당위란 자신의 근거를 오직 개념에서만 가지는 가능적 행위의 표현이다. …… 나로 하여금 어떤 것을 하도록 나의 의지를 충동시키는 자연 근거들이 아무리 많더라도 또 아무리 감각적 자극이 많다 하더라도 이것들은 결코 당위를 산출할 수 없다.
>
> 『순수이성비판』, B 575 이하[115]

---

113 칸트는 자유 개념을 초월적 자유와 실천적 자유로 구분한다. 여기서 초월적 자유란 시간의 제약과 자연법칙의 필연성을 넘어서는 것(『순수이성비판』 B 561)이며, 실천적 자유란 감성이 나를 어떤 충동으로 이끌고 가는가와 무관하게 내 의지를 결정하는 자유("감성의 충동에 의한 강제로부터 의지의 독립성" 『순수이성비판』, B 562)을 뜻한다. 하지만 칸트에 있어서 초월적 자유(존재론적 자유)는 곧 실천적 자유이다. 인간의 본질이 초월적 자유이므로, 행위자가 자신의 본질에 맞게 행위하려면 자율적으로 행위할 수밖에 없다는 것이다(한자경, 1992: 210-211).

114 칸트는 자연 법칙에 관한 학문을 자연학이라고 하고, 자유의 법칙에 관한 학문을 윤리학이라고 한다.

115 이충진 역(1999), 38-39의 번역을 일부 수정.

칸트는 자연에서 발견되는 인과성을 부정하지 않지만, 인간이 동물처럼 단지 자연의 한 부분으로 머물기를 원치 않는다면 자연을 넘어서는 무언가(즉 자유)를 가지지 않으면 안 된다고 여긴다. 가령 내가 강물에 뛰어들어 물에 빠진 사람을 구했다고 하자. 이 때 내 행위(강물에 뛰어들어 사람의 목숨을 구함)의 원인은 인과법칙 때문이 아니다. 내 팔과 다리가 기계적으로 움직여서 물에 빠진 사람을 구한 것은 아니기 때문이다. 이렇게 볼 때 물에 빠진 사람을 구해야 한다는 당위와 이런 행동을 선택할 가능성(자발성)은 자연 세계에 존재하는 인과법칙을 초월한다. 따라서 칸트는 인간 행위에 관한 순수한 비경험적 탐구(도덕 형이상학)가 필요하다고 보았다.[116]

> 그러므로 도덕 형이상학은 반드시 필요하다. 왜냐하면 선험적으로 우리 이성 안에 놓여 있는 실천 원칙들의 원천을 탐구하려는 사변적 동인 때문만이 아니라, 도덕을 이끄는 실마리와 올바른 도덕적 판단을 위한 최상의 규범이 존재하지 않는 한 도덕 자체가 갖가지 굴복에 빠져 헤어나지 못할 것이기 때문이다.
>
> 『도덕 형이상학의 정초』BX = 390[117]

칸트가 인간 행위에 관한 비경험적 탐구를 '도덕 형이상학'으로 부르는 까닭은 자신의 연구 계획이 '도덕성의 제일원리(최상의 원리)의 발견 및 그것의 확립'이라고 보았기 때문이다. 다시 말해 칸트는 도대체 도덕이 어떻게 가능한가를 설명해 주는 도덕의 제일원리를 밝히고자 한다.[118]

---

116 물론 인간 행동에 관해 경험적으로 탐구할 수도 있는데, 칸트는 이를 실천적 인간학이라고 부른다.

117 백종현 역(2020), 118의 번역을 일부 수정.

118 『도덕 형이상학의 정초』 BXV = 392. 아리스토텔레스 철학에 따르면 형이상학 또는 제일철학은 제일원리 (제일원인)에 대한 탐구이다. 마찬가지로 칸트는 도덕의 제일원리가 무엇인지 탐구하고자 한다. 칸트에 따르면 자연학 중 경험적인 부분을 제외한 이성적인 부분을 다루는 것이 자연 형이상학이며, 윤리학 중 경험적인 부분(실천적 인간학)을 제외한 이성적인 부분을 다루는 것이 본래적 의미의 도덕, 즉 도덕 형이상학이다(박찬구, 2023: 123).

선의지

1 도덕성의 싹으로서 선의지

이 세계 안에서분만 아니라 이 세계 밖 어디에서도 아무런 제한 없이 선하다고 생각될 수 있는 것은 오로지 선의지 뿐이다. 지성, 기지, 판단력, 그 밖에 여러 이름으로 불리는 정신의 재능들 또는 용기, 결단력, 끈기 등과 같은 기질적 특징들이 여러 관점에서 선하고 바람직하다는 사실에는 의심의 여지가 있을 수 없다. 그러나 만일 의지가 선하지 않다면 이 모든 것들은 극도로 악하고 해로운 것이 될 수도 있다. 의지는 그와 같은 천부의 자질들을 사용하지 않을 수 없는 의지 고유의 특성을 가지기 때문에 성품이라는 이름으로 일컬어진다. …… 권력, 부, 명예, 건강 그리고 행복이라는 이름으로 불릴만한 심신의 전적인 편안함과 만족 등도 만일 선의지가 이들과 동반하지 않는다면 우리를 우쭐하게 만들며 심지어 많은 경우 사람을 오만에 빠뜨리기도 한다. 선의지는 그런 것들이 마음에 미치는 영향을 바로잡아 보편적-합목적적이 되도록 만듦으로써 행위의 원리 전체를 올바르게 한다. 이성적이고 공정한 사람이라면, 선하고 순수한 의지라고는 전혀 없는 자가 부단히 무사 번영을 누리고 있는 것을 보면서 결코 흡족한 기분을 가지지 못할 것이다. 그러므로 선의지는 행복의 자격을 갖추기 위한 필요불가결한 조건을 이루는 듯하다.

『도덕 형이상학의 정초』B1 = 393[119]

칸트는 정신적 재능(이성, 기지, 판단력 등), 타고난 기질(용기, 결단력, 끈기 등), 행운적 자질(권력, 부, 명예, 건강 등)도 좋고 바람직한 것임을 인정하지만, 이런 것들은 무조건적으로 선한 것이 아니며 때로는 악하고 해로울 수 있다고 주장한다. 가령 주도면밀하게 완전범죄를 계획하는 살인자의 이성은 선하다고 볼 수 없으며 범죄자의 용기, 부 등도 선하지 않다. 그래서 칸트는 선의지의 원칙이 동반되지 않는 한 나머지 것들은 무제한적(무조건적)으로 선할 수 없으며 오히려 극도로 악한 것이 될 수도 있다고 말한다.[120] 반면 선의지는 무언가를 실현하고 성취했기 때문에

---

119 백종현 역(2020), 123의 번역을 일부 수정.

120 『도덕 형이상학의 정초』B2-3 = 394.

선한 것도 아니고, 주어진 목적을 달성하는 데 쓸모가 있기 때문에 선한 것도 아니다. 오히려 선의지는 (설령 운이 따라 주지 않거나 어쩔 수 없는 자연적 조건으로 인해 원래 의도를 성취하지 못하더라도) 그 자체로 선하다.[121]

한편 칸트에 따르면 선한 의지는 인간 지성 안에 이미 깃들어 있으므로 우리는 이를 새삼스럽게 가르칠 필요가 없으며 단지 일깨우기만 하면 된다.[122]

> 인간 안에 있는 싹은 모름지기 점점 더 계발되어야 한다. 왜냐하면 인간의 자연 소질 안에서는 악의 근원이 발견되지 않기 때문이다. 악의 원인은 오로지 자연이 규칙 아래에 놓이지 않는 것일 뿐이다. 인간 안에는 오직 선의 싹만이 들어 있다.
>
> 『교육론』 A19[123]

> 인간은 처음부터 선을 위한 자신의 소질을 계발해야 한다. 신의 섭리는 그것을 완성된 형태로 인간에게 심어놓지 않았다. 신이 준 것은 도덕성에서 차이가 없는 단순한 소질일 뿐이다. 자기 자신을 개선하는 것, 자신을 도야하는 것, 그리고 만일 그가 악하다면 스스로의 도덕성을 키우는 것, 이것이 인간이 해야 할 일이다.
>
> 『교육론』 A14[124]

인용문에 따르면 인간은 본성적으로 선하며 선의 싹 혹은 도덕성을 위한 선천적 소질을 가진다. 이 때문에 지적 능력이 뛰어나지 않은 사람이라도 어떤 행위가 도덕적 행위인지 아니면 행위자의 이익이나 경향성에 기인한 행위인지 식별할 수 있다. 하지만 모든 사람에게 존재하는 선 또는 도덕성은 완성된 형태가 아니라 싹 내지 소질(가능성)의 형태로 심겨져 있다. 욕망과의 충돌로 인해 선의지가 제대로 발현되지 않는 경우도 있으므로 우리는 선을 위한 소질을 계발해야 한다.

---

121 『도덕 형이상학의 정초』 B3 = 394.

122 『도덕 형이상학의 정초』 A 8.

123 박찬구(2023), 161에서 인용.

124 박찬구(2023), 161에서 인용.

2 선의지와 의무

칸트는 인간이 도덕성을 통해서만 자유로운 존재일 수 있다고 생각한다. 반대로 도덕성을 실현하지 못하면 인간은 참된 의미에서 자유로운 존재가 아니다. 가령 내가 식당에서 먹고 싶은 음식을 마음대로 사 먹는 일은 다른 사람의 강제에 의한 행위가 아니라 나의 자의에 따른 행위이지만, 도덕적 관점에서 자유로운 행위와 다르다. 마찬가지로 인간 이외의 동물들도 스스로 신체를 움직여 먹이를 찾아나설 수 있지만, 이러한 자유는 도덕적 차원의 자유가 아니다. 왜냐하면 동물들에게는 도덕 법칙을 스스로 입법하고 이에 따르는 자유와 그것에 수반되는 도덕적 의무가 존재하지 않기 때문이다. 이성을 결여한 동물은 선택할 능력이 없는 자연적 존재에 불과하므로 의무나 명령과 무관하다. 이렇게 볼 때 칸트에 있어서 인간을 인간으로 만드는 것은 도덕성이며, 인간이 다른 동물들과 구별되는 까닭은 인간에게는 순수한 실천이성(의지)과 자유가 있는 반면, 동물에게는 자연적 필연성만 있을 뿐 실천적 의미에서의 자유와 도덕적 의무가 없기 때문이다(강영안, 2000: 76). 달리 표현하자면 오직 인간만이 도덕적 자유를 가지는 존재이며 도덕적 의무를 짊어지는 존재이다.

여기서 '의무'라는 개념은 (비록 주관적 제약과 방해를 받지만) 선의지 개념과 밀접히 연관되는데, 이는 선의지가 인간의 유한성 속에서 '의무'라는 형식으로 나타남을 뜻한다.[125] 다시 말해 신은 강제되지 않더라도 늘 선한 의지를 실현할 것이므로 신처럼 완전한 선의지를 가지는 존재에게는 의무가 부과될 필요가 없다. 반면 인간은 이성적 존재인 동시에 감각적 존재이므로, 한편으로 도덕 법칙에 일치하도록 의지를 움직이는 순수이성의 영향을 받지만 다른 한편으로는 도덕 법칙과 싸우는 감각적 경향성 및 욕구의 영향을 받는다. 이처럼 욕구와 경향성이 순수이성에게 항상 장애요인이 되기 때문에 도덕적 의무가 필요한 것이다. 도덕적 의무란 인간이 신처럼 절대적으로 거룩한 선의지를 가진 존재가 아니라, 이성적이면서도 감성

---

125 여기서 의무는 행위자 자신의 내적 규정을 뜻하는 것이지 외적 강제(다른 사람에 의한 강제)를 뜻하는 것이 아니다.

적 욕구와 경향성에 따라 살 수 있는 존재이기에 부과된 것이다. 따라서 인간에게 도덕 법칙은 하나의 명령이다.[126]

칸트에 따르면 의무에 따른 행위는 단순히 '의무와 부합하는' 행위여서는 안 되며 오직 '의무이기 때문에' 행해지는 것이어야 한다. 단순히 '의무와 부합하는' 행위는 속으로는 그 행위를 의무로 여기지 않으면서 어떤 이익을 얻기 위한 수단으로 행하는 것일 수도 있기 때문이다. 이런 행위는 그것을 야기한 조건이나 목적이 사라지면 함께 소멸할 것이므로 우연적 행위에 불과한 것이지 무제한적으로 선한 행위라고 볼 수 없다. 이를테면 타인에게 자선을 베푸는 행위라고 해서 모두가 의무에서 비롯한 행위는 아니다. 허영심이나 자기 이익 같은 다른 동기에 의해 행해진 경우가 아니더라도, 경향성(가령 타고난 동정심) 때문에 자선을 베푸는 경우는 의무에 따른 행위가 아니어서 참된 도덕적 가치를 가지지 못하기 때문이다. 칸트는 행위자가 오로지 의무이기 때문에 자선을 베풀 때 그의 행위가 비로소 참된 도덕적 가치를 지니게 된다고 주장한다.[127] 결국 칸트에 있어서 선이란 도덕 법칙에 따르는 것이고, 선의지란 도덕 법칙에 따르려는 의지이다(박찬구, 2023: 159).

4 정언명령

자연의 사물은 자연법칙에 따라 (피동적으로) 움직인다. 반면 이성적 존재, 즉 인간은 자연법칙에 따라서만 행위하지 않으며, 이성을 통해 법칙을 스스로 떠올리고 이에 따라 행위한다. 이처럼 이성을 통해 떠올린 원리에 따라 행위하는 능력을 칸트는 '의지' 또는 '실천이성'이라고 부른다. 하지만 인간의 의지는 불완전하기 때문

---

126 『도덕 형이상학의 정초』 B35-38 = 412-413; 강영안(2000), 77-8. 인간은 스스로 법칙을 설정할 수 있지만 동시에 그것을 어길 수도 있다. 따라서 우리가 법칙에 따라 행위하려면 스스로 강제를 가해야 하고 이것이 도덕적 의무로 부과된다.

127 『도덕 형이상학의 정초』 B8-10 = 397-398.

에 (본능적 욕망과 같은 주관적 조건에 얽매임으로써) 스스로 세운 원칙을 완전히 지키지 못한다. 이러한 상황에서 생겨나는 것이 강제이다. 우리 안에 있는 순수한 부분인 이성이 어떤 행위를 해야 한다는 것(당위)을 지시하지만 우리 안에 있는 순수하지 못한 부분이 이성의 지시에 온전히 순종하지 않기 때문에, 이성의 지시에 따르도록 압력을 가하는 것이 강제인 것이다. 또한 인간 의지에 대한 이성의 강제를 표현하는 정식이 명령Imperativ이다.[128] 칸트는 명령을 두 종류로 구분한다.

> 모든 명령은 가언적으로hypothetisch 명령하거나 정언적으로kategorisch 명령한다. 가언 명령은 가능한 행위의 실천적 필연성을 우리가 원하는 (또는 원할 수 있는) 다른 어떤 것에 도달하기 위한 수단으로 표상(제시)하는 것이다. 정언명령은 하나의 행위를 다른 어떤 목적과 관계없이 그 자체로 객관적-필연적인 것으로 제시한다.
> 모든 실천 법칙은 가능한 행위를 선한 행위로 제시하며 그렇게 함으로써 이성에 의해 규정 가능한 주체에게 그 행위를 필연적인 것으로 제시한다. 그러므로 모든 명령은 필연적 행위의 규정을 정식화한 것인데, 이 필연성은 어떤 의미에서든 선의지의 원리에 따르는 필연성이다. 만일 하나의 행위가 단순히 다른 어떤 것을 위한 수단으로서만 선하다면, 이 명령은 가언적이다. 반면 하나의 행위가 그 자체로 선하다고 생각되면, 그러니까 자체로서 이성적 의지에서 필연적인 것으로, 즉 의지의 원리로 생각되면, 그 명령은 정언적이다.
>
> 『도덕 형이상학의 정초』 B39-40 = 414[129]

가언명령이란 "만약~을 원한다면 … 해야 한다"(예를 들어 초등교사가 되려면 임용고시를 열심히 준비해야 한다.)와 같은 형식의 명령이다. 하지만 이런 명령은 모든 사람에게 필연적으로 타당한 명령이 아니다. 임용고시를 준비해야 한다는 명령은 초등교사가 되겠다는 목적을 위한 수단으로서만 좋을 뿐이기 때문이다. 반면 정언명령은 특정한 행위가 그 자체로 선하므로 (행위자의 선호나 그가 처한 특수한 조건과 무관하게) 무조건 행해야 한다는 것이며, 그 행위 외에 다른 어떤 목적도 전제하지

---

128 『도덕 형이상학의 정초』 B36-37 = 412-413; 박찬구(2023), 179-181.

129 백종현 역(2020), 154-155의 번역을 일부 수정.

않는다. 칸트는 정언명령만을 도덕성의 명령이라고 부르는데,[130] 칸트의 정언명령을 다음과 같이 요약해 볼 수 있다.

1 보편 입법 형식의 원칙(준칙의 보편화)

마치 너의 행위의 준칙이 너의 의지에 의해 보편적 자연법칙이 되어야 하는 것처럼, 그렇게 행위하라.

『도덕 형이상학의 정초』 B52 = 421[131]

네 의지의 준칙이 언제나 동시에 보편 입법의 원리로서 타당할 수 있도록 행위하라.

『실천이성비판』 A54[132]

① 준칙과 법칙: 칸트에 따르면 준칙이란 행위를 위한 주관적 원리를 가리키며, 행위를 위한 객관적 원리는 실천 법칙이다. 즉 준칙은 개인이 행위할 때 따르는 원리이고, (실천) 법칙은 모든 이성적 존재에 타당한 객관적 원리로서, 그에 따라 행위해야 하는 원리, 곧 명령이다.[133] 이렇게 볼 때 준칙은 절대적 타당성을 가지지 않는 행위 규칙이며, 자연적으로 타고나는 것이 아니라 행위자 자신이 만들어가는 계획된 행위방식이다. 한편 준칙에 의거한 행위는 아직 의무에서 유래한 행위가 아니며, 행위자의 준칙이 정언명령의 심사 (보편 입법의 원리)를 통과했을 경우에만 그의 행위가 의무에서 유래한 행위일 수 있다.[134]

---

130 『도덕 형이상학의 정초』 B43 = 416.

131 백종현 역(2020), 165의 번역을 일부 수정.

132 백종현 역(2009), 91의 번역을 일부 수정.

133 『도덕 형이상학의 정초』 B51 각주.

134 이충진 역(1999), 68-69.

② 보편: 칸트는 어떤 준칙이 보편 입법의 원리로도 적합한지는 상식을 지닌 사람이라면 누구나 알 수 있다고 생각한다. 이를 설명하기 위해 그는 거짓 약속의 예를 든다.[135] 가령 어떤 사람이 궁지를 모면하기 위해 지키지 않을 약속이라도 하겠다는 준칙을 가졌다고 하자. 칸트는 이런 준칙이 나쁜 아니라 다른 모든 사람에게도 따를 만한 보편적 법칙이라고 할 수 있는지 숙고해 볼 것을 제안한다. 만약 모든 사람이 이런 준칙에 따른다면 약속이라는 것이 성립할 수 없게 될 것이므로, 이 준칙은 스스로 무너질 수밖에 없다는 것이다.

2 목적 자체로서 인간

> 너는 너 자신의 인격과 다른 모든 사람의 인격에 있어서 인간성을 언제나 동시에 목적으로 대하고, 결코 한낱 수단으로 대하지 않도록 행위하라.
>
> 『도덕 형이상학의 정초』 B66 = 429[136]

자연계 안에서 인간 존재는 다른 동물보다 조금 더 나은 상품으로서 사용 가치를 가질 뿐 본질적으로 동물과 다르지 않다. 하지만 도덕적 소질은 다른 어떤 존재와 비교 불가한 숭고한 가치를 인간에게 부여한다. 따라서 다른 존재는 (상대적) 가치를 매길 수 있는 반면, 도덕적 주체로서 인간은 가격을 초월하며 오직 존엄성(절대적 내면 가치)만을 가진다. 선의지의 주체로서 인격은 수단적 가치가 아니라 목적적 가치를 가지는 것이다.[137]

칸트는 목적 자체로서 인간의 가치를 규정하기 위해 주관적 목적과 객관적 목적을 구분한다. 주관적 목적이란 각자 자기 뜻에 따라 설정하는 목적을 가리킨다. 예를 들어 어떤 사람은 교사가 되고자 하고 다른 사람은 의사가 되고 싶어 한다.

---

135 『도덕 형이상학의 정초』 B18-19 = 402-403.

136 백종현 역(2020), 176-177의 번역을 일부 수정.

137 『도덕 형이상학의 정초』 B3-66 = 394-428; 강영안(2000), 104-106.

이런 목적은 개인의 취향에 따른 사적 목적이고,[138] 상대적이고 자의적인 목적이다.[139] 칸트는 이를 질료적 목적이라고 부른다.[140] 반면 객관적 목적은 모든 사람이 의무적으로 공통되게 추구하는 목적을 가리킨다. 즉 객관적 목적은 순수이성 그 자체로부터 우리에게 주어진 목적이다.[141] 이렇게 볼 때 주관적 목적은 행복 추구와 관련되지만 객관적 목적은 도덕성의 영역에 속한다고 볼 수 있으며, 인간이 목적 자체라는 것은 인격으로서 인간이 객관적 목적임을 뜻한다.[142] 칸트에 따르면 도덕법칙의 주체 또는 도덕성의 주체(인격)로서 인간은 절대적 가치 즉 존엄성을 가지며[143], 이 점에서 모든 사람은 객관적 목적으로 대우받아야 한다. 그러므로 마치 물건을 다루듯 인간을 유용성의 원칙으로 수단화해서는 안되며, 인간은 항상 인격으로 존경받고 대접받아야 한다.[144] 물론 우리는 자신의 주관적 목적을 달성하기 위해서 타인을 필요로 하며, 타인의 기여에 대해 가격을 계산하고 대가를 지불하기도 한다. 하지만 칸트에 따르면 속임수나 거짓 약속으로 타인이 나에게 노동을 제공하도록 하는 것은 타인을 한낱 수단으로 사용하는 것이므로 이런 행동은 금지된다.

칸트는 보편화 가능한 준칙에 따라 행위하라는 보편 입법 형식의 원칙이 인간을 (객관적) 목적 자체로 대우하라는 원칙과 사실상 동일하다고 생각한다.[145] 다시 말해 정언명령은 "네 의지의 준칙이 보편 입법의 원리로 타당하게 행위하라."는 하나의 원칙으로 요약된다는 것이다. 이처럼 칸트 윤리학은 '보편 입법'이라는 형식을 강조함으로써 형식주의 윤리학이라는 평가를 받는다. 하지만 '목적 자체'로서 인간 개념은 사물과 구별되는 인격으로서 인간의 존엄성을 강조함으로써 "인간의

---

138 『도덕형이상학의 정초』 B74 = 433.

139 『도덕형이상학의 정초』 B80 = 436.

140 『도덕형이상학의 정초』 B64 = 427.

141 『종교론』, Kant's gesammelte Schriften Vol. 6, 6 각주.

142 『도덕형이상학의 정초』 B64(428), B70(431); 강영안(2000), 107-8.

143 『실천이성비판』 87; 『도덕형이상학』 331.

144 『도덕형이상학의 정초』 B64(428); 『실천이성비판』 87; 『도덕형이상학』 434-435.

145 『도덕형이상학의 정초』 B79-83 = 436-8.

얼굴을 가진 형식주의 윤리학"의 면모를 보여준다(강영안, 2000: 115).[146]

3 목적의 왕국

> 왜냐하면 이성적 존재는 모두 자기 자신과 다른 모든 이들을 결코 한낱 수단으로서가 아니라, 언제나 동시에 목적 그 자체로서 취급해야 한다는 법칙 아래 있기 때문이다. 이를 통해서 공동의 객관적 법칙-이 법칙은 목적이자 수단인 이성적 존재들 상호간의 관계를 유지하려는 의도를 가진다-에 따른 이성적 존재들의 체계적 결합, 즉 한 왕국이 생겨난다. 그러므로 이 나라를 목적들의 왕국-물론 하나의 이상에 불과하지만-이라 부를 수 있다.
>
> 『도덕형이상학의 기초』B75 = 433[147]

칸트에 따르면 '왕국'이란 '공동의 법칙을 통한, 여러 이성적 존재들의 체계적 결합'이다. 왕국은 한 군주 아래 결합한 국가를 뜻할 수도 있고 더 포괄적으로 자연의 왕국(자연법칙에 종속되어 있는 모든 사물의 집합)을 의미하기도 한다.[148] 반면 목적의 왕국은 자연의 왕국과 달리 이성적 존재로 구성된 왕국 또는 모든 지성인의 총체이다.[149] 그러면 이성적 존재를 하나의 체계적 결합으로 결속하는 원리는 무엇인가? 칸트는 모든 이성적 존재를 유기적 총체로 결합하는 원리를 도덕 법칙(이성적 존재 모두가 복종하는 법칙)이라고 생각한다. 즉 모든 이성적 존재는 이들이 공통적으로 가진 도덕적 본성과 소질로 인해 목적 왕국 구성원으로 귀속되며 도덕 법칙을 수립하는 일원으로서 목적의 왕국에 참여한다.[150] 목적의 왕국이란 이성적 존재가 이성에 따라 실천 법칙을 스스로 수립할 때 성립하는 공동체이다.[151]

---

146 물론 근래에는 칸트가 인간의 존엄성만을 중시했을 뿐, 동물권이나 생태적 가치의 중요성을 무시했다고 비판하는 견해도 있다.

147 백종현 역(2020), 183의 번역을 일부 수정.

148 『도덕 형이상학의 정초』B84 = 438.

149 『도덕 형이상학의 정초』B120(458), B127(462).

150 『도덕 형이상학의 정초』B79 = 435.

151 강영안(2000), 117.

하지만 칸트는 목적의 왕국이 현실 세계에 실재하는 세계가 아니라 '단지 하나의 이상'이라고 말한다. 목적의 왕국은 자연적으로 우리에게 주어지는 것이 아니라 이성적 인간의 도덕적, 실천적 행위를 통해 만들어야 할 (마치 플라톤의 이상 국가처럼) 이상적 공동체라는 것이다. 칸트에 따르면, 이 땅에 사는 사람들의 도덕적 소명은 이러한 이상적 도덕 공동체를 실현하고자 애쓰는 것이다. 칸트는 사람들이 서로를 단지 수단으로 대하지 않고 항상 목적으로 대한다면 이러한 목적의 왕국이 언젠가 실현 가능할 것이라고 기대한다.

목적의 왕국은 도덕적 주체들의 주관적 목적이 서로 갈등을 일으키지 않고 조화를 이루는 공동체이며, 그 공동체의 구성원들은 타인의 생명을 해치지 않고 타인에게 불의를 행하지 않으며 거짓이나 속임수를 쓰지 않고 오직 자기 의무를 충실히 이행한다. 이렇게 볼 때 목적의 왕국은 덕[152]이 지배하는 공동체이다(강영안, 2000: 118-119). 그런데 덕은 칸트가 추구하는 최고선[153]의 구성요소 중 하나이며, 어떤 관점에서 보더라도 선한 의지의 상태를 가리킨다. 따라서 완전한 덕은 모든 사람이 추구해야 할 가치이다.

한편 최고선에는 덕 뿐 아니라 이성적 존재의 행복도 포함된다. 하지만 칸트에 따르면 행복은 덕에 비해 부차적 가치를 지니며, 덕의 결과로 오는 것이다, 즉 칸트에 있어서 행복은 '각자의 윤리적 완전성에 상응하는 행복'이다.[154] 그러므로 우리는 자신의 덕에 비례하는 분량만큼의 행복을 희망해야 한다.

---

[152] 칸트에 있어서 덕이란 준칙을 수행하는 데 방해가 되는 자연적 경향성을 극복할 능력을 가리킨다. 이 능력은 저절로 타고나는 것이 아니므로 교육되고 훈련되어야 한다(박찬구, 2023: 277-278).

[153] '최고'는 '최상supremum'을 뜻할 수도 있고 '완전consummatum'을 뜻할 수도 있는데, 덕은 최상의 선bonum supremum이라는 의미에서 최고선이다. 즉 덕은 다른 어떤 선과도 비교할 수 없을 정도로 가장 높은 선이다. 하지만 덕만으로는 완전한 선bonum consummatum을 이룰 수 없다. 완전한 선은 이성적 존재의 욕구를 완전히 충족시키는 선이므로 여기에는 덕 외에도 행복이 요구되기 때문이다. 따라서 덕과 행복이 조화할 때 완전한 선이 실현된다. 칸트는 최고선이 의지가 추구해야 할 최상의 목적이라고 간주하면서, 최고선을 지향하고 실현하는 것이 인간의 의무라고 주장한다(강영안, 2000: 125-126).

[154] 『실천이성비판』 129.

칸트의 도덕교육론

칸트는 덕이 타고나는 것이 아니라 오랜 시간에 걸쳐 점진적으로 길러지는 것이라고 생각했다.[155] 특히 그는 『교육학』 서문에서 인간이 교육되어야 하고 교육 가능한 유일한 존재이며 교육을 통해서만 인간이 될 수 있다고 밝히면서[156] 교육의 범주에 양육, 훈육, 지식교육, 도덕교육을 포함시킨다.[157] 인간은 교육을 통해 선의지를 계발할 수 있고 도덕 법칙에 따라 행위할 수 있다는 것이다.

물론 인간은 자유에 대한 애착이 강하기 때문에 어린 시절부터 방종으로서의 자유에 오랫동안 습관적으로 익숙해진다면 모든 것을 제쳐두고 (방종으로서의) 자유를 찾아 누리는 데 몸과 마음을 다 바칠 것이다.[158] 더구나 인간이 가진 악의 성향은 스스로 뿌리 뽑거나 완전히 극복할 수 없다. 이런 이유로 인간이 자연적 경향성을 넘어 도덕적 완전성을 지향하려면 이미 교육받은 사람(좋은 교사)에 의해 어려서부터 교육받아야 한다.[159] 하지만 교육을 받는다고 해서 반드시 덕이 생겨나는 것은 아니며, 덕은 교육받은 사람 내면의 심적 능력이 변화함으로 인해 점진적으로 획득된다. 따라서 사람이 자연적 경향성을 넘어서 이성의 명령에 따라 도덕

---

155 『도덕 형이상학』 477.

156 『교육학』 1, 10.

157 『교육학』 26. 양육이란 유아의 의식주를 보살핌으로써 자연적 성장을 촉진하는 것이고, 훈육은 (잠재적인 도덕 행위자인) 아동이 아직 스스로 도덕적 판단을 형성할 수 없을 때, 해야 할 행동과 하지 말아야 할 행동을 제시하고 이를 지키게 함으로써 도덕 원칙을 익히게 하는 것(처벌에 대한 두려움과 권위에 대한 복종 때문에 도덕규범을 준수)이다. 칸트는 훈육이 아동의 동물적 본성을 인간적 본성으로 탈바꿈시킨다고 보았다 (『교육학』, 3, 8). 한편 도야는 세 단계로 구성되는데, 첫 단계(문화화)는 신체적 기술(예: 수영 등)과 지적 기술(예: 읽기, 쓰기 등)을 익힘으로써 학생 자신의 정체성을 확립하는 것이고, 두 번째 단계(문명화)는 자아 정체성을 확립한 학생이 사회 안에서 자신의 위치를 자리매김하는 것(타인의 시선, 즉 명예의 동기로 도덕규범을 준수)이며, 마지막 단계(도덕화)는 학생들이 도덕적 동기 때문에(특정 행위가 의무라는 이유로) 선한 행동을 행하는 성향을 습득하도록 하는 것이다(이원봉(2011), 181-186 참고).

158 『교육학』 7.

159 『교육학』 8-10.

적으로 행위하려는 의지를 가지려면 실천적 교육(도덕교육)을 받아야 한다.[160] 특히 칸트는 일방적 강의가 아니라 문답의 방법, 즉 도덕적 문답법[moralischer Katechism][161]을 제시하는데, 교사가 질문을 통해 학생에게 특정 개념에 대한 학생의 성향을 발전시킬 수 있는 상황을 제시하고, 이를 통해 학생의 사유를 인도한다는 것이다.

> 이성의 도야에 있어서는 소크라테스의 방법을 따라야 한다. …… 아동은 자신의 교육과 관련된 모든 것의 원리를 알 필요는 없다. 의무에 관한 의문이 제기될 때는 아동이 이 원리들을 이해할 수 있도록 해주어야 한다. 그러나 전반적으로 우리는 이러한 생각을 아동의 마음에 주입해주려고 해서는 안되며, 이성에 근거해서 아동이 자기 내면에 이런 관념을 이끌어내고 창출할 수 있도록 해야 한다. 그러므로 소크라테스의 방법이 문답식 방법을 위한 규칙을 구성해야 한다.
>
> 『교육학』 101[162]

교사는 연령대별, 성별에 따라 서로 다르게, 현명하고도 면밀하게 준비된 문답을 통해 학생의 사고과정을 인도해 나간다. 칸트는 『도덕 형이상학』 덕이론 2부의 도덕적 방법론에서 교사와 학생 간의 도덕적 문답의 사례를 통해 덕이 어떻게 획득되는지 밝히는데,[163] 묻고 답하는 과정을 통해 학생은 우리가 이성의 법칙과 일치해서 행위해야 하며 이성의 명령(혹은 금지)에 직면해서 모든 (자연적) 경향성이

---

160 칸트는 교육을 자연적 교육과 실천적 교육으로 구분하는데, 자연적 교육(양육, 훈육, 정서교육, 심신 교육을 포함)이란 어린아이를 보살피고 먹이는 것과 관계되며, 실천적 교육은 인간을 자유롭게 행위하는 존재, 곧 도덕적 인격체로 길러내는 교육이다(『교육학』, 43). 실천적 교육의 목표는 도덕 법칙에 근거한 인간성의 완성이며, 덕의 도야도 실천적 교육을 통해 성취된다. 하지만 단기간의 교육을 통해 품성을 길러낼 수는 없기 때문에, 교육은 인간성의 완성(도덕적 완전성)이라는 목표 아래 어린 시절부터 오랫동안 진행되어야 한다.

161 여기서 문답법은 교사가 질문하고 학생이 답할 수 있으면 답하게 한 후, 학생의 답이 옳으면 그 답을 강조하고 틀렸을 경우에는 학생이 암기할 수 있도록 교사가 정답을 주는 방식이다. 따라서 문답법은 교사 혼자 말하는 것이 아니라는 점에서 강의와 다르지만, 교사만 질문한다는 점에서 교사와 학생 모두가 서로 묻고 답하는 대화법과도 다르다(『도덕형이상학』 478-479; 이원봉(2011), 194-195).

162 김덕수(2016), 40의 번역을 일부 수정.

163 『도덕형이상학』 481-482.

침묵해야 한다는 결론을 도출한다.

　이성적 행위자의 초월적 자유에 기초한 칸트 윤리학이 도덕적 품성을 형성하고자 하는 그의 도덕교육론과 상충한다고 생각하는 해석자도 있다. 왜냐하면 현상계를 초월해서 성립하는 자유와는 달리 교육은 경험 세계, 즉 시간의 영역 내에서 이루어지기 때문이다. 하지만 칸트는 도덕교육을 위해서 의무론적 규칙 제시와 더불어, 이성을 통해 획득 가능한 인식내용을 아동의 내면으로부터 이끌어내는 소크라테스적 문답법, 그리고 도덕 법칙을 실행할 품성 교육이 필요하다고 생각했다.[164] 또 칸트의 도덕성 발달 단계 개념은 콜버그의 인지발달론에 결정적인 영향을 끼쳤다.

6　프랑케나

　칸트는 이성적 인간이 도덕적, 실천적 행위를 통해 만들어야 할 이상적 공동체를 '목적의 왕국'이라고 불렀다. 하지만 목적의 왕국은 우리가 추구해야 할 이상일 뿐, 현실세계에서는 도덕적 사고가 자동적으로 도덕적 행위로 이어지지 않는다. 우리는 종종 어떤 것이 도덕적으로 옳은 행위인지 알면서도 부도덕한 행위를 선택하기 때문이다. 이것이 바로 아크라시아^{akrasia}의 문제이다. 이에 프랑케나는 올바른 행위가 무엇인지 아는 것(도덕적 지식)과 올바른 행위를 택하는 것(도덕적 행위) 사이의 불일치를 해소하기 위한 도덕교육의 과정을 제시하고자 한다.

　프랑케나에 따르면, 성품^{traits} 없는 원리^{principles}는 무력하고 원리 없는 성품은 맹목이기 때문에, 의무의 윤리학과 덕 윤리학은 상보적으로 종합되어야 한다(Frankena, 1973a: 65). 마찬가지로 도덕교육의 본질은 합리적이고 자율적인 도덕

---

164 아리스토텔레스와 마찬가지로 칸트도 덕이 행복을 구성하는 필수적 요소라고 여겼다. 또한 칸트는 학생에게 도덕 법칙을 일방적으로 전수할 것이 아니라 소크라테스적 문답과 대화를 통해 (마치 동굴 속으로 돌아온 죄수가 동료 죄수들을 동굴 밖으로 인도하듯) 학생 자신으로부터 이끌어 낼 것을 제안한다.

인을 길러내는 것이므로, 의무 윤리에 기반을 둔 원리·규칙 중심의 도덕교육과 덕 윤리학에 토대를 둔 품성 중심의 도덕교육이 통합적으로 이루어져야 한다. 즉 미래 세대에게 덕을 함양하는 일은 다음과 같은 두 가지 과제를 포함한다. ① 선악에 관한 앎을 전수하는 것 혹은 어떻게 행위해야 하는지 사고하고 판단하게 하는 것. ② 아동이 이 지식에 순응하게 하는 것. 프랑케나는 도덕교육의 첫 번째 과제를 MEX(Moral Education X)라고 부르고, 두 번째 과제를 MEY(Moral Education Y)라고 부른다(Frankena, 1973b: 149).

1 MEX: 의무의 윤리에 기반을 둔 원리·규칙 중심의 도덕교육

MEX란 개별적 상황에서 그때그때 어떻게 행위해야 하는지 지시하는 구체적 지침들의 장황한 목록으로 구성되는 것이 아니라, 아동 스스로가 행위를 인도할 (일반적) 원리 혹은 목적을 파악하도록 가르치는 것이다. 하지만 도덕교육의 궁극 목표는 아동으로 하여금 각 상황에서 어떻게 행위해야 하는지 결정할 수 있도록 가르치는 것이므로, 행위의 목적 혹은 원리만을 가르치는 것으로는 불충분하다. 따라서 아리스토텔레스가 지적했듯, 행위자가 실천 삼단논법[165]을 통해 자신이 행해야 할 바를 결정하도록 해야 한다. 실천 삼단논법에는 도덕적 상황과 관련된 사실에 대한 앎이 필요하므로, 도덕교육은 역사와 과학에 대한 학습을 포함해야 한다. 그리고 이를 통해 도덕적 문제의 해결과 관련해서 우리가 알고 있는 바를 아동에게 가르쳐서, 종국적으로 그가 알고자 하는 바를 발견하도록 훈련시켜야 한다.

프랑케나는 아동이 너무 어려서 이성적 사고력이 미성숙할 경우에는 왜 올바른 것을 행해야 하는지 이유를 설명하지 않고 그냥 그것을 행하도록 가르쳐야 하지만, 도덕적 판단을 할 수 있는 나이가 되면 "왜?"라는 질문을 던질 수 있게 하고, 도덕 원리들이 상충하거나 기존의 도덕 원리를 개선 또는 개혁해야 할 경우 어떻

---

165 실천 삼단논법에는 세 요소가 포함된다. ㉠ 원리 또는 목적 (가령 "약속을 지켜야 한다.", "타인에게 해를 끼치면 안된다."), ㉡ 특정한 사실에 대한 앎 (가령 "나는 이러이러한 약속을 했다.", "~ 행위 하는 것은 남에게 해를 끼치는 일이다."), ㉢ 결론 ("그것을 행해야 한다." 혹은 "그것을 행하면 안된다.")

게 해야 하는지 스스로 결정할 수 있도록 해야 한다고 주장한다. 도덕교육이란 기존의 도덕 규칙과 원리 및 이념, 덕 등을 그대로 전수하는 것이 아니라, 우리가 사용해 온 지도가 부정확하고 불분명해졌을 때 학생이 스스로에 의존해서 바른길을 갈 수 있도록 준비시키는 것이기 때문이다(Frankena, 1973b: 149-155).

이러한 측면에서 볼 때, 프랑케나의 MEX는 인지적 능력이 미성숙한 아동을 위한 (의무론적) 규칙 학습, 그리고 도덕적 판단 능력을 갖춘 학생을 위한 (합리적이고 자율적인) 도덕적 의사결정 훈련 및 도덕 원리의 수정·개선 능력 훈련으로 이루어진다고 이해할 수 있다.

2 MEY: 덕 윤리에 기반을 둔 품성 중심의 도덕교육

MEX의 목표가 올바른 원리 내지 이념을 형성하는 것이라면, MEY의 목표는 올바른 습관을 형성하는 것(즉 올바른 게 무엇인지 묻는 동시에, 이에 의거해서 행위하는 성향을 기르는 것)이다. 다시 말해 MEY의 최종 목적은 행위자로 하여금 의무들의 충돌과 유혹에도 불구하고 올바른 도덕의 길을 추구하려는 성향을 기르는 것이다. 이런 성향 중 일차적인 것이 도덕적 덕이다. 도덕적 덕에는 '1차적 덕'(도덕 생활의 특정 측면과 연관된 덕, 예컨대 정직, 성실 등)과 '2차적 덕'(도덕 생활 전체에 관련되는 일반적 덕, 예컨대 양심, 도덕적 민감성 등)이 있는데, 아리스토텔레스가 지적했듯 (1차적 덕이든 2차적 덕이든) 도덕적 덕은 반복적 실천과 행위에 의해 획득된다(Frankena, 1973b: 155-157).

프랑케나에 따르면 MEX와 MEY는 서로 독립적이고 구별된 도덕교육의 유형이지만, 도덕교육의 상보적인 두 측면이다. 그러나 프랑케나는 MEX와 MEY를 종합할 구체적인 방법을 제시하지는 않았으며, 이 과제를 심리학자와 교육학자에게 넘겼다(Frankena, 1973b: 158).

7 핵심 개념

① 선의지와 의무   ② 자유

③ 정언명령   ④ 도덕적 문답법

⑤ 도야   ⑥ MEX, MEY

8 토의·토론 주제

① 칸트의 도덕 형이상학에서 의무와 선의지의 관계를 설명하고, 의무에 따른
  행위만이 도덕적 가치를 지닐 수 있는지 토론해보자.
② 칸트의 도덕교육론에서 도야의 의미를 설명하고, 초등 도덕교육에서 문답법
  을 활용할 방안에 관해 논의해보자.
③ 프랑케나의 도덕교육론에서 MEX와 MEY의 관계를 설명하고, 의무의 윤리
  와 덕의 윤리를 종합할 수 있는 방안을 논의해보자.

9 더 읽어볼 책

① 김덕수(2018), 『일상에서 이해하는 칸트 윤리학』, 역락.
② 백종현 역(2018), 『인간이란 무엇인가: 칸트 3대 비판서 특강』, 아카넷.
③ 백종현 역(2024), 『칸트, 교육학』, 아카넷.

참고문헌

① 강영안(2000), 『도덕은 무엇으로부터 오는가 -칸트의 도덕 철학』, 소나무.

② 김덕수(2016), "덕의 도야와 비판적 사고", 『철학연구』, 제 138집, 31-58.

③ 박찬구(2023), 『원전으로 이해하는 칸트 윤리학』, 세창출판사.

④ 백종현 역(2009), 『칸트, 실천이성비판』, 개정판, 아카넷.

⑤ 백종현 역(2012), 『칸트, 윤리형이상학』, 아카넷.

⑥ 백종현 역(2020), 『칸트, 윤리형이상학 정초』, 개정2판, 아카넷.

⑦ 이원봉(2011), "칸트의 윤리학과 도덕교육론: 도덕교육의 형식과 내용의 통합 가능성", 『생명연구』21, 21집, 165-205.

⑧ 이충진 역(1999), 『쉽게 읽는 칸트 정언명령』, 이학사.

⑨ 조관성 역(2001), 『칸트의 교육학 강의: 교사와 부모를 위한 칸트의 교육론』, 철학과 현실사.

⑩ 한자경(1992), 『칸트와 초월철학: 인간이란 무엇인가』, 서광사.

⑪ Frankena, W.(1973a), *Ethics*, 2nd ed., Prentice Hall.

⑫ Frankena, W.(1973b), "Toward a Philosophy of Moral Education" in Chazan, B. I. & Soltis, J. F.(eds.), *Moral Education*, Teachers College Press, 148-158.

⑬ Kant, I.(1911-1923), *Kant's gesammelte Schriften*, Vol. 4-9, G. Reimer.

⑭ Kant, I.(1979), *The Conflict of the Faculties*, tr. Mary Gregor, Abaris Books.

⑮ Kant, I.(1991), *The Metaphysics of Morals*, tr. Mary Gregor, Cambridge University Press.

제3부

교육사상과 도덕교육

제7강 | 사회화로서의 도덕교육: 뒤르켐

1 들어가는 말

> 도덕이란 어떤 근본적 개념으로 도출하여 자명한 것으로 여겨지는 추상적인 진리의 체계가 아니다. …… 그것은 사변의 영역에 속해 있는 것이 아니라, 구체적인 생활영역에 속해 있다. 따라서 도덕이란 특정한 사회적 조건의 필연성에 따라 영향을 받고 역사적으로 성장해 온 실천명령으로서의 규칙들이다.
>
> Pickering, 1979: 12

뒤르켐^{David-Émile Durkheim}은 1858년 4월 15일 독일과 접경한 프랑스 로렌 지방의 작은 도시 에피날에서 5남매 중 막내로 태어났다. 아버지는 유대교 랍비, 어머니는 부유한 유대인 상인의 딸이었다. 그의 집안은 8대조 이래 대대로 유대교 랍비를 지낸 유서 깊은 랍비 집안이었다. 어린 시절, 정규 학교 교육 외에 히브리어, 구약, 탈무드 등을 공부했으며, 철저히 유대교 규율을 지키는 금욕적 태도를 물려받았다(김덕영, 2019: 30).

뒤르켐은 자신의 마을에서 초·중등학교 시절을 보냈으며 아주 우수한 학생이었다. 그리고 평생 직업으로 일찍부터 교사가 되기를 원했다. 그러나 자신의 가정 형편으로는 대학에 진학하는 것이 무리라는 것을 안 뒤르켐은 그 당시 평범한 중산층 가정의 자녀들이 그러하듯이 파리 고등사범학교에 진학해서 국비로 학업을 계속하기를 원했다. 뒤르켐은 세 번의 도전 끝에 1879년 드디어 그가 소망하던 프랑스 최고 사범대학인 파리의 명문 애콜 노르만 쉬페리외르^{École Normale Supérieure}에 입학했다(민문홍, 2001: 32).

고등사범학교 입학 이후, 뒤르켐은 서서히 사회문제에 관심을 두기 시작했다. 이는 프랑스의 제3공화정 수립, 산업화 이후의 계급 갈등 등으로 인해 혼란에 빠진 프랑스 사회를 재조직하는 데 이바지하려는 학교 분위기 때문이었다. 뒤르켐은 비록 어렸을 때는 유대교도였지만, 콩트^{Comte}의 실증주의적 태도에 영향을 받아 점차 무신론자가 된 사람이다. 따라서 그는 과학의 발전과 함께, 전통적 종교의 역할은 약해지고 대신 사회과학과 교육의 기능이 강화될 것이라고 믿었다.

그는 "전체가 부분의 합보다 크다"라는 공리를 제시함으로써 인간적 삶의 사회적 차원을 강조하는 사상을 발전시켰다. 뒤르켐은 인간성을 개조하거나 사회구조의 변화에 필요한 새로운 제도를 만들어낼 수 있는 가장 강력한 세 가지 수단으로서 도덕, 교육, 그리고 종교에 점점 더 많은 관심을 두게 되었다. 그는 사회질서를 새롭게 구축하기 위해 사회학과 도덕교육론에 눈을 돌렸다(R. Bella, 1973: 16).

그에 따르면, 도덕이란 사회 속에서 합의되어 원활한 생활을 위해 반드시 지켜야 하는 규율이며, 구성원들의 행위는 이에 따라 결정된다. 이러한 의미의 도덕을 개인이 내면화하여 사회의 구성원으로 입문하는 것을 '도덕 사회화'라고 부른다. 7강에서는 뒤르켐의 인간관, 사회관, 도덕관을 살펴보고, 그가 주장한 도덕성의 3요소와 도덕교육론 등을 탐색할 것이다. 끝으로 그의 사상이 지닌 문제점과 함께, 우리에게 주는 도덕교육적 시사점에 대해 알아보도록 하겠다.

1 도덕관

프록터^{Proctor}는 서양의 자아관이 르네상스를 분기점으로 하여 '외부 지향적 자아'에서 '내면 지향적 자아'로 변화되었다고 설명한다(Proctor, 1988: 79-80). 뒤르켐은 "도덕적 인간 또는 도덕성이 사회의 교육적 영향력에 의하여 '형성'된다"고 보면서, 도덕적 존재가 되기 위해서는 '외부의 영향'이 필요하다고 주장한다. 뒤르켐은 자신의 시대를 종교적 도덕성에 입각한 도덕교육에서 세속적 도덕성에 입각한 도덕교육으로 이행하는 급변기라고 보았다. 그 결과 뒤르켐은 교육에 심각한 '위기'가 도래하였다고 진단한다. 그는 "불과 어제까지만 해도 종교는 도덕을 떠받치는 기반이었다. 종교적 삶의 구심점인 신(神)은 또한 도덕적 질서의 최고 수호자였다."(Wilson & Schnurer, 1961: 8)라고 서술했다. 그러나 합리적·세속적 도덕이 종교적 도덕을 밀어내면서 종교와 불가분의 관계를 이루던 도덕적 관념이 가치를 잃게 되었다고 보았다.

뒤르켐은 도덕의 기반을 이루던 종교가 이성에 의하여 힘을 잃게 된 시대에 새롭게 요청되는 도덕교육론의 확립을 자신의 사명으로 여겼다. 이른바 '교육의 세속화'(Wilson & Schnurer, 1961: 6)라는 시대적 기획은 도덕교육에서 일체의 신적 요소를 합리적 요소로 바꾸는 것이었다. 따라서 뒤르켐이 생각하는 도덕은 사회에 의해 창조된 것이다. 그래서 도덕은 사회가 변하는 만큼 상대적이고 역사 속에서 발전한다. 도덕의 목적 역시 사회적 변화 속에서 사회가 요구하는 사회화된 존재를 만드는 것이다. 사회의 규칙에 적응하고, 그 규칙을 잘 따르는 사람이 바로 그가 생각하는 도덕적인 인간이었다.

2 인간관

뒤르켐은 20세기 초에 인간 본성이란 "사회적 요인에 의해 그 본이 떠지고 변화하는 미결정 상태의 질료에 불과하다."라고 주장했다. 그는 이성적인 질투심, 자식에 대한 부모의 사랑, 부모에 대한 자식의 사랑 등과 같이 흔히 인간 본성에 뿌리 깊게 자리 잡은 감정으로 알려진 것들조차, 역사학적으로 볼 때 "전혀 인간 본성에 내재해 있는 것이 아니라는 사실"을 알 수 있다고 주장한다. 인간의 본성을 거의 존재하지 않거나 도덕과 별 상관이 없는 것으로 보는 현대의 다원주의 사회과학자들의 견해를 뒤르켐도 받아들이고 있다(박영준 역, 2003 : 17-18).

사회가 새로운 세대를 맞아들이는 것은 사회가 무엇인가를 그려 넣어야 할 백지를 맞아들이는 것과 같다는 뒤르켐의 견해는 사회화되기 이전의 개인은 "이기적인 충동 또는 아직 방향이 정해져 있지 않은 막연한 성향 이외에 아무것도 없다."(이홍우, 2009: 143)는 생각이 전제되어 있다. 뒤르켐이 보기에 인간이 동물 이상일 수 있다는 것은 인간이 개인적 이익만을 따르지 않고 사회 성원과 더불어 규칙을 준수하며 협력한다는 사실, 그리고 '사회 안에서 또는 사회에 의해서' 협력의 필요성을 다음 세대에 전달한다는 사실에 있다.

따라서 뒤르켐이 본 인간은 무한한 욕망을 가진 생물학적 존재와 사회화된 존재가 결합된 '이중적인 인간'homo duplex이다. 즉 그는 인간을 개인과 사적 생활에만 적용되는 감정적이고 이기적인 개인적 존재와 집단의 현상을 표상하는 사상, 감정, 관습의 총체를 지닌 사회적 존재로 구분한 것이다(Coser, 1977: 136). 따라서 인간은 욕망을 가지고 있지만, 사회화를 통해 그것을 통제할 수 있는 힘을 지니고 있어야 한다.

인간의 이 자연적인 욕망은 사회에 의해 통제되어야 하므로 인간 개인은 사회와 관계 맺지 않고 따로 존재할 수 없다. 뒤르켐은 인간관의 이중성에 근거하여 '개인적 존재'를 '사회적 존재'로 변화시키는 것이 교육이라고 보았다. 더 나아가 이성의 권위를 중요시하는 합리적 도덕교육을 주창하였다. 즉 이성을 대단히 중시함으로써 도덕에 대한 맹신으로 흐를 수 있는 길을 차단하고자 하였다. 그러므로 뒤르켐의 인간관은 인간을 이성적 측면에서 바라본 합리주의나 계몽주의의 전통을 계승하였다고 볼 수 있다.

3 사회관

뒤르켐은 도덕적 관념을 떠받쳐온 종교를 대신할 대체물이 '사회'라고 보았으며, "사회만이 개인을 초월하여 존재하며, 모든 권위의 원천은 사회이다."(Wilson & Schnurer, 1961: 91)라고 주장하였다. 따라서 이전까지 도덕적 질서의 수호자이자 개인이 실현하려고 애쓰는 삶과 교육의 이상으로서 상정된 신은 이제 사회로 대체되며, 인간을 가리켜 신적 존재라든가, 신성을 부여받았다든가 하는 식의 말은 모두 '인간은 사회적 존재'라는 말과 같은 의미를 갖게 되었다.

뒤르켐의 '사회' 개념은 개인들이 존재하고 소멸하는 것과는 무관하게 계속되며, 지역의 변동과 상관없이 존재하는 '정신적 실체'이다(이홍우, 2009: 140). 그에 따르면 "한 세대의 유산이 보존되어 다음 세대의 유산에 부가되려면 세대의 소멸을 초월하여 영속하면서 세대와 세대를 결속시켜 주는 도덕적 인격체가 있어야 한다. 이것이 바로 사회이다"(Fox, 1956: 78)라고 하였다. 뒤르켐에게서 사회는 세대와 세대를 결속시켜 주는 '공통의 기반'이며, '도덕의 원천'이다.

뒤르켐은 사회를 커다란 하나의 실재^{reality}로 보았다. 실재로 보았다는 것은 사회라는 것이 단순히 개인들의 총합이 아니라 개인들의 총합보다 크고, 총합과는 구별되는 하나의 전체로 보았다는 것을 의미한다. 즉 사회는 마치 인체의 각 기관이 서로 얽혀서 균형을 이루는 상호 의존적으로 기능을 수행하는 하나의 유기체에 비유될 수 있다. 그리고 사회체계 각각의 요소는 서로 구조적으로 관련되어 기능함으로써 사회의 존속과 발전에 이바지한다.

그에게 있어서 사회란 상호 관련지어진 개인들이 공유하는 가치관과 신념, 생각 및 감정을 반영한다. 사회적 연대를 분업과 관련지어 보면, 기계적 연대$^{mechanical\ solidarity}$는 친족과 같이 유사성에 근거해서 성립하는 것으로서 강한 집합의식이 지배적이다. 이에 반해 산업사회에서 지배적인 유기적 연대$^{organic\ solidarity}$는 분업과 전문화에 따라 서로 분절된 이해관계와 가치관이 집합의식을 대체함으로써 이루어지는 상호의존 의식에서 생겨난다.

뒤르켐은 "사회적 연대는 전적으로 도덕적 현상이며, 사회 자체는 구체적으로 도덕적 힘을 지니고 있다."(Pocock, 1974: 94)라고 말하면서, 사회적 연대 자체를 도덕과 밀접히 연관시켰다. 그는 사회가 항상 건전하게 유지되는 것만은 아니며, 사회적 연대의 이행도 순조롭지만은 않다고 보았다. 즉 사회가 갑작스러운 변화나 위기 상황에 부닥쳐서 정상적으로 반응하지 못하면 사회규범의 혼란이 야기되고 사회적 결속력이 와해된다는 것이다(Spaulding and Simpson, 1952: 252). 그는 이러한 상태를 '아노미'anomie라 규정하고, 사회적 규범 체계나 도덕이 제대로 기능하지 못할 때 새로운 도덕률을 시급히 확립해야 함을 역설하였다.

사회적인 것이 개인의 존재를 도덕적인 존재로 만든다는 주장은 뒤르켐의 핵심 요지이다. 그는 사회는 자비로우며, 개인을 보호해 주는 힘이며, 우리가 우리의 도덕적·지적 실체 전부를 얻고 우리의 의지가 사랑과 관용의 정신으로 향하게 만드는 자양분을 제공하는 어머니와 같은 존재라고 하였다. 따라서 사회는 개인에게 구속성을 지니며, 사회 속 개인은 사회가 정해놓은 방식에 따라 생각하고 느낀다. 뒤르켐은 개인으로 하여금 사회적 질서를 구현해 주는 것이야말로 교육의 목적이라고까지 하였다.

③ 합리적 도덕성, 그 세 가지 요소

뒤르켐은 도덕이란 한 사회의 도덕적 실재를 반영하는 행위 규칙의 체계라고 했다. 그러므로 사회가 다르면 도덕도 다르며, 같은 사회라도 사회가 변하면 그에 따라 도덕도 변한다고 했다(남궁달화, 1996: 162). 그럼에도 불구하고 그는 도덕적 행위자가 되기 위해서는 언제 어디서나, 그리고 누구에게나 요구되는 도덕성의 요소가 있다고 주장하였다. 도덕성 요소에 대한 탐구는 도덕 생활의 바탕에 놓여 있는 기본 성향과 도덕에 관한 의식 상태까지를 포함한다(Wilson & Schnurer, 1961: 21). 사후에 발간된 그의 『도덕교육론』(1925)에서는 사회의 개인에게 있어 도덕적인 행동이라는 것은 개인의 자기중심적인 행동이 아닌 집단과 사회 지향적인 활동이라는 것을 밝히고 있다.

그는 도덕성이 인간 행동의 사회적 지향을 의미하는 것으로 보고, 도덕성의 요소를 사회적 규율discipline, 공동체에의 참여commitment to the group 혹은 사회집단에의 애착attachment to sicial group, 자율성autonomy으로 규정하였다. 뒤르켐은 인간이 도덕적으로 행동한다는 것은 사회적 관심사에 따라 행동하는 것이며, 사회적 관심사에서 도덕적 관심사가 시작된다고 보았다. 그에 의하면 도덕교육의 목적은 이와 같이 규정된 도덕을 지키는 생활을 할 수 있는 근본적인 성향인 도덕성을 심어주는 것이다. 뒤르켐은 도덕성이 단순히 규칙을 지키도록 세뇌시킴으로써 형성되는 것이 아니라, '규율정신'→'사회집단에 대한 애착'→'자율성'이라는 3단계의 과정을 거쳐 형성된다고 보았다. 다음에서는 도덕성의 3가지 요소를 구체적으로 살펴보도록 하겠다.

1 규율정신

뒤르켐은 규율정신을 도덕 규칙을 의무로 받아들이고 그것의 권위를 존중하여 이에 기꺼이 따르려는 경향성으로 정의한다. 즉 도덕 규칙을 따르려는 마음이 바로 규율정신이다. 그는 규율정신이라는 하나의 상태를 '규칙성'과 '권위'라는 두 국면으로 나누어 설명하고 있다(Wilson & Schnurer, 1961: 35). 규칙은 인간의 기호와 선택을 초월하여, 인간의 '외부'에 존재한다. 그리하여 규칙성은 "마치 자연과도 같은 필연성을 띠고 인간의 행동을 규제하는 규칙이 개인에게 내면화된 상태를 가리킨다."(임병덕, 유한구, 이홍우, 1998: 91). 따라서 규칙성이란 도덕 규칙을 일관되게 준수하려는 행위자의 성향을 말한다.

권위는 규칙성의 개념을 넘어서는 것으로써 '우리보다 우월하다고 인정하는 그런 도덕적인 힘을 느끼도록 강요하는 영향력'(Wilson & Schnurer, 1961: 29)을 가리킨다. 권위란 사람들이 사회의 도덕 규칙을 일관성 있게 준수하도록 만드는 도덕 규칙이 지닌 힘을 의미하며, 행위자를 넘어선 외적인 힘으로 규정되는 것이다.

예를 들어 옆자리 친구가 책상 위에 선을 그어두고 여기를 넘어오면 안 된다는 규칙을 만들었다고 생각해 보자. 이 규칙에는 일관성 있게 준수할 만한 힘이 있을까? 아니다. 왜냐하면 규칙을 만든 친구의 권위가 없기 때문이다. 반대로 선생님이 시험을 치는 도중에 책상을 넘어가지 말라는 규칙을 만들었다고 생각해 보자. 이 경우 학생들은 규칙에 권위가 더해지기 때문에 기꺼이 규칙을 따르고자 한다. 권위란 반항적인 힘을 최대한 발휘하도록 고무하는 것이 아니라, 반항적인 힘을 최대한 억제하는 데 필요한 것이다. 또한 벌은 위반자에게 고통 또는 위협을 가하기 위한 것이 아니라, 도덕적 권위를 인식시키기 위해서이므로 학생의 건강에 해를 주는 벌과 체벌은 모두 금지되어야 한다는 것이다.

이처럼 규율정신이 올바르게 발휘되기 위해서는 행위자 내부의 규칙성과 행위자 외부의 권위가 필요하다. 규율정신은 그것이 우리의 '욕망'을 조절하는 기능과 관련을 맺고 있기 때문에 중요하다. "극기는 진정한 권력, 진정한 자유의 제일가는 조건이다."(Wilson & Schnurer, 1961: 45)라는 발언은 규율정신을 강조하는 뒤르켐의 입장을 잘 보여준다.

또한 규율정신은 관습적 도덕성을 의미한다. 아동은 일차적으로 부모의 영향 아래 관습적 도덕규범을 습득하는 과정을 거친다. 규율정신의 계발로서 학교에서 실시하는 도덕교육은 학생들에게 규칙성과 도덕적 권위의 감정을 길러주는 일이다. 규율정신은 도덕 규칙을 존경하여 그것을 일관성 있게 준수하는 마음가짐이다. 이는 곧 규칙을 준수하지 못했을 때는 제재가 개입된다는 것을 함의하며, 규율은 아동의 욕망을 억제하고 제한하며, 행동의 목표를 정하도록 안내한다. 이러한 제한은 행복과 도덕적 건강의 조건이기도 하다. 결과적으로 규율이 없는 행동은 도덕적으로 불완전하다는 것이다.

② 사회집단에 대한 애착

뒤르켐에 따르면, 규율정신이 도덕성의 외적 형식이라고 한다면, 사회집단에 대한 애착은 내적 내용이다. 사회집단에 대한 애착심만이 개인으로 하여금 이기주의를 극복하고 사회가 제시하는 도덕을 받아들여 내면화할 수 있도록 한다. 이는 사회와의 '합일'을 겨냥하여 합일을 지향하고, 추구하는 상태를 가리킨다. 사회는 인류를 특징짓는 정신과 도덕적 삶의 핵심적인 원천인 만큼, 사회집단에 결속되어 있는가는 도덕적인 인간과 그렇지 않은 인간을 가르는 하나의 기준이 된다.

> 사회가 공통의 목표에 대한 구성원들의 헌신에 바탕을 둔 일체감이 없다면, 사회는 살짝 만 흔들거나 조금만 불어도 이내 흩어지고 마는 한 줌의 모래에 지나지 않을 것이다.
>
> Durkheim, 1903, trans. by Wilson & Schnurer, 1961: 102

사회집단에 대한 애착심은 이타심 또는 애타심을 의미한다. 뒤르켐은 아동에게도 이타적 성향이 있다고 본다. 그러나 아동은 세계와 의식의 범위가 성인에 비해 좁기 때문에 이타성의 정도가 약한 상태이다. 그러나 아동은 무엇이든 쉽게 배우고 부릴 수 있을 뿐만 아니라 주위 세계에 열려 있다. 이러한 성향은 아동이 그가 관계하는 환경 내의 여러 대상에 쉽게 결속하고 애착하도록 하는 마음의 계발에 이바지한다. 뒤르켐은 규율정신과 사회에 대한 애착의 관계를 다음과 같이 묘사하였다.

> 사람들은 그 신비로운 목소리인 사회의 목소리를 설명하기 위하여 인간을 넘어서는 초월적 인격체(신)를 떠올렸고, 그것은 숭배의 대상이 되어 왔다. 인간이 신으로부터 모종의 '압력'(규율정신)을 느끼는 것도 사실이지만, 그것이 '숭배'(사회집단에 대한 애착)의 대상이 되는 것도 명백한 사실이다.
>
> Durkheim, 1906, trans. by Pocock, 1974: 36

즉 인간은 어떤 형태이든지 간에, 사회집단에 속할 때만이 도덕적 존재가 될 수 있다는 것이다. 한 개인이 사회에 애착을 가질 수 있다는 것은 그 사회의 미래를 건설하는 데 중요한 역할을 수행할 수 있음을 의미한다. 그러므로 비개인적 목적을 가진 행위만이 도덕적 가치를 지닌다. 비개인적 목적이란 말 그대로 개인적인 목적이 아닌 것, 사회 그 자체를 목적으로 둔 행위를 말한다. 사회에 대한 애착심을 가지고 사회의 통제를 수용하여 사회화된 존재가 될 때 참된 의미의 도덕적 존재가 될 수 있다.

뒤르켐은 애착의 대상으로 가정과 국가, 인류를 들면서 사회적 도덕의 발달단계를 제시하였다. 그에 따르면, 가정은 국가보다 도덕의 목표상 하위에 있다. 그리고 인류는 추상적인 집단, 즉 도덕적 목표와 자체 의식을 지니지 못한 집단이기에 국가는 이에 종속되지 않는다. 그리하여 뒤르켐은 국가에 내한 애착, 즉 애국심을 최고의 도덕성으로 보았다. 따라서 "학교의 기능은 아동을 사회로 입문시키는 일이며, 나아가 학교는 아동으로 하여금 이타심과 조국에 대한 사랑을 체계적으로 학습하게 만드는 유일한 도덕적 대행자"(Wilson & Schnurer, 1961: 79)라고 뒤르켐은 주장한다.

그에 따르면, 학교는 우연히 비슷한 나이와 조건에 따라 만난 집단이다. 이러한 학교 환경은 아이들이 처음 공동생활을 시작하는 곳이며, 사회집단에 대한 애착심을 계발할 수 있는 기회이다. 즉 학급 또는 학교에 대한 애착심을 통해 우리가 계발하기를 원하는 사회집단에 대한 애착심으로서의 도덕성인 이타성과 애타심을 그들에게 자연스럽게 계발시켜 줄 수 있다. 아울러 아동의 이타심과 조국에 대한 사랑을 계발하여 사회집단에 애착하는 도덕성을 형성시키는 데 있어서 학교의 역할과 교사의 노력이 모두 필요하다는 것이 뒤르켐의 주장이다.

❸ 자율성

종교에서 사회로 중심이 이동하는 과정에서 새로운 도덕성 요소가 등장하였는데, 그것이 바로 '자율성'이다. 결국, 자율성은 무엇보다도 교육의 세속화와 밀접한 관련을 맺고 있다. 자율성이란 사회의 도덕 규칙의 본질과 기능을 이해하여 받아들이고, 도덕 규칙을 실천할 필요성을 인식함으로써 도덕적 행위를 자발적으로 행할 수 있는 능력을 의미한다. 뒤르켐에 따르면 자율성은 규율정신과 사회집단에 대한 애착을 맹목적인 도덕성이 아닌, 타당한 이유와 합당한 가치를 지닌 도덕성으로 만들어주는 역할을 한다.

칸트는 자율적 의지를 설명하기 위하여 이성을 자연법칙이 영향을 미칠 수 없는, 세계 너머의 '선험적 능력'으로 만들어 놓았다. 뒤르켐이 보기에 자연법칙을 따르는 것은 '타율'이요, 그것을 넘어서서 이성을 발휘하는 것이야말로 '자율'이라는 이름에 부합한다. 칸트의 자율성은 '자제', '판단 독립', '자기 결정'이라는 개념으로 정의되고 있지만, 뒤르켐은 그것을 '자기 결정'으로만 보았다. 그리고 도덕성의 원천에서 칸트는 그것을 선험적 순수이성에서 찾았지만, 뒤르켐은 사회에서 찾았다 (박덕규 편역, 1987: 153). 뒤르켐에게 자율성은 칸트 윤리학에서와 같은 '관념적 허구'가 아니라, 엄연한 '현실'이다.

개인이 사회의 영향력을 수용하여 도덕적 규칙의 이유와 원인을 이성적으로 이해하고, 그것을 자발적으로 따르는 것이야말로 뒤르켐이 말하는 '자율성'의 의미이다. 그는 자율성을 바로 이해하는 것이 도덕성의 완성임을 다음과 같이 역설하였다.

> 규율에 대한 존중과 집단에 대한 헌신만으로는 도덕적 행동을 설명하는 데 충분하지 않다. 규칙에 대한 복종과 집단적 이상에 대한 헌신이라는 요소를 넘어서서 우리는 행동의 이유를 가능한 한 명확하고 완전하게 인식해야 한다. 그 이유에 관한 의식이 우리의 행동에 자율성을, 사회적 양심이 일체의 참되고 완전한 도덕적 존재에게 요구하는 자율성을 부여하는 것이다. 따라서 도덕성의 세 번째 요소는 바로 자율성에 대한 지적 이해라고 말할 수 있다.
>
> Durkheim, 1903, trans. by Wilson & Schnurer, 1961: 120

자율성은 규율정신과 사회집단에 대한 애착의 결과로써 형성된다. 이와 동시에 자율성은 '규율정신'과 '사회집단에 대한 애착'이라는 두 요소를 '종합'한다. 따라서 자율성은 가장 처음에 보았던 규율정신과 모순 없이 공존할 수 있다. 도덕 규칙에 대한 지적 이해에 기초해서 그것을 따르기로 동의한 것은 자율적이며, 따라서 규칙을 따르고자 마음을 먹는 규율정신은 결국 자율성과 하나로 이어지기 때문이다. 다시 말해서 규율을 존중하고 집단에 헌신하는 것만으로는 도덕적 행위를 충분히 설명할 수 없으며, 이성을 바탕으로 행동의 이유를 완전하고 분명하게 깨달아야 한다는 것이다.

그러한 깨달음과 그 깨달음에서 얻은 지식은 우리로 하여금 자율적 도덕성의 실현을 가능하게 해준다. 인간은 과학적·합리적 접근을 토대로 사물의 존재 이유를 이해함으로써 드디어 자율적으로 행동할 수 있다. 예를 들어 복도에서 뛰면 안된다는 규칙이 있다고 가정해 보자. 이 규칙을 단지 규칙이니까 무작정 따르는 것은 자율적이지 않다. 그러나 내가 복도에서 뛰면 사고의 위험이 있으므로 이 규칙을 따라야 한다고 생각하면서 규칙을 따른다면 자율적이라고 할 수 있다. 내가 규칙의 필요성을 스스로 인식하고 도덕적 행위를 자발적으로 행했기 때문이다.

자율성의 계발과 관련하여 뒤르켐은 역사교육과 과학교육의 중요성을 강조한다. 과학은 인간의 영역을 보다 잘 이해하는 데 이바지할 수 있으며, 역사는 사회에 대한 관념을 학생들에게 잘 제공할 수 있을 뿐만 아니라 개인과 사회를 연결하기 때문이다. 과학교육과 역사교육에서 교사의 역할은 학생들이 더 넓은 사회적 유형 및 특성을 이해하고, 사회생활과 도덕의 복잡한 역동성을 이해할 수 있도록 도와주는 것이어야 한다.

4 도덕교육론의 개념과 방법

뒤르켐의 도덕교육론은 그 자체가 '사회화로서의 도덕교육'을 표방하고 있다. '사회화'socialization는 그가 창안한 신조어로 알려져 있으며(이홍우, 2009: 260), 이 점에서 그의 도덕교육론은 '사회화'라는 용어를 중심으로 도덕교육에 관한 체계적이고 심도 있는 사고를 담고 있다. '사회화'는 '집단적 관념과 정서', '집단적 표상', '집단적 관심' 혹은 '집단적 의식'을 내면화함으로써 이기적, 반사회적 존재로 태어나는 '개인적 존재'로 하여금 도덕적 사회생활을 영위해 나갈 수 있도록 교육하는 일을 의미한다.

뒤르켐은 사회의 유기적 통합을 위한 주요 처방으로 도덕규범과 질서를 제시하였고, 도덕성 발달과 사회질서의 구현이 인간교육과 직결된다고 보았다. 따라서 그는 개인의 도덕성을 발달시키고 사회질서를 구현해 주는 것이야말로 교육의 주요 목적이라고 강조하였다(Fox, 1956: 102). 뒤르켐의 도덕 사회화론^{moral socialization}에서 도덕교육은 개인이 살고 있는 사회의 규범이나 이상과 일치하는 어떠한 방향으로 행위를 하도록 개인을 도덕적으로 사회화시키는 것이다. 이런 의미에서 뒤르켐의 도덕교육에 대한 입장은 한마디로 "도덕 사회화"라고 말할 수 있을 것이다.

1 도덕교육론의 개념

도덕교육을 받은 사람이란 도덕적으로 사회화된 사람을 뜻한다. 더욱이 사회 자체의 혼란을 막고 사회의 질서를 확립하며, 사회의 영속을 위해서는 사회가 구성원에게 통일을 주며 개인을 사회화시키는 수단을 가지지 않으면 안 된다(진원중, 1981: 110). 전통적인 사회규범에의 순응과 개선의 문제에서 이를 비판적으로 선택할 것을 강조하는 뒤르켐의 이론은 세대 간의 가치 갈등을 최소화하고 사회질서를 확립하는 데 도움을 준다.

반면에 사회가 아노미 상태에 처하면 기존에 확립된 문화적·사회적 체계의 해체를 가져오며, 동시에 개인에게 고립과 무규범 상태를 가져온다. 이때의 개인은 사회화된 도덕적 인간이 아니라 생물학적으로 무한한 욕망을 추구하는 인간이므로 사회에는 혼란과 불안만이 존재하게 된다. 뒤르켐은 도덕성을 사회의 존속을 위한 기본적인 정신으로 간주하였다. 그리고 이 정신을 사회나 학교가 잘 형성시켜 주면 사회가 존속될 수 있음을 확신하였다.

사회의 기본 과정이 '분화'와 '통합'에 있는 것처럼 이질성과 동질성이 서로 병존함으로써 사회적 협력과 존속이 가능하게 되며, 사회의 도덕적 인격도 형성될 수 있다. 인간은 교육에 의해 비로소 동물 이상의 인격이 될 수 있고, 도덕적이고 사회적인 존재가 될 수 있다. 이렇듯 인간은 교육을 통해 비사회적인 개인적 존재로부터 도덕적이고 사회적인 존재가 될 수 있으며, 궁극적으로 동물적 경향 혹은 자연적 경향을 극복할 수 있다. 이러한 맥락에서 뒤르켐은 교육을 본질적으로 '가치의 내재화', 즉 사회화 과정으로 보았다. 그의 가치판단의 기준은 사회이며, 사회가 이상의 근원이므로 사회집단에 대한 애착이 바로 선을 내재화하는 길이라고 보았다.

뒤르켐은 도덕의 사회적 변화 측면에서 고대 사회의 도덕은 산업혁명 직후의 19세기 말과 20세기 초의 도덕과는 차이가 있다고 보고 있다. 고대 사회에서 도덕은 종교의 범주에서 이해되었고, 비논리적인 입장에서 강조되었다. 그러나 이제는 합리적인 사고의 활용과 과학화로 인하여 도덕적인 문제를 너욱 합리적인 방향으로 이해하게 되었다는 것이다. 도덕에 대한 합리적인 차원에서의 연구는 곧 이전의 관념적이고, 교조적인 입장의 도덕론과는 다를 수밖에 없다. 이러한 측면에서 그는 합리적인 입장으로의 도덕교육의 전환을 강조하고 있다.

뒤르켐은 실증적인 방법을 동원하여 가치를 연구했지만, 교육의 측면에서는 탐구 과정을 통한 가치의 선택이나 결정보다는 수동적 상태에 있는 아동에게 교사가 가치를 주입하는 도덕교육을 주장하였다. 그러나 교육이 관례의 지배에 빠지지 않고 또 기계적이며 고정된 자동적인 활동으로 타락하지 않도록 방지하는 유일한 길은 반성적 사고를 통한 교육체계 개선과 발전임을 강조하였다.

이러한 차원에서 볼 때, 뒤르켐은 학교를 도덕교육의 중요한 동인으로 보고 있다는 점을 알 수 있다. 그는 개인적 차원에서 도덕성을 함양하는 것에 반기를 들고 있으며, 더 나아가 비판적인 입장만으로는 도덕 사회화를 이룰 수 없음을 강조하였다. 뒤르켐은 학교를 사회 질서를 유지하고 사회의 공통된 가치를 심화할 수 있는 장소, 즉 도덕성을 함양할 수 있는 공간으로 이해하고 있으며, 학교만이 도덕교육에 가장 적절하다고 보았다. 예컨대 가정은 친족관계의 맹목적 온정이 크게 작용하고, 교회는 계시에 의존하며, 성인 교육기관 역시 교육의 정도와 수준의 측면에서 아동교육에 부적절하다는 것이다. 뒤르켐에게 교화를 포함한 도덕 사회화는 '필요선'이다. 다시 말해서 학생들에게 일정의 규범, 가치를 제시하지 않는 것은 뒤르켐에게 있어 악이며 무책임한 일이다.

뒤르켐은 부모와 교사는 의무의 화신이며, 아동은 그들의 말과 행동을 통하여 사회적 존재가 된다고 말할 정도로 사회화 과정에 부모와 교사의 역할을 특별히 강조하였다. 부모나 교사는 이러한 교육의 사회화 기능을 대표하고 있다. 특히 교사는 개인을 초월하는 '위대한 도덕적 인격체, 즉 사회의 대행자'로서의 권위를 가지며, 아동을 사회에 입문시키는데 핵심적인 역할을 담당한다. 성직자가 신의 해석자이듯이, 교사는 그 시대 그 국가의 위대한 도덕적 관념의 해석자이다(Wilson & Schnurer, 1961: 88-89). 따라서 교사의 역할은 사회의 가치를 대변하는 리더이자 전달자이고, 교사가 도덕적 가치를 전달하는 과정에서 어느 정도의 교화는 필요하다. 그렇지만 교사의 권위는 폭력적인 것도 아니요, 억압적인 것도 아니라는 점을 강조했다(Fox, 1956: 88).

2 도덕교육의 방법

먼저 뒤르켐은 습관의 중요성을 강조하였다. 특히 그는 초등학교 시기가 도덕적 습관을 기르기 위한 결정적 시기라고 보았다. 초등학교 도덕교육은 지적 교육보다는 교사의 권위와 애정을 통한 도덕적 습관 형성 교육에 더 많은 영역을 할애해야 한다는 것이다. 교사는 자신이 이미 체득하고 있는 규칙이 지닌 권위에 의해 권위자로서 아동 앞에 선다. 교사의 권위는 올바른 도덕교육에 대한 사명과 열정, 애정을 바탕으로 한다. 교사의 애정은 권위가 억압으로만 작용하는 것을 막고, 학생의 합리적 도덕 발달에 필요한 방안을 마련하는 힘의 원천으로 작용한다.

도덕교육의 방법적 원리로서 벌의 본질은 규율에 권위를 주는 것이 아니라, 규칙의 위반이 있음에도 불구하고 규칙이 건재한다는 것을 보여주는 데 있다. 벌이 소극적 제재라면 보상은 적극적 제재이다. 그는 권위를 수용하는 적극적 조치로서 벌보다는 보상의 적절한 활용이 바람직하다고 보았다. 또한 학교에서의 체벌은 인간의 존엄성에 대한 감정을 불어넣는 것이 아니라, 인간 존엄성에 대한 침해가 된다고 보았기에 반대하였다.

또한 뒤르켐은 개인이 자기가 속한 사회의 규범에 따라 자신의 인격 내용이 되는 관념, 감정, 관심, 양심 등을 형성해야 한다고 본다. 그는 사회가 개인들의 행동을 어떤 일정한 형태로 주조하는 틀을 갖고 있고, 어릴 때부터 개인의 욕구를 절제하는 훈련을 해야만 도덕성이 형성된다고 보고 있다. 즉 덕목이나 규범의 내면화를 통해 자신에게 끊임없이 일어나는 충동이나 경향성을 극복할 수 있는 안정된 도덕적 습관을 형성하는 것이 중요하다는 것이다. 아동을 습관화시키기 위해 교사는 자신의 인격과 행동을 모범적 사례로 보여주어야 한다. 즉, 교사는 아동에게 도덕적 모범이 되도록 자기 말과 행동을 일치시켜 솔선수범해야 한다.

다음으로 그는 도덕적 정서교육을 강조하였다. 사회집단에 대한 애착심은 개인으로 하여금 이기주의를 극복하고 사회가 제시하는 도덕을 받아들여 내면화할 수 있게 한다. 더 나아가 사회적 유대감을 회복하고, 사회적 이상을 공유하는 시민으로 거듭나게 한다. 따라서 도덕적 정서의 교육은 애타심 형성을 목표로 해야 한다. 왜냐하면 도덕적 정서는 타인을 고려하는 감정과 자애 또는 이타심에서 비롯되기 때문이다. 이를 위한 한 가지 방법으로 온정적 또는 사랑의 감정을 느끼게 하는 감동·감화 교육을 실시할 수 있다. 아동은 학교에서나 가정에서 동화, 우화, 예화 등을 접함으로써 감동·감화의 경험을 갖게 된다.

5 도덕교육에 주는 시사점과 문제점

개인을 지나치게 강조한다는 것은 사회의 이익과 개인의 이익이 충돌할 때, 개인의 이익을 추구한다는 뜻이며, 결국 사회와 전통의 파괴로 연결된다. 반대로 사회를 지나치게 강조한다는 것은 사회의 이익을 추구한다는 뜻이며, 결국 개인에게 희생을 요구하는 것이다. 이런 식으로 개인과 사회는 마치 인간 삶을 규정하는 두 극단으로 간주되어 왔으며, 역사적으로 인간의 삶과 교육은 양자 사이를 오락가락하면서 애써 균형을 맞추기 위해 노력해 왔다.

사회보다 개인을 강조하는 견해는 자신의 합리적 판단을 중요시하고, 개인보다 사회를 강조하는 견해는 사회가 마련해 놓은 규범을 따르는 것을 중요시한다. 개인을 강조하면 사회적 규범은 무의미한 것이 되며, 사회를 강조하면 개인의 판단 능력은 무의미한 것이 되고 만다. 개인과 사회는 어느 한 편을 긍정하면, 어느 한 편을 부정해야 하는 첨예한 긴장 관계를 이루고 있다. 이에 대해 뒤르켐은 '개인

없는 사회', '사회 없는 개인'이라는 표현이 실제 사회에서는 상상할 수 없음을 다음과 같이 주장하고 있다.

> 개인과 사회가 서로 분리되어 별도로 존재할 수 있다고 보는 것이다. 그러나 '개인 없는
> 사회'라든가, '사회 없는 개인'이란 존재할 수도 없고 상상할 수도 없다. 사회 없이 개인은 존
> 재할 수 없고, 자신을 부정하지 않고는 사회를 부정할 수 없다.
>
> Durkheim, 1906, trans. by Pocock, 1974: 37

우리가 하는 행동은 각자에 의하여 이루어지는 것이 사실이지만, 그것은 관례와 예법에 따라 그 수행 방식과 절차가 대체로 규정되어 있는 것도 사실이다. 우리는 우리가 의식하지 못한 채 관례와 예법에 따라 일상생활에서 다양한 행동을 한다. 즉 우리는 우리가 관례와 예법을 따르고 있다는 사실을 의식하지 못할 정도로 그것에 녹아들어 있는 것이다. 개인주의가 만연한 오늘날 뒤르켐의 도덕교육론은 한 개인이 도덕적인 존재가 되는 과정에 반드시 '사회의 영향'이 요청된다는 중요한 사실을 일깨워 주고 있다.

분명히 뒤르켐의 주장은 일면 타당하지만 그에 못지않은 비판도 제기되고 있다. 사회가 도덕의 원천이요, 세대와 세대를 결속시켜 주는 '공통의 기반'이라는 설명은 타당한 것일 수 있겠지만, 그것은 눈으로 확인할 수 없는 '관념'이며 따라서 이해하기도 어렵다. 또한 뒤르켐에게 있어 교육은 조직적이고 계획적인 도덕 사회화를 의미하는데, 성인 사회에 의해 바람직하다고 합의된 가치와 규범을 백지 상태의 아이들에게 내면화시키려는 시도는 교화라는 비판을 피하기 어렵다.

이에 대해 뒤르켐은 도덕을 가르치는 것은 설교하는 것도 아니며, 교화시키고자 하는 것도 아니며, 설명하는 것이라고 반박한다. 그는 집단의식을 내면화하는 것은 '견딜 수 없는 폭군'에게 강압적으로 굴복당하는 것이 아니라 도리어 그 막연한 성향으로부터 자유로워지는 것, 불완전한 존재가 '최상의 도덕적 존재'로 변형되는 것이라고 반박한다. 도덕성의 3요소 중의 자율과 권위는 마치 서로 모순된다는 주장에 대해 뒤르켐은 다음과 같이 반박하였다.

자유는 진정한 권위에서 태어나는 딸이다. 왜냐하면 자유롭다는 것은 자신의 마음에 내키는 대로 행동하는 것이 아니라, 자기 자신의 주인이 되는 것, 즉 이성에 따라 행동하고, 의무를 다하는 것이기 때문이다.

Durkheim, 1898, trans. by Fox, 1956 : 89-90

교사의 권위와 학생의 자유가 다 같이 사회에서 온 것이라는 점을 깨닫게 될 때, 그때 양자는 위대한 도덕적 관념을 '함께' 지향하고 추구하는 것이라고 뒤르켐은 주장하였다. 그렇지만 뒤르켐의 도덕 사회화론이 장차 급변하는 사회에서 살아가야 하는 아동들에게 그에 적응할 수 있는 판단 능력, 적응 능력, 창의 능력을 키워주는 데는 한계가 있다는 지적은 또 다른 비판점이다. 단순한 사회화만으로는 가치 다원적 사회에서 도덕적 이해와 정서, 그리고 행동의 포괄적 교육이 이루어질 수 없음을 우리는 인정해야 한다.

지금까지 살펴본 바와 같이 뒤르켐은 도덕교육을 광범위하게 다루었기 때문에 그의 이론에는 오늘날 도덕교육 이론가와 교육자들의 관심을 끄는 쟁점과 문제, 개념들이 포함되어 있다. 더구나 어떤 의미에서는 현대 도덕교육 접근법들의 상당수가 뒤르켐의 접근법에 대한 반응과 반작용의 산물이라 하겠다.

6 핵심 개념

① 도덕 사회화   ② 규율정신

③ 사회집단에 대한 애착   ④ 자율성

⑤ 아노미   ⑥ 교화

① 뒤르켐이 제시한 도덕성의 요소인 규율정신과 자율성이 조화로운 관계를 이룬 사례를 일상생활에서 찾아보자.

② 도덕 사회화 접근은 교육자가 학생에게 도덕적 가치를 적극적으로 전달하는 것을 중요시한다. 즉 이 접근법은 교사가 사회에서 바람직하다고 생각하는 가치와 행동을 알려줌으로써 학생들이 친사회적인 도덕적 성향을 지니게 될 것이라고 가정한다. 도덕 사회화 접근법을 초등학교 도덕과 수업에서 어떻게 활용할 수 있는지, 그리고 주의해야 할 점은 무엇인지 학우들과 함께 토의하여 발표해보자.

③ 과학 통신 기술의 혁명적 발전과 생명 의료 기술의 급속한 발전으로 인해 인간과 사회에 나타난 문제점을 뒤르켐의 도덕교육론으로 해결할 수 있는지, 아니면 다른 대안이 필요한지 토의해보자.

8 **더 읽어볼 책**

① 민혜숙 역(2021), 『사회학적 방법의 규칙들』, 이른비.

② 박찬영 역(2022), 『교육과 사회학』, 지식을 만드는 사람들.

③ 민혜숙·노현종 역(2024), 『도덕교육』, 이른비.

참고문헌

① 김덕영(2019), 『에밀 뒤르케임: 사회실재론』, 도서출판 길.

② 남궁달화(1996), 『도덕교육론』, 철학과 현실사.

③ 민문홍(2001), 『에밀 뒤르케임의 사회학』, 아카넷.

④ 박덕규 편역(1987), 『에밀 뒤르켐의 도덕교육』, 교학연구사.

⑤ 이홍우(2009), 『교육의 개념』, 서울: 문음사.

⑥ 임병덕, 유한구, 이홍우(1998), 『초등학교 도덕과교육론』, 교육과학사.

⑦ 진원중(1981), 『교육사회학』, 법문사.

⑧ Bella R.(1973), *Introduction to Emile Durkheim on morality &Milieu*, Chicago Uni, Press.

⑨ Coser, L.(1977) A., *Masters of Sociological Thought: Ideas in Historical an Social Context*, 2nd ed., Harcourt Brace Jovanovic.

⑩ Durkheim, E(1898)., trans. by S. D. Fox(1956), *Education and Sociology*, The Free Press.

⑪ Durkheim, E(1903), trans. by E. K. Wilson & H. Schnurer(1961), *Moral Education*,The Free Press.

⑫ Durkheim, E(1906), trans. by D. F. Pocock(1974), *Sociology and Philosophy*, The Free Press.

⑬ Durkheim, E(1897), rans. by John A. Spaulding and G. Simpson(1952), *Suicide: A Study in Sociology*, Free Press, Routledge & Kegan Paul.

⑭ Pickering, W. S. F. ed.(1979), Durkheim: *Essays on Morals and Education*, Routledge and Kegan Paul.

⑮ Proctor, R. E.(1988), *Education's Great Amnesia*, Indiana University Press.

⑯ Wright R.(1994), *Moral Animal*, 박영준 역(2003),『도덕적 동물』, 사이언스 북스.

제8강

통합적이고 합리적인 인격 형성: 듀이와 피터스

1 들어가는 말

　교육학의 거장 존 듀이^{John Dewey}와 리처드 피터스^{Richard Stanley Peters}의 이론을 이 책의 일부 공간에 정리한다는 것은 매우 어려운 일이다. 그러나 두 이론가의 교육사상은 우리나라 도덕과 교육에 매우 중요한 시사점을 준다. 이 글은 두 이론가가 펼친 교육 이론의 편린(片鱗)에 불과하지만 이를 통해 도덕교육에 대한 이들의 혜안을 배운다면, 교육에 대한 우리의 열정은 더욱 강화될 것이다.

　듀이는 20세기 초 미국의 철학과 교육에 지배적인 영향을 미친 철학자이자 교육학자이다. 그의 저서는 방대하고 이론은 아직도 교육적 토론의 주요 쟁점이 되고 있다. 단편적인 이해에서 그를 매도하는 부분이 상당히 많이 있으나, 그의 교육이론은 상당한 현실감을 가지고 있으며, 실제로 미국 공립학교 교육의 방향성을 제시하는 데 중요한 역할을 하였다.

　피터스는 도덕교육의 본질과 목적에 있어서, 합리적 도덕성의 형성을 강조하였다. 특히 그는 윤리 이론에 입각한 권위, 책임, 자유와 사회 철학에 깊은 관심을 두었다. 피터스는 치열한 사회변화 속에서 '어떻게 살 것인가?'라는 문제를 제기하면서, 도덕적인 지식은 단계가 있어야 하고, 윤리적인 근거를 명확히 가져야 한다고 주장하였다(양태호·박찬석, 2005: 186 192). 도덕교육을 바라보는 듀이와 피터스의 관점은 사회적 규칙 및 관습의 개선을 가능하게 하는 지적 관점과 능력을 강화하는 데 초점을 맞추고 있다.

2 도덕적 성장을 지향하는 통합적 인격의 형성

듀이의 윤리 사상을 이해하기 위해서는 먼저 도덕을 바라보는 관점 중, 윤리적 자연주의라는 관점을 이해해야 한다. 윤리적 자연주의자들은 도덕을 '인간 육체의 물리적 상태'로 환원하여 바라보며, 그 결과 도덕을 육체적 기능의 부산물로 간주한다. 따라서 이들은 도덕에 대한 형이상학적인 관점 혹은 초월적 관점을 거부하고, 자연적 욕망, 본능, 관심 등에서 도덕을 추출하고자 한다(송휘칠·황경식 역, 1986: 117).

윤리적 자연주의 관점을 견지한 듀이는 가치가 인간과 대상 간의 상호작용에서 발생하는 '바램', '좋아함', '즐거움' 등과 관계가 있다고 본다. 그럼에도 불구하고 듀이는 우리의 모든 욕구와 관심이 추구할만한 가치가 되는 것은 아니며, 욕구와 관심이 사고 작용의 개입에 의해 합리적으로 조정될 때 비로소 가치가 발생한다고 주장한다(송휘칠·황경식 역, 1986: 133).

> (가치는) 좋아하는 '모든 것'에 연관되는 것은 아니고 좋아했던 대상이 의존하고 있는 관계를 조사하고 난 후에 좋아하는 것 중에서 판단이 시인했던 것들에만 관련되는 것이다.
>
> Dewey, 1929; 송휘칠·황경식 역, 1986: 133에서 재인용

이러한 윤리적 자연주의의 관점에서 듀이는 윤리학이 인간의 행위를 다루는 학문이며, 따라서 행위의 옳고 그름, 좋고 나쁨을 판단하기 위해서는 인간의 본성에 대한 이해가 선행되어야 한다고 주장한다. 왜냐하면 행위 주체로서의 인간은 행위에 앞서서 존재하기 때문이다. 듀이에 따르면, 인간의 행위를 이끄는 인간의 본성은 충동impulse, 습관habit, 그리고 지성intelligence으로 구성된다.

각각에 대해 간단히 살펴보자면, 먼저 충동은 생명 내부에서 맹목적으로 발산되는 생명력으로서, 시간상에서 가능한 동물의 모든 활동 능력 중 가장 선행하는 능력을 말한다. 즉 충동은 모든 인간 행위의 출발점이다. 하지만 충동은 그것 이외의 힘에 의해 변화될 수 있는 '가소성'plasticity을 지니고 있다. 다시 말해서 우리는 항상 충동적으로 행동하지는 않는다. 다음으로 습관은 충동이 외부의 환경과 만나서 어떤 방향성을 찾아 형성된 본능으로서, 과거의 행동에 영향을 받아 형성된 인간의 후천적 활동력을 말한다. 듀이에 따르면 인간은 습관의 산물이며, 따라서 대부분 습관에 따라 행동한다. 즉 유기체의 행동이 시작되면 습관의 영향력은 충동에 우선한다. 마지막으로 지성이란 한 사태의 가능성을 평가하고 그 결과에 따라 행동하는 능력을 말한다. 앞서 말한 바와 같이 유기체는 환경과의 상호작용을 통해 형성된 습관에 따라 행동한다. 그런데 만약 유기체로서의 인간이 새로운 환경에 직면하게 되면, 충동은 습관을 깨고 밖으로 분출하려고 한다. 습관과 충동이 충돌할 때, 지성은 이 둘을 화해시켜 유기체와 환경 사이의 갈등을 조정하게 된다(박종모, 2010: 224-228).

예컨대 우리는 아침마다 습관적으로 같은 길을 걷고 같은 버스를 타고 학교에 등교한다. 그런데 폭설이 내린 날에는 더 이상 습관대로 버스를 탈 수 없는 새로운 상황에 직면하게 된다. 이때 우리는 새로운 등교 방법을 찾아야 한다는 충동을 갖게 된다. 그리하여 우리는 지성을 발휘하여 학교에 갈 수 있는 가장 좋은 방법을 새롭게 탐색한다. 이처럼 인간의 즉각적인 욕구를 충족시키기 위하여 활동하는 것은 개인의 합리적 능력의 성장을 촉진하게 된다(박병기·추병완, 1996: 253).

인간의 본성에 대한 이와 같은 이해를 토대로, 듀이는 현재 상황 속에서 옳은 일과 그른 일은 처음부터 정해져 있지 않으며, 욕구와 관심이 선의 일차적 요인이라고 보았다. 그러면서 선을 "현재 상황 속에서 여러 가지 대립하고 있는 충동, 습관의 분규가 어떤 활동에 의해 해결되어 심적 질서가 재구성되고 욕구불만이 해소되었을 때 그 활동에 속하는 것으로서 경험되는 의미"라고 정의한다. 즉 앞서 언급한 바와 같이 모든 욕구와 관심이 선은 아니며, 지성의 직용을 통해 발견되고 지지받을 수 있는 것만이 선으로서의 자격을 부여받게 된다는 것이다(박종모, 2010: 234-235).

> 보다 좋은 것the better이 선이다. 최선the best도 좋은 것들 중에서 가장 좋다는 것이 아니라, 다만 발견된 선the discovered good에 지나지 않는다. 보다 나쁜 것the worse, 즉 악은 거부된 선the rejected good이며 숙고하거나 선택하기 전까지는 어떤 악도 그 자체가 악으로 나타나지 않는다. 거부되기 전까지 그것은 갈등 중의 선a competing good이며 거부된 다음에는 보다 더 적은 선a lesser good으로 나타나는 것이 아니라 악the bad으로 나타나는 것이다.
>
> Dewey, 1983, 박종모, 2010: 235에서 재인용

그리하여 듀이는 '성장'과 '진보'를 강조하는 도덕 이론을 내놓게 된다. 선이란 모두 상대적이고 가변적일 뿐이며, 끊임없이 진보하고 성장한다. 절대적 선이라는 것은 진보를 종식시키기 때문에 받아들일 수 없다. 따라서 절대적인 도덕적 선 역시 존재하지 않는다. 듀이에 따르면, 인간 본성의 운동 방향이 전진적이고 성장을 지향하고 있을 때, 우리는 그 인간을 도덕적인 인간이라고 부를 수 있다.

> 이전에는 아무리 선했던 사람일지라도 타락하기 시작하고 있는 사람, 즉 덜 선하게 되고 있는 사람grow less good은 나쁜 사람이다. …… 성장 그 자체가 유일한 도덕적 목적이다.
>
> Dewey, 1950; 송휘칠·황경식 역, 1986: 135에서 재인용

듀이에 따르면, 도덕은 양심이나 선의지, 직관적 깨달음과 같은 형이상학적 문제가 아니라 '도구적 문제', 즉 인간의 운명을 개선하고 재난을 완화하는 실천적 문제이다. 따라서 절대적으로 옳은 것은 존재하지 않지만, 직면한 문제를 잘 해결해주고 상충하는 조건들이 조화를 이루도록 해주는 옳은 선택은 존재한다(송휘칠·황

경식 역, 1986: 135-136). 또한 듀이는 '도덕이란 사회적인 것'이라고 선언한다. 왜 냐하면 인간의 행위 자체가 사회적이고 사회적 결과를 낳으며, 도덕적 판단과 그에 따른 책임도 모두 사회적 환경과의 관계 속에서 우리의 마음에 형성된 것이기 때문이다. 즉 듀이에게 있어 도덕적인 인간은 단순히 올바른 의도와 강한 의지를 지닌 사람이 아니라, 사회적 세계를 이해할 수 있고 자신의 행동이 가져오게 될 사회적 결과를 주의 깊게 계산해 낼 수 있는 사람을 의미한다(박병기·추병완, 1996: 255).

이러한 측면에서 볼 때, 도덕적인 인간을 길러내고자 하는 도덕교육은 도덕적 문제에 대한 과학적 탐구(문제, 정보, 가설과 이론, 검증, 결론)와 민주적 의사결정에 초점을 둔 교육이어야 한다. 듀이는 도덕적 규칙들과 특정한 가치 덕목들을 가르치는 데 중점을 두고 있었던 당대의 인격교육에 대하여 매우 비판적인 견해를 지니고 있었다. 그는 덕 중심의 인격교육이 너무 협소하고 형식적이며 병리학적인 것이라고 규정한 바 있다(Dewey, 1909; 박병기·추병완, 1996: 254에서 재인용).

더 나아가 그는 도덕이 인격의 한 부분만을 지칭하는 것이 아니라, '그 사람 전체'를 말하는 것이라고 주장한다. 즉 덕을 소유한다는 것은 몇 가지 이름을 붙일만한 가치가 있는 배타적인 인격적 특질을 함양했다는 의미가 아니라는 것이다. 요컨대 듀이에 따르면, 도덕적이라는 것은 "삶의 모든 직분을 수행하면서 다른 사람들과 교류하는 동안에 나타나는 그 사람의 인간됨이 원만하고 적절하다는 것"을 의미한다.

> 사실을 말하자면, 도덕은 다른 사람과의 관계에 관한 행동 전체를 포괄하는 넓은 개념이다. …… 우리가 가지고 있는 인격 특성 중의 어떤 것은 우리의 대인관계에 아주 명백하게 관련되기 때문에, 그런 것들을 우리는 특별히 '도덕'이라고 강조해서 지칭한다. 성실, 정직, 정절, 우애 등이 그런 것들이다. 그러나 우리가 이러한 것을 도덕이라고 부르는 것은 오직 그것이 다른 태도에 비하여 핵심적인 부분을 이루고 있기 때문이다. …… 결국, 행위의 사회적 측면과 도덕적 측면은 서로 동일하다.
>
> Dewey, 1916, 이홍우 역, 2007: 505-506

따라서 듀이가 상정한 도덕교육은 인간 본성의 구성요소를 근거로 인지적, 정의적, 행동적 측면의 조화를 강조하는 '통합적 인격교육'을 지향한다. 그는 기존의 윤리학이 인간의 본성을 이성으로 간주함으로써 무시하게 되었던 '충동'과 '습관'의 중요성을 강조했다. 욕구를 선의 일차적 요인으로 보았던 듀이에 따르면, 충동 자체는 선도 악도 아니지만, 충동이 만족스럽게 충족되면 선이 되고 불만족스러워지면 악이 된다. 또한 인간의 충동이 방향성을 지니게 된 습관에 결함이 있을 경우, 아무리 좋은 의도를 갖고 있는 행위자일지라도 나쁜 결과를 낳게 된다. 이러한 측면에서 듀이는 충동, 습관, 지성들이 적절히 통합될 때 온전한 인격이 형성된다고 보면서, '충동의 조절'(정의적 측면)과 '좋은 습관의 형성'(행동적 측면)을 주장했다(박종모, 2010: 241-245).

뿐만 아니라 듀이는 인간의 도덕적 성장 혹은 인격적 성장이 '충동적impulsive 단계'에서 '집단 순응적group conforming 단계'로, 더 나아가 '성찰적reflective 단계'로 발달해 간다고 보았다(정창우·이인태·김윤경 역, 2023: 179). 충동적 도덕의 단계에서 사람들은 생물학적·본능적 동기, 욕구, 열망 등에 의해 행동하거나, 이것들에 토대를 둔 습관에 의해 행동한다. 이후 사람들은 사회적 도덕이나 관습에 주의를 기울이면서, 사회의 요구나 기대에 순응하여 행동하는 양상을 보인다. 끝으로 성찰적 단계에 있는 사람들은 비판적 숙고를 바탕으로 자신이 바람직하다고 여기는 도덕규범을 판단 및 결정하고 이에 기초하여 행동하게 된다. 이처럼 듀이는 인간의 도덕적 성장을 인간이 점점 더 '사회화'되어 가고, 더 나아가 '합리화'되어 가는 과정으로 설명한다(유병렬, 2006: 73).

그리하여 듀이는 학교 교육이 '심리학적 측면'과 '사회학적 측면'을 모두 반영하고 있어야 한다고 주장한다. 여기서 심리학적 측면이란 학생의 개인적 욕구, 관심, 문제가 교육의 출발점이 되어야 함을 의미한다. 듀이는 만약 교육자의 노력이 아동의 독립적·자발적 노력으로 이루어지는 활동과 관련을 맺지 못한다면, 교육은 외부로부터의 강압으로 전락하고 만다고 지적한다. 그리고 사회학적 측면이란 학생이 사회의 문화를 구성하는 관습, 습관, 가치에 관한 지식을 배워야 함을 뜻한다. 왜냐하면 이러한 지식은 학생이 가지고 있는 힘을 올바르게 해석하는 데 필요하기 때문이다. 듀이에 따르면, 학교 교육의 두 측면인 심리학적 측면과 사회학적 측면은 서로 유기적으로 관련되어 있기에 이 중 하나가 다른 하나를 지배하는 것으로 규정해서는 안 된다(이홍우 역, 2007: 512-513; 정희숙 역, 1989: 135).

> 요약컨대, 내가 믿는 바로는, 교육을 받는 개인은 사회적 개인이며, 사회는 개인의 유기적 통합체이다. 아동에게서 사회적 요인을 빼어 버리면 남는 것은 추상적 존재뿐이다. 사회에서 개인적 요인을 때어 버리면 남는 것은 무기력하고 생명 없는 덩어리뿐이다.
>
> Dewey, 1916, 이홍우 역, 2007: 513

이에 더하여 듀이는 도덕교육을 위한 학교의 조건으로 "학교는 모든 중요한 측면에서 지역사회와 동일한 모습을 띠어야 한다", "학교에서의 학습은 학교 밖의 학습과 연속성을 지녀야 한다"고 말한다(이홍우 역, 2007: 506-507). 민주주의를 생활양식으로 바라보았던 듀이는 학교 그 자체가 축소된 민주주의여야 한다고 생각했다. 그리고 이러한 학교 형태야말로 민주주의 사회를 가능하게 하는 생활상의 특성을 지니고 있으므로 그 자체 안에 가치를 내포하고 있을 뿐만 아니라, 사회적 진보를 향한 도약대로서의 가치를 지닌다고 보았다(정희숙 역, 1989: 138). 그의 관점에서 볼 때, 학교를 사회에 진입하기 위한 예비 단계로 바라보는 것은 민주주의나 인권, 그리고 정의를 진정으로 실천할 수 없는, 단지 형식적인 기능만을 수행하는 곳으로 남겨두게 할 위험이 있다.

> 현재의 교육이 실패하는 가장 큰 원인은 학교가 사회생활의 한 형태라는 이 근본적인 원리를 무시한다는 데에 있다. 현재의 교육에서는 학교를 학생들에게 정보를 제공해 주는 곳, 공부를 가르쳐주는 곳, 습관을 형성해 주는 곳으로 생각한다. 학교에서 습득되는 이런 것들의 가치는 주로 먼 장래에 있는 것으로 간주된다. 아동은 장차 다른 어떤 것을 하기 위하여 이런 것들을 배워야 한다고 생각된다. 요컨대 그것은 단순한 준비인 것이다. 그 결과로, 이런 것들은 아동의 현재 생활 경험의 일부가 되지 못하고 따라서 진정한 교육이 되지 못한다.
>
> Dewey, 1916, 이홍우 역, 2007: 515

이성의 궁전에 들어가기 위해서는 습관과 전통의 마당을 거쳐야 한다

이 절의 제목이야말로 도덕교육에 대한 피터스의 관점을 여실히 보여주는 명제일 것이다. 런던대학교 교수였던 피터스는 자신의 저서『도덕발달과 도덕교육』Moral development and moral education의 서문에서 그간 도덕성을 설명하는 가장 유력한 두 가지 입장, 즉 '원리의 도덕성'(원리에 입각한 합리적이고 자율적인 도덕적 판단)과 '습관의 도덕성'(도덕적인 행동의 반복과 그에 따른 습관화)이 도덕발달과 도덕교육에 모두가 중요하다는 자신의 관점을 천명한다.

> 나는 궁극적 목적으로서는 원리의 도덕성을 믿고 있다. 그러나 대부분의 사람들이 원리의 도덕성에 이르는 과정에서 필요한 단계로 인습적 도덕성의 중요성을 생각하는 것보다, 그리고 아동 초기에 인습적 도덕성을 전달하는 수단으로서 모델링, 동일시, 시인과 같은 방법을 중요하다고 생각하는 것보다, 훨씬 더 인습적 도덕성과 이러한 방법들에 대해 관심을 두고 있다.
>
> Peters, 1981, 남궁달화 역, 1995: 저자서문 ⅰ

피터스는 도덕성을 '행동을 하느냐 하지 않느냐'에 대한 이유, 혹은 '생활양식을 성립시키느냐 생활양식으로부터 배제하느냐'에 대한 이유에 관심을 갖는 것과 관련이 있다고 설명한다. 그러면서 어떤 원리는 다른 원리들에 비해 어떤 이유를 다른 이유들보다 더 적절한 이유이게끔 만든다고 주장하면서, 이처럼 합리적 정당화를 가능하게 하는 고급 원리들로 '공정성', '이익 고려', '자유', '진실 말하기', 그리고 '인간 존중'이 있다고 말한다(남궁달화 역, 1995: 63-66).

> 나는 합리적 정당화를 가능케 할 수 있는 고급 원리들은 공정성, 진실 말하기, 자유, 그리고 이익의 고려라고 생각한다. …… 이들 고급 원리는, 성격상 상당히 형식적이지만, 특정한 규칙을 정당화하고 특정한 경우에 예외를 인정하는 아주 일반적인 적절성의 준거를 제공해 준다. …… 합리적 규범을 주장하는 사람도 절차적 수준의 원리, 즉 공정성, 자유, 진실 말하

기, 이익 고려를 단호하게 내세우면서도 낮은 수준의 규칙, 예를 들어, 흡연, 노름, 산아제한 등의 본질적 내용에 관한 자신의 생각을 원리에 근거하여 수정할 수 있다.

Peters, 1981, 남궁달화 역, 1995: 66-67

피터스가 제시하고 있는 고급 원리 각각의 의미에 대해 간단히 살펴보면 다음과 같다(김정래 역, 2021: 277-278; 남궁달화 역, 1995: 96-99).

① 공정성: 차별은 합당한 차이가 있을 경우에만 이루어질 수 있다는 원리이다. 그러나 공정성의 원리는 임의성을 배제한다는 점에서 소극적인 안내만을 제공한다.

② 이익 고려: '우리는 사람들의 이익을 고려해야 한다'는 원리이다. 즉 인간의 생존 여건을 개선해주고 이익을 증진하는 데 관심을 기울여야 한다는 점을 강조한다.

③ 자유: 그 밖의 다른 조건들이 같다면, '사람들이 원하는 것은 할 수 있도록 허용되어야 한다' 혹은 '그들이 선으로 받아들여 추구하는 것을 억제시키려면 거기에는 그럴만한 이유가 있어야 한다'는 원리이다.

④ 진실 말하기: '일상생활 속에서 진실을 말해야 한다'는 원리이다. 체계적인 거짓말은 마땅히 수행해야 할 행위를 찾아내고자 하는 공통의 관심과는 정반대의 결과를 낳는다.

⑤ 인간존중: '타인도 나와 같이 그에게 있어서 중요한 열망을 가지고 있으며, 자신이 평가와 선택의 중심이며, 자신의 성취에 자부심을 가지며, 자신의 유일한 세계관을 가지고 있다는 사실을 존중해야 한다'는 원리이다.

그런데 피터스는 위에서 제시한 원리들이 우리의 도덕적 삶의 구체적인 '내용'을 알려주지는 않으며, 우리에게 도덕적 사고의 '형식'만을 알려준다고 말한다. 즉 이러한 원리들은 구체적인 실천 지침을 제공하지는 않지만, 특정 행위의 수용 여부를 결정하고, 정당화될 수 있는 타당한 논거를 제공해 주며, 전통적인 도덕규범 혹은 규칙들을 검증하는 역할을 한다는 것이다.

> 예컨대 길거리에서 침을 뱉는 행위의 경우, 그 행위가 곧 다른 사람에게 해를 끼치며 또
> 한 타인을 배려하지 못함을 알게 하고 결과적으로 우리 자신의 자유까지도 제약한다는 것을
> 생각하게 해줍니다.
>
> Peters, 1973, 김정래 역, 2021: 278

그러면서 피터스는 자신이 도덕성의 '내용'보다는 '합리적 형식'에 관심이 있다
는 점을 강조한다(남궁달화 역, 1995: 193). 하지만 그는 피아제와 콜버그를 인용하
면서, 도덕성의 합리적 형식이 아동기에 발달할 수 있는지, 다시 말해서 아동이 위
에서 제시한 도덕 원리를 활용하여 합리적으로 판단하고 자율적으로 행동할 수 있
는지에 대해서는 의문을 제기한다. 이에 그는 "습관^{habit}과 전통^{tradition}의 마당을 통해
이성의 궁전$^{the\ place\ of\ reason}$으로 들어갈 수 있고, 그리고 들어갈 수 있어야만 한다"라
고 주장한다. 즉 기본적인 덕목 혹은 기초적인 도덕 규칙에 대한 아동기의 건전한
도덕적 습관의 형성이 아동기 이후 합리적인 도덕성 발달의 필요조건이라는 것이다.

그런데 우리는 보통 습관과 이성이 대립한다고 생각한다. 왜냐하면 일반적으
로 우리는 습관을 틀에 박힌 행동을 특별한 이유 없이 친숙한 자극에 영향을 받아
자동적으로 수행하는 경향, 소위 이성이 개입하지 않는 행동 경향이라고 생각하기
때문이다. 즉 우리는 흔히 "습관의 본질 바로 그것 때문에 습관의 마당에서 사는
사람들은 이성의 궁전에서는 살 수 없다"고 생각한다. 바로 이 지점에서 '도덕교육
의 역설'^{paradox}이 발생하게 된다.

> 내가 생각하는 도덕교육의 역설이란 무엇인가? 이는 다음과 같다. 합리적이고 지적이고
> 상당한 정도의 자발성을 가지고 행위 하는 그러한 인간을 개발하는 것이 바람직하다고 말할
> 때, 그러나 아동 발달의 엄연한 사실은, 아동의 발달이 이루어지는 이 수년 간의 대부분의 시
> 기에 그들은 이러한 형식의 삶을 가지는 것이 불가능할 뿐 아니라, 이와 같은 삶의 형식을 전
> 달하는 적절한 방식에도 둔감하다는 것이다.
>
> Peters, 1981, 남궁달화 역, 1995: 69

하지만 피터스는 이성의 사용과 습관의 형성 간에 필연적인 모순이 있는 것은 아니라고 주장한다(남궁달화 역, 1995: 70-79). 예컨대 야구 선수가 훌륭한 경기를 펼치려면 공을 잡고 던지고 때리고 달리는 등의 모든 기본 동작들을 습관적으로 능숙하게 해낼 수 있어야 한다. 이와 유사하게 우리의 도덕 생활도 많은 도덕적 행동들로 구성되는데, 도덕적 이성이 보다 가치 있고 선한 것을 판단할 자유를 가지기 위해서는 사전에 도덕적 행동들이 습관화되어 있지 않으면 안 된다는 것이 피터스의 주장이다. 뿐만 아니라 아직 도덕성의 합리적 형식을 획득하지 못한 아동 역시 타인과 더불어 살아가야 하는데, 만약 그들이 몇 가지 필수적인 덕목들을 갖추지 못하고 있다면 그들은 분명히 사회적으로 골칫거리가 될 것이라고 그는 말한다(김정래 역, 2021: 290; 유병렬, 2006: 161). 따라서 피터스에게 있어 도덕교육의 문제는 아동기 이후의 합리적인 도덕성 발달을 방해하지 않으면서도, 어떻게 하면 아동에게 필요한 행동을 습관화시킬 것인가에 있다고 볼 수 있다(남궁달화 역, 1995: 70-71).

> 확실히 정립된 습관이 도덕 생활에 중요하다는 것은 분명하다. 만약에 도덕적 사태에서 항상 반성해야 하고, 숙고해야 하고, 결정해야 한다면 삶은 고달프기 그지없을 것이다. 또한 만약에 우리가 다른 사람들로부터 시간엄수, 예절, 정직 등과 같은 이미 형성되어 있는 상당한 정도의 습관을 기대할 수 없다면 우리의 사회생활의 영위는 매우 어렵게 될 것이다.
>
> Peters, 1981, 남궁달화 역, 1995: 79-80

이에 피터스는 도덕교육에서 도덕성의 합리적 형식과 내용을 구분할 것을 제안한다. 먼저 그는 도덕성의 합리적 형식이 '자기중심적 단계', '규칙 준수(인습적) 단계', 그리고 '자율성 성취(합리성) 단계'로 발달해간다고 본다. 또한 아동이 도덕 규칙에 대해 보다 자율적인 태도를 취하기 위해서는 규칙을 보상 및 처벌과 관련된 것으로 바라보는 단계, 그리고 집단이 부여한 혹은 권위자에 의해 정해진 구조로 바라보는 단계를 반드시 거쳐야 한다고 주장한다. 각각의 단계에 대하여 간단하게 설명하면 다음과 같다(남궁달화 역, 1995: 198-209).

① 자기중심적 단계: 이 단계의 아동이 도덕적으로 규정된 것을 행하는 이유는 벌을 피하거나 보상을 받기 원하기 때문이다. 즉 이 단계의 아동은 자신이 행한 것과 그 결과로서 발생하는 즐거운 상태 또는 고통스러운 상태 간의 관련성을 이해할 수 있다. 따라서 이 단계에 있는 아동은 만족을 지연할 수 있고 제한된 범위 내에서나마 행동을 계획할 수 있다. 이 단계의 아동이 계획을 세우고 만족을 통제하는 것을 배우기 위해서는 행위 결과를 예측하고 그 결과에 대해 즐겁게 만족하는 경험(정적 강화, 수용적 분위기)이 일관되게 제공되어야 한다.

② 규칙 준수(인습적) 단계: 이 단계의 아동은 규칙을 규칙 그 자체로 볼 수 있고, 규칙의 존재가 또래집단 및 권위자의 의지에 달려있는 것으로 본다. 피터스에 따르면 이 단계는 도덕 발달에서 매우 중요하다. 왜냐하면 이 단계는 보상과 처벌을 넘어, 규칙 그 자체가 개인의 행위를 구속한다는 것을 아동이 수용한다는 점을 의미하기 때문이다. 이 단계에 도달하기 위해서는 바람직한 행동을 보여주는 성인이나 또래들에 대한 모델링과 동일시가 지극히 중요하다.

③ 자율성 성취(합리성) 단계: 이 단계에 위치한 사람은 또래 집단이나 권위자의 인정, 보상과 처벌 등과 같은 외적인 영향에 의해 규칙을 받아들이는 것이 아니라 스스로 받아들이고(진실성), 규칙의 타당성을 평가하여 비판적으로 받아들이며(규칙에 대한 반성), 처벌의 두려움이나 배척 등에 직면할지라도 성찰을 통해 스스로 받아들인 규칙을 따르고자 한다(의지력). 이 단계에 이르기 위해서는 자신이 진실로 원하는 것을 스스로 발견하고, 타인의 필요와 요구에 관심을 가져야 한다. 또한 규칙을 비판적으로 평가해볼 수 있는 인지적 자극이 제공되어야 하고, 두려움이나 불안에 직면했을 때 이겨내는 훈련을 받아야 한다.

이러한 논의에 더하여, 피터스는 도덕성의 합리적인 형식만을 강조하고 도덕성의 내용을 (콜버그가 말한 바와 같이 '덕목 보따리'bag of virtues처럼 취급하면서) 무시하는 도덕교육은 추상성과 비실재성으로 흘러갈 수 있다는 점을 지적한다. 특히 대부분의 아동이 자율성 성취 단계에 도달하지 못한다는 점을 고려해볼 때, 사회의 안전과 자아보존을 위해 필요한 기본적인 도덕규범을 가르치는 것은 매우 중요한 일이라고 말한다. 더 나아가 그는 도덕성의 내용을 무시하고 형식만을 강조하는 주장에는 논리적 모순이 있다고 보았다. 왜냐하면 공정성, 이익 고려 등과 같은 형식적인 원리는 구체적인 특정 행동이 과연 적절한지에 대한 합리적인 이유를 제공하는 역할을 수행하기 때문에, 내용 없이는 작용할 수 없다는 것이다(남궁달화 역, 1995: 210-211)

> 첫째, 어떤 사람이 규칙을 따른다는 것이 무엇인가를 배우지 않는다면, 어떻게 그가 자율적으로 규칙을 따를 수 있는가를 이해하기는 어렵다. 아마도 아이들은 덕목 보따리의 특정 덕에 상응하는 경험을 일반화함으로서 이런 것들을 배울 수 있다. 둘째, 명확한 내용과 상관없이 어떻게 도덕성의 원리적 형식을 생각해볼 수 있겠는가? …… 원리는 구체적인 내용이 없이는 작용할 수 없다. 인간존중과 같은 것을 '원리'라고 부름으로써 우리가 의미하고자 하는 바는 원리란 어떤 행동이나 신념의 명확한 내용을 비판, 정당화, 또는 설명할 때 호소하는 이유를 구체화하는 것을 뜻한다.
>
> Peters, 1981, 남궁달화 역, 1995: 211

이에 피터스는 도덕교육의 내용이 자율성 성취의 단계에서 기본 원리로 작동하는 '공정성', '이익 고려', '진실 말하기' 등과 관련된 기본적인 덕목, 또는 사회생활에 필수적인 '훔치지 않기', '약속 준수하기' 등과 같은 기초적인 규칙으로 구성되어야 한다고 주장한다. 또한 그는 도덕교육 초기 단계의 아동에게는 그들이 따라야 할 덕목이나 규칙이 무엇인지에 대해 알아야 하는 것은 물론 그것들을 일관성 있게 실천하는 것이 중요하기 때문에, 모종의 습관 훈련이 필요하다고 주장한다. 그리고 이를 위해서는 앞서 언급한 바와 같이, 가르침이나 모델링, 보상·칭찬·승인과 같은 정적 강화, 부모의 온정적이고 수용적인 태도가 중요하다고 말한다(김정래 역, 2021: 291-293; 남궁달화 역, 1995: 213-215).

요컨대 피터스에 따르면, 도덕성의 내용을 가르치기 위한 방법은 그 아동이 위치한 발달 단계에 적합한 방법이어야 한다. 즉 도덕성 발달 초기에는 기초적인 규칙과 덕목을 습관화시켜야 하고, 이러한 토대 위에서 아동기 이후 혹은 청소년기에는 이성을 자율적이고 합리적으로 발휘해볼 수 있는 기회를 제공해야 한다. 그의 말마따나, 토론, 귀납추론, 참여 학습 등과 같은 가역적 사고가 필요한 합리적인 유형의 교수·학습 방법은 자율성 성취 단계의 이전의 아동에게 특별한 의미를 가지기 어렵기 때문이다. 실제로 피터스는 콜버그의 이론을 평가하면서 도덕성의 복잡한 성격을 정의라는 단일한 측면에서 파악하고 있다는 점, 도덕성과 관련되어 있는 동정심이나 죄의식과 같은 정서의 역할을 간과하고 있다는 점, 도덕성의 내용과 덕의 발달에 무관심하다는 점 등을 들어 비판한 바 있다(Crittenden, 1978: 박병기·추병완, 1996: 271-272에서 재인용). 이렇듯 도덕교육에 대한 피터스의 입장은 콜버그의 인지 발달적 접근에 기초한 원리의 도덕성이 지닌 문제와 한계를 지적하면서, 합리적 인격 형성의 토대가 되는 도덕적 덕의 육성, 도덕적 습관의 구축, 도덕적 자질과 품성의 계발을 강조하고 있다.

4 도덕교육에 주는 시사점

　이론의 구조 및 전개 과정의 상이함에도 불구하고, 도덕교육을 바라보는 듀이와 피터스의 관점은 인간의 충동과 습관, 사회적 관습 및 규칙의 준수, 지성 혹은 이성의 발휘를 두루 포괄한다는 점에서 통합적인 인격 형성을 지향하고 있다. 뿐만 아니라 그들의 관점은 충동의 조절 및 좋은 습관의 형성을 도덕성 발달의 중요한 토대로 고려하면서도, 이것들이 반성적 성찰의 과정을 거쳐야 함을 강조했다는 점에서 합리적 인격 형성을 추구한다고 말할 수 있다.

　듀이와 피터스는 도덕교육이 계속되는 성장의 과정이며, 그 목적은 각각의 단계에서 성장의 능력을 더해 주는 데 있다고 말한다. 인격자라는 것은 원칙을 실천하는 데 있어서 집요하다든가 악에 물들지 않았다든가 고결하다는 뜻이다. 의지가 강하다는 것과 거의 같다. 그렇게 되려면 인격 훈련이 필요하다. 도덕교육은 신념과 관련되는 활동이다. 좋은 신념을 갖게 하고 그러한 일을 실천하게 하는 것이다.

그렇다고 해서 교육이 훈련에만 머물러 있는 것은 아니다. 우리는 일반적으로 어떤 특수한 목적을 위해 훈련받은 사람을 '교육받은 사람'이라고 말하지는 않는다. 군인, 요리사 중에서 교육받은 사람이 있을 수도 있으나, 이들은 전쟁을 잘 하기 위해, 요리를 잘 하기 위해 '교육'되는 것이 아니다. '교육은 전인을 기른다'는 말이다. 즉 교육은 가치 있는 것을 의도적으로 전수하는 일이다. 가치 있는 일에 전력을 다하여 입문하는 방법이 도덕교육에서도 이루어져야 할 것이다.

참 어려운 말이다. 듀이와 피터스는 교육이 정제된 전인적 가치를 추구하는 것이라고 말한다. 듀이와 피터스는 꾸준한 자기 성찰과 탐구, 그리고 실천 속에서 도덕적 가치를 외면하려는 경향성에서 거리를 두고 생각하는 마음을 길러 민주적 실천과 비판적 행동으로 더 나은 세계를 향하라고 우리에게 말하고 있다.

5 핵심 개념

① 윤리적 자연주의　　　　② 인간 본성의 3요소
③ 성장으로서의 선　　　　④ 원리의 도덕성
⑤ 습관의 도덕성　　　　　⑥ 도덕교육의 역설

6 토의·토론 주제

① 듀이에 따르면, 충동과 습관이 지성을 통해 조정되어 사회적 진보와 조화를 가능하게 하는 선택은 옳은 선택이다. 그렇다면 지성(특히 개인적 숙고)이 승

인한 가치는 모두 도덕적인 가치인가? 만약 이 견해가 옳다면, 어떤 문제가 발생할 수 있을까?

② 듀이와 피터스는 모두 도덕성 혹은 인격이 발달해가는 나름의 단계를 제시하고 있다. 양자의 공통점과 차이점은 무엇인가?

7 더 읽어볼 책

① 김무길(2014), 『존 듀이 교육론의 재조명』, 한국학술정보.
② 임태평(1989), 『교육 철학』, 학문사.

참고문헌

① 박병기·추병완(1996), 『윤리학과 도덕교육 1』, 인간사랑.

② 박종모(2010), "존 듀이 윤리학의 도덕교육적 의미", 『윤리연구』, 제77호, 217-256.

③ 양태호·박찬석(2005), "뒤르깽, 듀이, 피터스의 교육철학을 통한 도덕과 교육과정 접근", 『도덕윤리과교육』, 제21호, 179-204.

④ 유병렬(2006), 『도덕교육론』, 양서원.

⑤ Dewey, J.(1916), *Democracy and education*, 이홍우 역(2007), 『존 듀이 민주주의와 교육』, 교육과학사.

⑥ Gibbs, J.(2019), *Moral Development and Reality*, 정창우·이인태·김윤경 역(2013), 『도덕발달과 실재』, 교육과학사.

⑦ Peters, R. S.(1981), *Essays on Educator*, 정희숙 역(1989), 『교육철학자 비평론』, 서광사.

⑧ Peters, R. S.(1981), *Moral Development and Moral Education*, 남궁달화 역(1995), 『도덕발달과 도덕교육』, 문음사.

⑨ Peters, R. S.(1973), *Authority, Responsibility, and Education, Revised Edition*, 김정래 역(2021), 『권위, 책임, 교육』, 학지사.

⑩ Sahakian, W. S.(1974), *An introduction to theories and problems*, 송휘칠·황경식 역(1986), 『윤리학의 이론과 역사』, 박영사.

제4부

심리학과 도덕교육

도덕성에 대한 인지발달론적 접근(1): 피아제

1 들어가는 말

저녁 먹으라고 부르는 엄마의 말에 존은 부엌으로 가기 위해 식당 문을 열었다. 문 바로 뒤 의자에는 컵 15개가 올려져 있었다. 존은 그 사실을 모르고 문을 열었고, 의자 위에 놓여 있던 컵이 모두 깨졌다. 헨리는 엄마가 외출하자 수납장 맨 위 칸에 있는 과자를 몰래 꺼내 먹으려다가 그 옆에 있는 컵 1개를 건드려 깨뜨렸다.

존과 헨리 중 누가 더 나쁜가? 그 이유는 무엇인가?

Piaget, 1965; 임성택 외, 2023: 199에서 재인용

아동은 어떤 행위에 대해 어떤 기준으로 도덕 판단을 할까? 존과 헨리 이야기는 장 피아제^{Jean Piaget}가 도덕성 발달을 연구하는 과정에서 아동에게 제시한 이야기 중 하나이다. 그는 아동들에게 실수로 일어난 일, 의도적으로 훔치는 일, 거짓말에 해당하는 일 등을 피해 규모를 달리하여 제시하고 각자의 판단과 이유를 물었다.

이 연구를 통해 피아제는 연령대에 따라 아동의 도덕 판단과 그 이유가 다르다는 것을 확인하고 도덕발달 단계를 제시하였다.

피아제는 1896년 스위스에서 태어났다. 그는 어린 시절부터 자연현상에 대해 남다른 관심을 가지고 자연 속에서 서식하는 새, 물고기 등의 행동을 관찰하곤 하였다. 열 살 때 참새에 관한 논문을 발표하기도 했고 고등학교 시절 수행한 연체동물에 관한 연구는 과학자 사이에서 호평을 받기도 했다. 스물한 살인 1918년에 그는 연체동물에 관한 논문으로 생물학 박사학위를 받았다(권승혁, 2010: 94). 이후 파리의 소르본 대학에서 임상심리학, 논리학, 인식론, 과학철학 등을 연구하였다. 피아제는 심리학에 생물학과 인식론에 관한 관심을 통합할 수 있다고 보았다. 그는 자신의 세 자녀가 성장하는 과정을 임상적 방법을 통해 관찰하면서 생물학과 인식론을 잇는 연결고리로서 인지 발달 이론을 정립하였다(임성택 외, 2023: 178).

피아제와 콜버그Lawrence Kohlberg의 도덕성과 도덕교육에 관한 입장은 칸트Immanuel Kant에 관한 연구와 다른 학자들의 칸트 해석에 기초한 것이다. 피아제와 콜버그는 둘 다 칸트의 도덕철학을 지지했다. 그리고 둘 다 자신들의 발달적 계열성의 구조를 뒷받침하기 위해 칸트의 자율성과 타율성의 구분을 활용했다. 칸트가 주체subject에 초점을 맞춤으로써 자신이 살았던 시대의 철학에 코페르니쿠스적 전환을 가져온 것처럼 피아제와 콜버그 역시 경험 심리학empirical psychology 영역에서 그러한 혁명적 변화를 일으켰다(박병기 외 역, 2013: 47-48).

심리학 분야는 20세기 대부분을 행동주의가 지배했고, 후기에 와서는 사회학습이론이 그 자리를 대신했다. 두 이론은 모두 환경이 수동적인 개인에게 영향을 주어 지식이 발생한다고 보았다. 피아제와 콜버그는 사물의 이치를 파악하거나 올바른 행위의 방향을 알아차리는 것과 같은 지식은 개별 인간이 환경과 상호작용하는 과정을 통해 개발된다고 믿었다. 이들은 개인이 환경에 능동적으로 작용하여 지식뿐만 아니라 앎의 방식까지도 구성해 간다고 가정하였다(박병기 외 역, 2013: 48).

도덕성 발달에 대한 인지적 접근은 다음과 같은 특징을 지닌다. 첫째, 도덕성의 가장 본질적이고 핵심적인 요소는 '인지'이다. 둘째, 인간은 자극-반응이라는 조건화 메커니즘에 의해 학습하는 수동적 존재가 아니라 주체적이고 능동적인 학습자로 간주된다. 셋째, 도덕 판단이나 도덕 원리의 형성에 대해 인식론적 구성주의 입장을 취한다. 인지적 도덕 발달론에서 개인은 능동적으로 환경과 상호작용하며 스스로 자기 발달을 도모하는 자기 구성적 존재이다(정창우, 2013: 181).

2 인지 발달 이론의 주요 개념과 특징

피아제의 도덕성 발달에 대해 이해하기 위해서는 인지 발달에 대한 주요 개념과 피아제의 인지 발달 이론을 먼저 살펴보아야 한다. 피아제의 도덕성 발달 이론은 인지 발달에 대한 광범위한 연구의 한 부분이기 때문이다.

인지^{cognition}는 '알게 되다, 인식하다, 배우다, 발견하다'를 뜻하는 라틴어 'cognosco'에서 유래했다(라틴어 사전). 개인은 인지를 통해 지식을 획득하고 문제를 해결하며 미래를 설계한다(권형자, 2006: 30-31). 피아제의 인지 발달 이론을 이해하기 위한 핵심 개념으로는 도식^{scheme}1, 조직^{organization}, 적응^{adaptation}, 동화^{assimilation}, 조절^{accommodation}, 평형^{equilibrium} 등이 있다.

---

1   피아제는 불어로 schéme[스킴, 도식]과 schéma(스키마)라는 두 용어를 구별하고 있는데, schéme은 '행동과 조작을 반복할 수 있게 하고 일반화할 수 있게 하는 구조'의 의미로 사용하고 schéma는 '특정한 행동이나 조작 결과 단순화된 표상, 이미지'의 의미로 사용한다. 피아제가 말하는 스키마는 전자, 즉 schéme의 의미이다(Piaget, 2011/2020: 63).

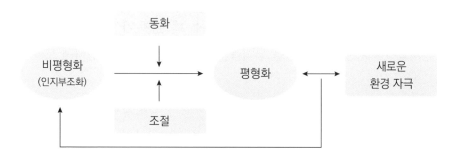

● **그림 9-1** 피아제의 인지 발달 기제(임성택 외, 2023: 181)

　　도식은 개인이 형성한 외부의 정보에 대한 정신적 표상, 사고체계 또는 행동유형을 보여주는 인지적 이해의 틀이자 구조이다(임성택 외, 2023: 178-179). 선반 위에 있는 장난감을 내리기 위해 의자를 받침으로 이용하는 것을 본 아동은 선반 위에 있는 다른 물건을 내리기 위해 의자를 사용할 수 있다. 이때 아동은 관련 지식의 구조를 이해하고 있다. 이처럼 도식이란 유사한 환경에서 나타나는 수많은 행동의 공통적인 구조를 의미한다.

　　한편 모든 생명체는 두 가지 기본이 되는 성향 또는 변하지 않는 기능[invariant functions]을 물려받는데, 조직과 적응이 그것이다(Ginsburg & Opper, 김억환 역, 1984: 32). 단적인 예로, 사랑하는 가족의 죽음과 같은 심리적인 충격을 경험할 때조차도 인간은 다시 마음의 균형을 찾고 일상적인 삶으로 복귀할 수 있는데 이는 조직과 적응 능력 덕분이다.

　　조직이란 모든 생명체가 신체적인 과정이든 심리적인 과정이든 그 과정들을 통합된 체제로 구성해 가는 성향을 뜻한다. 물고기가 아가미, 순환기관 또는 체온 기제 등이 통합적으로 조직되어 협응[coordination]함으로써 물속에서 살아가는 것은 신체적인 조직의 예가 된다. 조직은 심리적인 측면에서도 나타난다. 세상의 많은 것들과 상호작용하면서 개인은 심리적 구조를 통합된 체제로 만들려고 한다(Ginsburg & Opper, 김억환 역, 1984: 32-33).

　　적응은 유기체의 기본적 경향성으로 동화와 조절이란 두 과정으로 이루어져 있다. 이들은 서로 보완적 과정이다(Ginsburg & Opper, 김억환 역, 1984: 34). 동화는 새로운 대상을 이미 가지고 있는 도식 속에 받아들이는 인지과정이고, 조절은 기존 도식으로 새로운 대상을 받아들이기 어려울 때, 이미 가지고 있는 도식을 바꾸는 인지과정이다. 동화와 조절을 통해 인지과정은 새로운 평형 상태에 도달한다(임성택 외, 2023: 179-180).

피아제는 동화와 조절의 균형 상태를 평형화된 것으로 보았다. 비평형은 자신의 예상이 경험적으로 확인되지 않을 때 발생하는 인지적 갈등상태를 의미한다. 인간은 끊임없이 새로운 환경에 노출되며, 새로운 환경은 인간을 인지적 갈등이 유발되는 비평형 상태로 만든다. 이러한 비평형 상태를 줄이기 위해 사람들은 동화와 조절이라는 인지 과정을 통해 새로운 평형 상태를 추구하며 이 과정에서 인지 발달이 이뤄진다. 이때 일관성 있는 체제를 형성하고자 하는 유기체의 조직화는 새로운 도식을 형성하게 한다(임성택 외, 2023: 180). 이러한 과정은 유기체의 삶에서 지속해서 반복된다.

피아제는 개인의 인지 발달을 설명하면서 생물학적이고 물리적인 요인을 강조했고 개인 스스로 주변 세계와 상호작용하는 가운데 발달이 이루어진다고 보았다. 따라서 인지 발달은 사회문화와 상관없이 보편적이고 불변하는 성격을 지닌다. 인지 발달이 일어나는 과정은 인지 갈등이나 비평형을 마주했을 때 아동이 조절을 통해 평형 상태를 찾아가는 과정에서 나타난다.

3 피아제의 인지 발달 단계

피아제는 인지 발달 단계를 감각운동기, 전조작기, 구체적 조작기, 형식적 조작기의 4단계로 제시하였다. 그는 모든 아동은 발달 속도에 있어서는 다소 차이가 있을지라도 네 단계 모두를 거치게 된다고 믿었다(Slavin, 2012; 강갑원 외 역, 2013: 31). 단계별 특징을 살펴보면 다음과 같다.

1 감각운동기(sensorimotor stage)

가장 초기 단계는 감각운동기로, 태어나서 2세까지가 이에 해당한다. 모든 유아는 초기에 반사작용[reflex]이라는 선천적인 행동을 한다. 예를 들어, 신생아의 입술에 손을 대면 아기는 빨기 시작하며 영아의 손바닥에 손가락을 두면 아기는 그것을 감싸 쥔다(Slavin, 2012; 강갑원 외 역, 2013: 31). 유아는 반사적 행위로부터 점차 '사고[thinking]'라고 부르는 활동을 하게 된다. 이 기간에 유아는 모든 대상이 독립적인 실체로서 장소가 옮겨지거나 시야에서 사라지더라도 계속 존재한다는 사실을 알게 된다. 이를 대상 연속성[object permanence]이라 한다(신재흡, 2023: 58). 예를 들어, 엄마가 손바닥으로 자기 얼굴을 가렸을 때 아기는 비록 엄마의 얼굴이 보이지 않지만, 엄마가 있음을 알아차리게 된다.

2 전조작기(preoperational stage)

이 시기는 2세에서 7세까지 해당한다. 이 시기에 유아는 언어를 사용하는 동시에 어느 정도 정신적 표상에 의한 사고가 가능하다. 하지만 개념적 조작 능력은 부족하다(신재흡, 2023: 58). 예를 들면 '차'라는 말을 사용할 줄 알지만 트럭, 승용차, 기차 등을 세세하게 구분하지는 못한다. 또한 자연모방을 할 수 있게 되는데 엄마나 아빠가 하는 행동을 그대로 따라 할 수 있다. 이때 아동은 자기중심성[egocentrism]을 보이는데 모든 사물을 자신의 관점에서 바라보고 다른 사람의 관점을 이해하지 못한다. 무엇을 요구할 때 어린아이들은 듣는 사람의 필요를 잘 고려하지 못한다. 아이들은 듣는 사람이 자기가 무엇을 말하는지 안다고 생각한다(박병기 외 역, 2013: 53).

또한 이 시기의 아동은 사물이 모두 살아 있고 각자의 의지에 따라 움직인다고 믿는 물활론적 사고[animism]를 한다. 예컨대 하늘에 떠 가는 구름을 보고 살아있다고 여긴다. 전조작기는 보존[conservation] 개념이 아직 형성되지 않은 시기다. 컵에 담긴 물을 모양이 다른 용기에 옮겨 담아 높이가 달라지거나 모양이 달라졌을 때 물의 양이 변화하였다고 인식한다.

3 구체적 조작기(concrete operational stage)

구체적 조작기는 7세에서 11세까지 해당한다. 이 시기에 성숙된 인지 구조가 나타나고 논리적인 사고가 가능해진다. 이때 논리적인 사고는 가시적이고 구체적인 차원에 한정되고 아직 추상적이거나 복잡한 수준에 미치지 못한다. 자기중심성이 점차 감소하고 중심화 현상에서 벗어나게 된다. 또한 사고에 있어서 가역성reversibility을 획득하게 되어 이전 단계에서는 불가능했던 보존 개념을 형성하게 된다(신재흡, 2023: 59). 즉 자기중심적 사고에서 벗어나 다른 사람의 관점에서 자아와 대상을 볼 수 있는 가역적 사고가 가능해진다.

구체적 조작기에 아동이 학습하는 중요한 과제 중 하나는 계열성seriation이다. 예컨대 '막대를 가장 작은 것에서부터 가장 큰 것의 순으로 나열해 보라'와 같은 지시에 따라 사물의 순서를 맞추거나, 길이와 같이 어떤 준거나 차원에 따라 분류할 수 있게 된다(Slavin, 2012; 강갑원 외 역, 2013: 35).

4 형식적 조작기(formal operational stage)

이 시기는 11세 이후부터 성인기까지 해당한다. 피아제는 이 시기를 아르키메데스Archimedes가 부력의 원리를 발견하는 것과 같다고 하였다. 이때에는 분류 능력이 고도로 발달하게 되며, 분류에 대한 이유도 제시할 수 있게 된다. 특히 이 시기에는 일반적인 규칙을 탐색하려 한다. 이 시기에 가능한 대표적인 사고 형태로는 가설-연역적 사고, 명제적 사고, 조합적 사고 등이 있다(신재흡, 2023: 59). 가능한 정보로부터 추상적인 관계를 발견하고, 서로가 갖는 추상적 관련성을 비교하는 것이 가능하다.

이 시기의 청소년은 논쟁이나 논의를 위하여 추상적이고 존재하지 않는 조건 또는 사실과 다르게 알려진 것까지도 수용할 수 있다. 즉 자신이 경험한 사실에 대해서만 반응하는 것이 아니라, 일련의 조건에 어떤 논리를 적용할 수 있게 된다(Slavin, 2012; 강갑원 외 역, 2013: 38).

코끼리는 쥐보다 크다.

개는 쥐보다 크다.

그러므로 코끼리는 개보다 크다.

쥐는 개보다 크다.

개는 코끼리보다 크다.

그러므로 쥐는 코끼리보다 크다.

형식적 조작기 이전의 어린이는 모든 진술이 사실이라는 점에서 첫 번째 논증이 더 논리적이라고 생각할 것이다. 대조적으로 두 번째 논증의 경우, 모든 진술이 사실이 아니라는 점에서 비논리적이라고 생각할 것이고, 따라서 이 논증을 기각할 것이다. 반면에 형식적 조작기에 도달한 사람은 비록 첫 번째 논증의 결론이 참일지라도, 주어진 전제에서 도출되지 않았다는 점을 알아차릴 것이다. 대조적으로 두 번째 논증의 결론이 비록 거짓이기는 하지만, 주어진 전제에서 나왔다는 것을 알고 있다. 다시 말해서, 전제가 참인지 또는 거짓인지와 무관하게 논증을 형식화하고 평가할 수 있다. 따라서 가설-연역적 추론 능력을 획득하게 된(형식적 조작기에 도달한) 어린이는 전제의 수용 여부와 상관없이, 전제들의 논리적 함의를 고려할 수 있게 된다(이인태·신호재 역, 2024: 31).

 도덕성 발달에 관한 피아제의 연구

피아제는 도덕성 발달을 인지 발달과 관련지어 탐구한다. 그는 도덕성을 도덕 판단 능력으로 보고 도덕성 발달을 인지 발달의 한 부분으로 취급하였다. 그래서 도덕성은 지적 인지구조가 도덕적 사태에 적용된 것에 불과하다고 본다(권승혁, 2010: 108). 그는 『아동의 도덕판단』에서 칸트, 뒤르켐과 마찬가지로 도덕성을 규

칙에 대한 존중이라고 정의한다.[2]

1 규칙에 대한 실험

피아제는 스위스의 한 마을에서 구슬치기와 돌차기 놀이의 법칙을 아이들이 어떻게 이해하는지를 조사하였다. 그는 4세에서 13세까지 아동을 대상으로 구슬치기에 관하여 실험하였다. 그 결과 규칙에 관한 아동들의 반응은 대체로 그들의 인지 발달과 상응하였다. 7세 이전에는 규칙을 절대적인 것, 신성불가침한 것으로 여기던 것이 7세 이후에는 규칙을 점차 상대적인 것으로 여기고 10세 이후에는 규칙의 상대성을 완전히 인식하게 되었다. 규칙의 상대성을 인정하는 것은 '머릿속에서' 다른 사람들의 입장에 설 수 있게 된다는 뜻으로 '가역적 사고'가 가능하게 되었음을 보여준다(Piaget, 1932; 권승혁, 2010: 102-103에서 재인용).

2 도덕적 책임감에 관한 실험

피아제는 실수, 훔치는 것, 그리고 거짓말에 관한 이야기를 만들어 아동들에게 들려주고 어느 쪽이 더 나쁜지 왜 그렇게 생각하는지를 물었다. 글머리에서 소개했듯이 존과 헨리의 이야기를 먼저 들려주었다. 이 이야기를 듣고 6세인 지오는 존이 더 많은 컵을 깨트렸기 때문에 더 나쁘다고 했다. 반면에 9세인 그로스는 헨리가 더 나쁘다고 했는데 그 이유로 존은 모르고 그랬지만 헨리는 일부러 그렇게 한 것이라고 하였다. 지오는 행위의 결과에서 그로스는 행위자의 의도에서 판단의 근거를 찾았다.

피아제는 거짓말에 관한 이야기를 들려주고 그 반응을 살폈다. 이야기는 다음과 같다.

---

2 피아제는 자신보다 권위가 높은 사람에 의해 제시된 규칙을 따르기도 하지만 동등한 존재 사이의 협력에 기초한 상호 존중의 규칙이 있다고 믿었다. 그러나 뒤르켐은 두 번째 규칙의 존재를 인식하지 못했다. 뒤르켐이 도덕성의 한 요소로 자율성을 인정했지만, 그의 자율성은 피아제가 강조한 자율적 도덕에 미치지 못한다. 뒤르켐은 자율성을 "사물들의 본성에 따라" 행동하기를 원하는 것으로 재정의함으로써 자율성의 요소와 사회의 권위를 융합하고자 했다(박병기 외 역, 2013: 49-52).

한 어린이가 길에서 큰 개를 보고 몹시 놀랐다. 그래서 집에 돌아가서 엄마에게 황소만한 개를 보았다고 말했다.

한 어린이가 학교에서 집으로 돌아와 엄마에게 100점을 받았다고 하였다. 그러나 그것은 거짓말이었지만 아이는 엄마로부터 칭찬을 받았다(Piaget, 1932; 권승혁, 2010: 103에서 재인용).

이 이야기를 듣고 6세인 펠은 황소만한 개를 보았다고 한 아이가 더 나쁘다고 했다. 그 이유는 그런 개가 없다는 것이다. 그러나 8세인 루어는 100점 맞았다고 한 아이가 더 나쁘다고 했다. 그 이유는 황소만한 개도 없지만 거짓말을 한 것이 더 나쁘다는 것이다(Piaget, 1932; 권승혁, 2010: 103-104에서 재인용).

3 공정성에 관한 실험

피아제는 벌과 보복적 정의, 집단적 책임, 천벌, 권위에 관한 공정성 연구에서 연령에 따라 도덕적 인지구조에 차이가 있음을 알아냈다. 어떤 벌을 받아야 마땅한가에 대한 아동의 생각을 알아보기 위해 다음 이야기를 들려주었다.

한 어린이가 방에서 놀고 있었다. 어머니는 그 아이에게 집에 빵이 없으니, 저녁에 먹을 빵을 사 오라고 하였다. 그 아이는 즉시 가지 않고 조금 있다가 가겠다고 대답했지만 가지 않았다. 결국 저녁 시간이 되었지만, 빵이 없었다. 아버지는 화가 나서 다음과 같은 세 가지 벌 중 한 가지를 주려고 생각하였다.

첫째 벌은 내일 하루 종일 바깥에 못 나가게 하는 것이다. 내일은 마침 축제가 있어서 구경할 것이 많은 날이기 때문이다. 둘째 벌은 그날 저녁을 주지 않는 것이다. 남은 빵이 있어서 어른들은 겨우 먹을 수 있었다. 셋째 벌은 아이가 한 것과 똑같이 아이의 부탁을 들어주지 않는 것이다. 아이가 선반 위에서 장난감을 꺼내 보려고 애쓰면서 부탁하더라도 아버지는 거절한다.

Piaget, 1932; 권승혁, 2010: 104에서 재인용

이야기를 듣고 7세인 블라는 축제 구경이 재미있으므로 축제 구경을 못 가게 하겠다고 했다. 9세인 바움은 아이가 엄마를 도와주지 않았으니, 어른들도 아이를 도와주지 않아야 한다는 셋째 벌이 마땅하다고 하였다. 12세인 부는 빵을 사 오지 않았기 때문에 저녁을 주지 않아야 한다고 하였다. 부는 아이가 가장 싫어하는 벌은 축제 구경을 못 가는 것이겠지만 그것은 빵을 사 오지 않은 것과 상관이 없다고 하였다. 나이 어린 아동들은 벌은 아이의 행동과 상관없이 권위자인 '어른이 마음대로' 줄 수 있다고 생각하지만 나이 든 아동들은 잘못에 대해 알맞은 상과 벌이 주어져야 한다고 생각하는 경향을 보여 공정성에 더 비중을 두고 있었다(권승혁, 2010: 104-105).

④ 공정성과 권위의 갈등에 관한 실험

다음으로 공정성과 권위가 갈등을 일으킬 때 아동이 어떤 반응을 보이는가를 알아보기 위해 다음 이야기를 들려주었다.

> 큰 아이와 작은 아이가 오랫동안 걸어서 산에 올랐다. 점심 때가 되자 배가 고파진 아이들이 가방에서 먹을 것을 꺼냈다. 그러나 그들은 둘이 만족하게 먹을 만큼 양이 충분하지 않다는 것을 알았다. 그들은 어떻게 나눠 먹어야 할지 결정하지 못했다.
>
> Piaget, 1932; 권승혁, 2010: 105에서 재인용

이 질문에 대해 9세인 로브는 큰 아이가 더 크기 때문에 더 줘야 한다고 했다. 10세인 쉬모는 작은 아이가 작으므로 더 먹어야 한다고 했다. 10세인 블라는 누구나 똑같이 먹어야 한다고 하였다. 그리고 작은 아이가 좀 더 먹는 것은 공정하지만 큰 아이가 크기 때문에 좀 더 먹는 것은 공정하지 않다고 하였다. 아동은 어릴수록 공정성에 대하여 획일적인 생각을 하지만 나이가 들수록 정상 참작의 여지를 인정하는 경향을 보여주었다(임병덕 외, 1998; 권승혁, 2010: 106에서 재인용).

피아제 이론에 의하면, 도덕성의 발달은 위계화되어 있으며 동시에 그 발달 체계는 계열화되어 있다. 위계화는 높은 단계와 낮은 단계가 있다는 의미이며, 계열화는 어떤 단계에 이르면 이전 단계로 퇴행할 수 없고 단계를 뛰어넘을 수 없으며 한 단계씩 순차적으로 발달한다는 것을 말한다. 이것을 인지적 도덕발달 이론이라고 부른다. 인지적 도덕발달에서 도덕성은 무엇이 옳고 그른지, 무엇을 마땅히 해야 하는지, 그리고 그 이유와 정당한 근거는 무엇인지 사고하고 판단하는 능력으로 규정된다(권승혁, 2010: 108-109). 피아제는 자기중심적인 도덕적 추론 단계에서 협동과 상호작용에 근거한 정의 체계를 중심으로 하는 도덕적 추론 단계로 도덕성이 발달한다고 보았다(Slavin, 2012; 강갑원 외 역, 2013: 58).

1 **도덕 이전**premoral

피아제에 따르면, 학령 전 아동들은 사회의 규칙에 관해 관심이 없거나 규칙이 있다는 것조차 자각하지 못한다. 공기놀이를 하는 데 있어서 이 시기의 아동들은 놀이에서 이기고자 하는 의도를 가지고 규칙에 따라 공기놀이를 하는 것이 아니다. 그들은 공기놀이 그 자체를 즐기는 편이며 재미있다는 데 의미를 둔다(권승혁, 2010: 106). 이 단계에 속하는 4세 이하의 자기중심적인 유아들은 규칙을 전혀 이해하지 못하거나 규칙을 따르지 않는다. 그러나 유아 자신은 규칙을 알고 있으며 규칙을 따르고 있다고 주장한다. 구슬 게임에서 유아들은 함께 게임하고 있지만 각자의 규칙을 가지고 있으며 다른 사람의 영향을 받지 않고 혼자서 게임을 한다. 하지만 자신이 다른 유아들과 같은 방법으로 게임을 하고 있으며, 규칙을 잘 알고 잘 따르고 있다고 믿는다(임성택 외, 2023: 200).

2 타율적 도덕성^{heteronomous morality}

피아제는 첫 번째 도덕성 발달 단계를 타율적 도덕성 단계라고 했다. 이는 '도덕적 실재론[3]' 단계 혹은 '강제적 도덕성' 단계로도 불린다. 타율적이라는 것은 타인에 의해서 규칙이 설정된다는 것을 의미한다(Slavin, 2012; 강갑원 외 역, 2013: 58-59). 이 시기에 아동은 규칙을 언제 어디서나 따라야 할 것으로 여긴다. 그래서 규칙과 신념에 대한 강한 존중감을 가지고 있으며 그것에 항상 복종해야만 한다고 생각한다. 아동들은 규칙이란 권위적인 인물이 일방적으로 부과하며 매우 신성하고 변경될 수 없다고 생각한다(권승혁, 2010: 107). 피아제는 이 시기 아동들이 행동의 결과에 근거하여 도덕 판단을 한다고 보았다(Slavin, 2012; 강갑원 외 역, 2013: 59). 존과 헨리 이야기의 경우, 의도치 않게 15개의 컵을 깬 존과 과자를 꺼내먹으려다 1개의 컵을 깬 헨리 중 존이 더 나쁘므로 존을 더 많이 처벌해야 한다고 생각한다.

타율적 도덕성 단계의 아동이 보이는 특징은 다음과 같다(서강식, 2010: 85-86).

- 규칙을 위반하면 반드시 벌을 받는다는 내재적 정의 관념을 지니고 있다.
- 규칙은 절대적이고 변경 불가능한 것으로 보는 도덕 실재론의 입장을 보인다.
- 동기보다는 결과에 근거해 도덕성을 판단하는 객관적 책임의 특성을 나타낸다.
- 잘못에 관해 설명을 들을 때보다 처벌을 받을 때, 부도덕한 행동은 더 잘 고칠 것으로 생각한다.
- 어른에게 하는 거짓말은 나쁘지만, 또래 사이의 거짓말은 나쁘지 않다고 생각한다.
- 권위의 명령에 복종하는 것이 공정한 것이라 여기다가 평등을 우선시하는 단계로 발달한다.

---

3 도덕 실재론은 도덕적 진리가 독립적이고 객관적으로 존재한다는 철학적 입장이다. 즉, 도덕 원칙이나 가치가 인간의 의견이나 믿음에 상관없이 존재하며 이를 통해 객관적인 옳고 그름을 판단할 수 있다고 본다.

피아제는 타율적 도덕성 단계에 있는 아동들이 규칙을 무의식적으로 자주 위반한다는 사실을 발견했다. 그는 이러한 역설적인 아동의 모습을 아동기의 자기중심성이 작용한 결과로 설명했다. 이때 자기중심성을 이기주의egoism나 이기심selfishness과 혼동해서는 안 된다. 그것은 단순히 그들 자신의 주체적 관점과 타인의 관점을 또렷하게 구분할 수 있는 능력이 아동에게 아직 없음을 의미한다(박병기 외 역, 2013: 53).

3 자율적 도덕성autonomous morality

아동은 10-11세에 이르러 사회 규칙이 변경될 수 있으며, 사람들의 동의 여하에 따라 바뀔 수도 있는 임의적 합의라는 사실을 깨닫게 된다. 또한, 규칙이란 사람들의 욕구에 따라 위배할 수도 있는 것이라고 느끼게 된다. 이제 아동들은 행위의 객관적 결과 그 자체보다는 남을 속이거나 규칙을 어긴 데 있어 행위자의 의도에 근거하여 판단을 내린다(권승혁, 2010: 107-108).

이 단계의 아동은 행동의 결과보다는 의도를 고려하여 옳고 그름을 판단할 수 있다. 즉, 옳고 그름을 판단할 때 손해의 크기가 아니라 동기에 초점을 맞춘다. 또한 거짓말에 대해서도 사건이 일어날 가능성이 아니라 속이려는 의도를 고려한다. 이 단계의 아동들은 상황에 맞게 또는 구성원들의 합의에 따라 규칙을 변경시킬 수 있다고 생각하는 협력의 도덕성morality of cooperation을 발달시킨다(임성택 외, 2023: 201).

자율적 도덕성 단계의 아동이 보이는 특징은 다음과 같다(서강식, 2010: 86-87).

• 규칙은 상호 협의에 따라 변경할 수 있는 것으로 인식하기 시작한다.
• 결과보다 동기를 고려하여 도덕 판단을 하는 주관적 책임의 특성을 보인다.
• 내재적 정의 개념에서 벗어나 처벌에 대한 객관적 관점을 지니게 된다.
• 처벌하는 것보다 잘못에 관해 설명해 줄 때, 부도덕한 행동의 교정이 더 잘 이루어진다고 믿는다.

- 거짓말은 어른에게 한 것이든 아동에게 한 것이든 모두 나쁘다고 생각한다.
- 평등을 우선하는 단계에서 개인이 처한 상황을 고려하여 권위의 명령에 따를 지를 결정하는 단계로 발달한다.

피아제에 의하면 아동의 도덕성은 인지구조의 발달, 그리고 동등한 지위의 또래와의 상호작용을 통해 타율적 도덕성 단계에서 자율적 도덕성 단계로 발달한다. 피아제는 또래들과의 상호작용을 통해 갈등을 해소하는 것이 성인의 권위에 대한 의존을 줄이고, 규칙은 변할 수 있으며 상호 협의의 결과로 존재해야 한다는 믿음을 강화한다고 생각했다(Slavin, 2012; 강갑원 외 역, 2013: 59).

6 도덕교육에 주는 시사점과 문제점

인지 발달의 한 부분으로서 도덕성 발달을 이해한 피아제의 관점은 학교교육 일반은 물론 도덕과 교육에 많은 시사점을 준다. 이 절에서는 피아제의 이론이 도덕과 교육에 주는 시사점을 제시하고 피아제 이론에 제기된 비판을 살펴보자.

1 도덕과 교육에의 시사점

첫째, 교사는 학습자의 독특한 구성적 관점에 대한 존중을 바탕으로 학생들을 지식의 공동 구성자co-constructors로 이해해야 하고, 학생들의 눈을 통한 학습의 중요성을 인식해야 한다. 피아제는 지식의 양적 증가가 아니라 탐구 및 발견 능력을 높이는 데 교육의 목표를 두었다. 그는 복종의 도덕성을 통해 타인의 규칙들을 따르는 것은 결코 도덕적 인격을 대표하는 자율적 도덕성으로의 전환에 필요한 반성적 사고를 유도하지 못한다고 보았다(정창우, 2001: 11-13). 따라서 교사는 학생들에게 지식을 직접 전수하기보다 아동이 능동적이고 적극적으로 주변 세계를 탐색하며 지식을 스스로 발견할 수 있도록 도움을 주는 학습 환경을 조성해야 한다(이신동 외, 2011: 51). 학습자가 능동적으로 사회문제를 탐구하고 해결책을 모색하는 과정을 중시하는 피아제의 관점은 불확실성의 시대에 예측 불가한 문제를 해결하며 살아갈 학생들에게 교육적으로 시사하는 바가 크다.

둘째, 교사는 진단자로서 학습자들의 인지 발달 및 도덕성 발달 단계에 대한 이해를 통해 교육활동을 계획하고 실행해야 한다. 교사는 학생들이 이미 알고 있는 것이 무엇인지 정확하게 이해해야 하고(정희영, 2009: 161), 발달 단계에 맞추어 교육과정을 계열화할 수 있어야 하며, 도덕성 발달 수준에 적절하게 교육자료와 활동을 구성하고 개발할 수 있어야 한다(이신동 외, 2011: 51-52). 피아제는 발달이 먼저 이뤄진 다음에야 학습이 이뤄질 수 있다고 보았다. 따라서 수업 내용과 방법은 학생의 발달단계별 인지 구조에 부합하도록 계획되어야 한다. 특히, 초등학생의 경우 저학년, 중학년, 고학년 간에 인지 발달 및 도덕성 발달에서 큰 편차를 보인다. 그러한 편차가 해마다 일관된 것도 아니다. 자신이 함께 상호작용할 학생들의 발달 단계에 대한 파악과 이에 근거한 수업 주제와 소재를 선정할 수 있는 역량이 교사에게 필요하다.

셋째, 교사는 인지적인 충돌, 즉 비평형을 촉진하고, 그들 자신의 방식대로 평형 상태에 도달하도록 허용적인 분위기를 제공해야 한다. 즉 인지 발달을 가져오는 동화와 조절의 평형화 적응기제가 활발히 작동할 수 있도록 수업을 이끌어야 한다(정창우, 2001: 11). 수업 내용이나 환경은 학생의 인지 발달 단계를 과도하게 뛰어넘지 않는 약간 높은 수준으로, 학생에게 인지적 비평형을 가져올 수 있어야 한다(임성택 외, 2023: 189).

넷째, 피아제는 흥미의 요소를 구성주의적 과정의 '공급원'으로 간주한다. 피아제에 따르면 흥미는 자발적인 경험적, 반성적 추상 활동의 중심이 된다고 한다. 흥미가 없다면 아동들은 경험을 이해하려는 구성적 노력을 하지 않게 될 것이다. 새로운 것에 대한 흥미가 없다면 아동들은 추론의 방법을 수정하려 들지 않을 것이다. 그러므로 교사들은 아동들의 활동 안에 그들의 타고난 자발적 흥미가 유발되도록 노력해야만 한다(정희영, 2009: 154). 따라서 학생 수준에서 논쟁거리가 되지 못해 흥미를 갖지 못하거나 학생의 삶과 지나치게 거리가 먼 추상적인 소재를 활용하는 것은 바람직하지 않다.

다섯째, 교육활동에서 또래와의 상호작용이 활발히 일어날 수 있도록 수업을 계획해야 한다. 피아제는 시종일관 아이와 어른의 불평등한 관계가 어른의 권위에 대한 복종을 조장함으로써 아동의 자기중심성을 강화한다고 주장했다. 반면 또래 간의 평등한 관계 속에서 일어나는 상호합의의 과정은 합리적인 결정을 내리기 위해 자신의 관점을 깊이 생각해 보도록 격려한다고 보았다(박병기 외 역, 2013: 54). 가치문제를 다루는 도덕과 교육은 자칫 식상하고 뻔한 수업으로 학생들에게 다가갈 가능성이 크다. 또래 간의 토의, 토론, 탐구활동 등을 통해 비평형을 경험하도록 하는 것은 이러한 문제를 상당 부분 해소하고 학생들의 배움을 촉진할 수 있다.

2 피아제의 이론에 제기된 비판

피아제의 연구에 대해 제기되는 비판은 다음과 같다. 먼저, 피아제는 아동들 간의 사회적, 경제적, 문화적 차이를 간과했다는 비판을 받는다. 그는 부유하고 가난한 아동들, 특권계급의 아동들과 그렇지 못한 아동들, 다른 문화권의 아동들에 대한 비교라든지, 수준 혹은 정도에 관해 언급하지 않았다(정희영, 2009: 169).

둘째, 사회 인습적 규칙과 도덕 규칙을 명료하게 구분하지 못했다는 비판이 있다. 튜리엘^{Elliot Turiel}은 '구슬치기 놀이규칙'과 같은 특정한 사회에서 인간 상호 간의 행동에 관련되는 사회 인습적 규칙^{social conventional rules}과 '훔치거나 거짓말하거나 때려서는 안 된다' 등과 같은 개인의 권리와 특권에 초점을 둔 도덕 규칙은 다르다고 하였다(서강식, 2010: 88). 튜리엘을 비롯한 사회영역이론가들의 연구에 따르면, 아동들은 다른 아이를 때리거나 밀친다든가, 다른 아이에게 물을 뿌린다든가, 다른 아이의 사과를 가져간다든가 하는 도덕 규칙 위반행위와 이야기 시간에 정해진 장소에 앉지 않는다든가, 장난감을 두는 장소가 아닌 다른 곳에 두는 것 등 사회 인습적 규칙 위반행위를 다르게 생각하였다. 그들은 도덕규칙 위반행위를 사회 인습적 규칙 위반행위보다 더 나쁘게 평가했다(Smetana, 1981; 서강식, 2010: 88에서 재인용). 규칙의 성격에 따라 아동의 판단은 다를 수 있다는 것이다.

셋째, 피아제가 진행한 실험 대상 및 방법에 대한 비판이 있다. 그의 실험이 타당도, 신뢰도, 유용도 모두를 고려하지 않았다는 것이다. 긴스버그Herbert Ginsburg는 피아제의 연구 과정이, 적은 수의 아동을 표본으로 삼아 실험한 다음 결론을 내렸고, 확실한 인과관계를 규명하는 것이 불가능한 자연주의적 관찰 방법을 사용하였으며, 조사에서 일반적인 수단인 통계 검사를 사용하지 않았다는 점을 들어 비판하였다(Ginsburg & Sylvia, 1979; 정희영, 2009: 171에서 재인용). 또한 아동기 이후 시기에 대한 연구가 소홀히 다루어진 것도 한계로 지적된다(정창우, 2001: 13). 인간의 도덕적 성장은 전 생애를 걸쳐 이뤄지기 때문이다.

넷째, 도덕 판단의 인지적 기초에 대한 피아제의 분석은 탁월하지만, 정의적 측면에 대한 고려가 빈약하다는 비판을 받는다(정창우, 2001: 14). 그는 도덕성을 도덕 판단 능력과 유사한 것으로 보고 도덕성 발달을 지적 발달의 한 부분으로 이해하였다. 우리는 일반적으로 인지적, 정의적, 행동적 측면이 조화를 이룰 때 통합적인 도덕성을 갖췄다고 이해하고 바람직한 것으로 여긴다. 도덕발달에 대한 피아제의 관점에는 이러한 측면이 결여되어 있다. 무엇이 옳은지 안다고 해서 반드시 의지를 가지고 실천하지는 않는다는 것을 우리는 일상적으로 경험할 수 있다.

다섯째, 피아제는 개인이 환경과 상호작용하면서 동화와 조절을 통해 전적으로 지식을 구성하며, 이는 모든 문화권에서 보편적이라고 가정하였다. 이러한 점에서 피아제의 이론은 개인적 구성주의라고 불린다. 이는 인지 발달이 부모, 친구, 교사와의 상호작용 등 사회관계 속에서 이루어지며, 사회·문화적 측면에 큰 영향을 받는다고 주장한 비고츠키Lev Semenovich Vygotsky의 사회적 구성주의와 대조적이다. 비고츠키는 피아제와 마찬가지로 아동의 인지 발달이 사회문화적인 환경과 상호작용하는 가운데 나타난다고 보았지만, 사회문화적 맥락에 따라 인지 발달이 다르게 나타날 수 있다고 보았다(김병연, 2024: 113).

여섯째, 아동들은 훨씬 더 어릴 때부터 도덕 규칙과 사회인습적 규칙을 구분할 수 있으며, 도덕 규칙을 더 엄격하게 지켜야 한다고 생각하고 있음을 밝힌 연구들도 있다.[4] 이들 연구에 의하면, 어린 아동들도 어른들과 유사하게 도덕 규칙을 사회인습적 규칙보다 신성하게 생각한다. 이러한 결과는 어린 아동들이 규칙에 대해 일방적인 존중의 태도를 보인다는 피아제의 주장과 차이가 있다(서강식, 2010: 90).

7 핵심 개념

① 타율적 도덕성   ② 자율적 도덕성

③ 도덕성 발달의 위계화   ④ 도덕성 발달의 계열화

⑤ 인지적 비평형   ⑥ 인지적 구성주의

8 토의·토론 주제

① 응급 상황이 발생하여 진료를 받기 위해 급히 병원에 가야 한다. 운전을 하던 중 빨간색 신호등이 켜져 있고 횡단보도에는 건너는 사람이 없다. 어떻게 해야 하는가? 아동들이 보일 수 있는 반응을 피아제의 도덕성 발달 이론에 따라 예시해보자.

② 피아제는 실수, 훔치는 것, 거짓말 등에 해당하는 이야기를 아동에게 들려주면서 도덕적 책임감에 관한 판단과 그 이유를 물었다. 이처럼 도덕적 책임감에 대한 학생들의 판단을 확인할 수 있는 (도덕 수업에 활용가능한)이야기를 만들어보자.

4　관련 연구로 누치와 튜리엘(Nucci & Turiel, 1978), 스메타나(Smetana, 1985), 스메타나와 브레이지(Smetana &Braeges, 1990) 등이 있다.

③ 피아제는 동등한 지위의 또래와 상호작용할 때 타율적 도덕성에서 자율적 도덕성으로 발달한다고 하였다. ②번 활동에서 구성한 이야기를 또래 활동에 적용할 구체적인 방법을 생각해보자.

9 더 읽어볼 책

① 홍진곤 역(2020), 『장 피아제의 발생적 인식론』, ㈜신한출판미디어.
② 서강식(2022), 『피아제의 도덕과 교육론』, e퍼플.

참고문헌

① 권승혁(2010), 『도덕과 교육개론』, 한국학술정보㈜.

② 김병연(2024), "인지 발달 이론에 근거한 통일교육의 교수·학습 방향", 『도덕윤리과교육』, 제84호, 107-130.

③ 서강식(2010), 『피아제와 콜버그의 도덕과 교육이론』, 인간사랑.

④ 신재흡(2023), 『교육과심리-교육의 심리학적 이해』, 교육과학사.

⑤ 이신동·최병연·고영남(2011), 『최신교육심리학』, 학지사.

⑥ 임성택·이금주·홍송이(2023), 『학교학습을 위한 교육심리학』, 서울: 박영스토리.

⑦ 정창우(2001), "피아제와 비고츠키 이론의 도덕 교육적 함의에 관한 연구", 『도덕윤리과교육』, 제13호, 207-223.

⑧ 정창우(2013), 『도덕과교육의 이론과 쟁점』, 울력.

⑨ 정희영(2009), 『피아제와 교육』, 교육과학사.

⑩ Fasko, D. & Willis, W. (2008), *Contemporary philosophical and psychological perspectives on moral development and education*, 박병기·김동창·이철훈 역(2013), 『도덕철학과 도덕심리학』, 인간사랑.

⑪ Ginsburg, H. P. & Opper, S., *Piaget's theory of intellectual development*, 김억환 역(1984), 『피아제의 지적 발달론』, 성원사.

⑫ Moshman, D.(2011), Adolescent rationality and Development: Cognition, Morality and Identity, 3rd Edition, 이인태·신호재 역(2024), 『청소년의 합리성과 발달 제3판』, 박영사.

⑬ Slavin, R. E.(2012), *Educational Psychology: theory and practice*, 강갑원·김정희·김종백·박희순·이경숙·이경화 역(2013), 『교육심리학: 이론과 실제』, 시그마프레스.

⑭ 라틴어 사전, https://www.latin-dictionary.net/, 검색어: cognosco.

도덕성에 대한 인지 발달론적 접근(2): 콜버그

1 들어가는 말

척수근위축증을 앓고 있는 12개월 여아를 둔 엄마의 사연이 안타까움을 주고 있다. 척수근위축증은 근육이 점차 위축되는 난치성 근육병이다. 지난 7일 청와대 국민청원 게시판에는 '근육병 아기들이 세계에서 유일한 유전자 치료제를 맞을 수 있도록 도와주세요'라는 제목의 글이 올라왔다. 청원인은 "(척수근위축증은) 제때 치료를 받지 않으면 두 돌 전 사망에 이르는 치명적인 병"이라며 "간절한 바람이 하늘에 닿았는지 국내에도 완치에 가까운 치료제가 들어왔다"고 말했다. 청원인이 언급한 치료제는 ○○○사의 '△△△'라는 약이다. 평생 단 1번의 주사 치료로 완치가 가능해 원샷 치료제라고 불린다. 문제는 가격이다. 청원인은 "앉지도 못하던 아기가 서고 걷는 효과도 보였으며, 정상적인 생활을 기대할 정도로 약효가 뛰어나다. 하지만 넘어야 할 산이 있다"며 "△△△의 비용만 25억원이다. 보험적용이 시급하게 이뤄질 수 있도록 도와달라"고 호소했다.

"한방에 완치되는데 주사값이 25억" 아기 엄마의 눈물 청원
파이낸셜 뉴스, 2021. 9. 15.

위 사례에 등장하는 아기 엄마에게 25억이라는 돈이 없다고 가정해보자. 따라서 아기 엄마는 난치병을 치료할 수 있는 약을 살 수가 없다. 그렇다면 이 아기 엄마는 아기를 살리기 위해 약을 훔쳐야 하는가? 아니면 훔치지 말아야 하는가? 그 이유는 무엇인가?

아마 어떤 사람(이 사람을 A라고 하자)은 약을 훔쳐야 한다고 주장할 것이고, 또 다른 어떤 사람(이 사람을 B라고 하자)은 약을 훔치지 말아야 한다고 주장할 것이다. 여기서 중요한 점은 주장의 논거이다. 약을 훔쳐야 한다고 주장한 A는 "아기에게 좋은 엄마가 되기 위해"라는 논거를 제시하면서 자신의 판단을 정당화할 수 있고, 약을 훔치면 안된다고 주장한 B는 "약을 훔치다 들키면 감옥에 가기 때문"이라는 논거를 들면서 자신의 판단을 정당화할 수 있다. 여러분은 이 두 가지 논거 중 어떤 논거가 더 합리적이라고 생각하는가? 아마 여러분은 "아기에게 좋은 엄마가 되기 위해"라는 논거가 "약을 훔치다 들키면 감옥에 가기 때문"이라는 논거에 비해 '수준'이 더 높다고 생각할 것이다. 뿐만 아니라 A가 B에 비해 도덕 판단 및 추론 능력이 뛰어나고, 이러한 능력을 바탕으로 A가 B보다 더 도덕적으로 행동할 것이며, 따라서 A가 B에 비해 더 도덕적인 사람이라고 불릴만하다고 생각할 수 있다. 더 나아가 혹자는 A와 B가 보인 추론의 질적 차이가 발달에 따른 결과라고 생각할 수도 있다.

9강에서 이미 살펴본 바와 같이 도덕성을 바라보는 이와 같은 관점을 도덕성에 대한 '인지 발달적 접근'이라고 한다. 인지 발달적 접근은 도덕성의 가장 핵심적인 요소가 바로 '인지'^{cognition}라고 주장한다. 여기서 인지란 일반적으로 지식에 대한 이해 및 이미 알고 있는 것을 토대로 모르는 것을 도출해내는 추리를 말한다(이인태·신호재 역, 2024: 287). 따라서 인지 발달적 접근에서 도덕성의 발달은 주로 행위에 내재한 도덕 개념 혹은 원리에 대한 이해 수준을 높이거나, 옳고 그름 혹은 좋고 나쁨을 판단하고 그 정당화 근거를 밝히는 추론 능력을 향상시키는 것과 관련이 있다. 특히 도덕성을 인간의 발달적 경향으로 설명하려는 학자들은 사람들이 보이는 도덕적 사고방식의 질적인 차이를 수준^{level}, 단계^{stage}, 국면^{phase} 등의 용어를 사용하여 구분하고자 한다.

　로렌스 콜버그$^{Lawrence\ Kohlberg}$는 도덕성을 인지 발달로 설명하려고 시도한 대표적인 학자이다. 그는 평생에 걸쳐 자신의 도덕 발달 이론을 심리학적으로, 즉 측정과 관찰을 통해 확인하고자 노력했다. 콜버그가 활발히 연구를 수행하던 시기, 미국 심리학계는 정신분석학, 행동주의, 문화인류학이 주를 이루었다. 따라서 이 시기의 학자들은 '도덕성', '도덕 발달'을 연구의 주제로 선택한 콜버그를 '이상한 오리'처럼 바라보았다. 그럼에도 불구하고 그들은 콜버그의 주장과 이를 뒷받침하는 경험적 증거들을 무시할 수 없었다(정창우·이인태·김윤경 역, 2023: 175).

2　도덕성에 대한 철학적 가정

　콜버그는 도덕성을 심리학적으로 연구하기 위해서는 그것이 무엇을 의미하는지에 대해 먼저 이해해야 한다고 생각했다.

> 　피터스나 다른 철학자들과 마찬가지로, 나는 철학적인 함의를 명확히 하지 않는다면 도덕에 대한 심리학 이론은 심리학 이론으로서조차 불완전하다고 믿는다. …… 어떤 메타윤리학적인 가정은 도덕성에 대한 연구를 시작하는 데 반드시 필요하다. 그리고 단계 개념과 측정을 사용하는 심리학자는 부분적으로라도 이러한 가정을 받아들여야 한다. …… 심리학적 탐구 이전에 정립된 철학적 가정은 메타윤리학적 가정이다. 그리고 이러한 탐구를 통해 이끌어 낼 수 있는 철학적 결론은 본질적으로 규범윤리학적이다. '도덕성이란 무엇인가', '도덕성은 개인에 따라 상대적인가? 아니면 보편적인가'라는 질문은 메타윤리학적 질문이다.
>
> 　　　　　　　　　　　Kohlberg, Levine, & Hewer, 1983, 문용린 역, 2000: 107-109

　이에 콜버그는 도덕 혹은 도덕성에 대한 두 가지 유형의 철학적 가정, 즉 메타윤리학적 가정과 규범윤리학적 가정을 제시한다. 먼저 '도덕성이란 무엇인가?'와 관련된 메타윤리학적 가정을 살펴보면 아래와 같다(문용린 역, 2000: 27-29).

① 가치 관련성[value relevance]: 도덕은 가치중립적인 것이 아니라 규범적인 것, 바람직한 것 또는 가치와 관련된 것이다.

② 현상주의[phenomenalism]: 도덕은 일상적인 도덕 언어를 사용하는 의식적인 과정과 관련이 있다.

③ 보편주의[universalism]: 도덕성의 발달은 모든 문화권에서 발견되는 공통적인 특징이 있으며, 따라서 완전히 상대적이지 않다.

④ 처방주의[prescriptivism]: 도덕은 단순히 사람들이 어떤 것을 할 수도 있는 것이 아니라, 어떤 것을 당연히 해야만 한다는 생각과 관련이 있다.

⑤ 인지주의[cognitivism] 혹은 합리주의[rationalism]: 도덕 판단은 정서적 진술이 아니며, 행동에 대한 추론 또는 이유를 기술하는 것이다. 여기서 이유는 동기와는 다른 것이다.

⑥ 형식주의[formalism]: 실제적 문제에 대한 합의 여부와는 상관없이 도덕 판단에는 동의할 수 있는 형식적 특징이 있다.

⑦ 원리성[principledness]: 도덕 판단은 보편적인 규칙과 원리의 적용에 기초를 두고 있으며, 단순히 특정 행동에 대한 평가가 아니다.

⑧ 구성주의[constructivism]: 도덕 판단이나 도덕 원리는 선험적으로 주어진 것이 아니고, 경험할 수 있는 사실들이 일반화된 것도 아닌 사회적 상호작용을 통해 발생하는 인간의 구성물이다.

그리고 마지막으로 ⑨ '정의의 우선성' 가정을 제시한다. 정의의 우선성은 옳고 그름을 판단할 때 따라야 할 최고의 원리가 바로 '정의'[justice] 라는 것이다. 콜버그는 정의의 우선성 가정이 위에서 살펴본 메타윤리적 가정들로부터 필연적으로 도출된 것이라고 생각했다. 콜버그는 정의를 사람들 간의 주장이 대립하는 딜레마에서 갈등 해결의 구조, 평등성과 상호성을 바탕으로 한 대인 관계의 상호작용 구조라고 보았다. 즉 정의는 인간 가치의 동등성에 기반하여 모든 사람의 요구를 동등하게 취급하는 것, 모든 사람에게 기회를 균등하게 부여하는 것, 한정된 자원을 공정하게 분배하는 것, 충돌하는 주장을 불편부당하게 해결하는 것과 관련이 있다.

따라서 정의는 보편적인 관점에서 누구나 따라야 하는 원리이고, 사람들 간 이견이 발생하여 갈등하는 상황 속에서 합리적인 심사숙고를 통해 어떻게 행동해야 할지에 대한 처방을 제공하기 때문에 위의 가정을 모두 충족한다는 것이다. 이러한 측면에서 콜버그의 이론은 '정의추론 발생의 합리적인 재구성 이론'이라고 불리기도 한다. 다시 말해서 콜버그의 이론은 정의의 원리를 사용하는 추론이 한 개인에게서 어떤 단계를 거쳐 발달해 가는지를 합리적으로 재구성하고자 한 것이다.

> 요약하면 피아제와 콜버그가 의무론적 정의로서의 도덕성에 초점을 두는 것은 많은 메타윤리적 숙고에 기인한 것이다. …… 정의로서의 도덕성은 도덕성을 보편적인 것으로 본 우리의 관점을 가장 잘 드러내 준다. …… 정의에 주목하는 또 다른 이유가 있다면, 그것은 우리가 도덕성에 대한 인지적 또는 합리적 접근에 관심이 있기 때문이다. …… 정의에 주목하는 가장 중요한 이유는 아마도 정의가 도덕 판단의 가장 구조적인 특징이기 때문일 것이다. …… 상호작용에서 평등성과 상호성이라는 정의의 '조작'은 도덕과 무관한 인지 영역에서의 상호성과 평등성이라는 논리적 조작 또는 관계에 대응한다.
>
> Kohlberg, Levine, & Hewer, 1983, 문용린 역, 2000: 152

위와 같은 메타윤리학적 가정과 함께 콜버그는 "가장 높은 추론 단계인 여섯 번째 단계는 도덕적으로 (가장) 적절한 원리를 규정한다", 또는 "단계가 높아질수록 도덕적 갈등을 해결함에 있어 6단계의 준거를 충족시키는 쪽으로 (사람들의 추론이) 상향된다"는 규범윤리학적 가정을 제시한다. 콜버그는 자신이 제시한 규범윤리학적 주장을 인지 구조적 패러다임 내에서 연구하는 심리학자들이 꼭 받아들여야 할 필요는 없다고 말한다. 하지만 자신의 이론이 정의추론의 발달적 진전을 합리적으로 재구성한 것이기 때문에, 이를 이해하기 위해서는 규범윤리적 가정을 이해해야 한다고 말한다.

앞서 살펴본 철학적 가정을 토대로 콜버그는 무려 20년 동안 10세~16세의 백인 중산층 소년들을 대상으로 여러 가지 도덕 딜레마를 해결하도록 요구하고 그 반응을 분석하는 종단 연구를 실시한다. 콜버그가 피험자들의 도덕성 발달 수준과 단계를 확인하기 위해 활용한 도덕적 딜레마 중, 가장 대표적인 딜레마가 바로 하인즈 딜레마이다.

> 유럽에서 어떤 부인이 암으로 죽어가고 있다. 의사가 보기에 그녀를 구할 수 있는 약은 하나밖에 없다. 그 약은 같은 마을의 약사가 최근 발견한 일종의 라듐 형태의 약이다. 약을 제조하는 데 비용도 많이 들었지만, 약사는 약을 만드는 데 든 비용의 열 배 정도를 약값으로 매겨 놓았다. 그는 약을 만드는 데 400달러가 들었음에도 불구하고, 정량의 약에다 4,000달러를 매겨놓은 것이다. 하인즈는 돈을 빌리기 위해 아는 사람을 모두 만나 통사정해 보았고 모든 합법적 수단을 다 동원해 보았지만, 약값의 절반인 2,000달러를 구했을 뿐이다. 그는 약사를 찾아가 아내가 죽어가고 있다고 말하고, 좀 싼 값에 약을 팔든지 아니면 모자라는 약값은 외상으로 해달라고 간청했다. 그러나 약사는 이렇게 말했다. "안됩니다. 내가 그 약을 발견했습니다. 그 약으로 돈을 좀 벌어야겠습니다." 모든 합법적 수단을 다해 보았지만 별 수 없었던 하인즈는 절망에 빠진 나머지, 약을 훔치려 약사의 점포를 털 궁리를 한다.
>
> Kohlberg, 1983, 김민남 외 역, 2000: 615

콜버그는 인터뷰에 참여한 소년들에게 위의 이야기를 들려준 후, 약을 훔쳐야 할지 말아야 할지, 만약 훔쳐야 한다면(혹은 훔치지 말아야 한다면) 그 이유는 무엇인지에 대해 상세히 물었다. 그는 응답 결과를 분석하여 도덕성이 발달해가는 과정, 좀 더 정확하게는 정의추론이 발달해가는 수준과 단계를 아래와 같이 3개의 수준과 6개의 단계로 제시한다(김민남 외 역, 2000: 479-484).

▲ 수준A. 인습 이전 수준pre-conventional level

단계 1. 벌과 복종의 단계

: '옳음'은 규칙과 권위에 문자 그대로 복종하는 것, 벌을 피할 수 있는 것, 신체
  적 피해를 가하지 않는 것이다.

① 옳은 것은 규칙을 깨뜨리지 않는 것, 복종해야 하기에 복종하는 것, 그 사람
  과 재산에 대한 물리적 타격을 가하지 않는 것이다.

② 옳은 것을 행하는 이유는 벌을 피하기 위함과 권위자의 강력한 힘 때문이다.

단계 2. 도구적 목적과 교환의 단계

: '옳음'이란 그 자신의 욕구나 다른 사람의 욕구를 충족시킨다는 것, 그리고 구
  체적 교환에 의거해 공정한 거래를 형성한다는 것이다.

① 옳다는 것은 규칙을 따름이며, 이때 옳음은 그 사람의 이해관계와 바로 연결
  되어 있다. 옳다는 것은 그 사람 자신의 이해관계 및 욕구를 충족시키는 일
  이며, 다른 사람에게도 그렇게 하도록 내버려두는 일이다. 옳다는 것은 또한
  공정한 것이다. 그것은 동등한 교환, 거래, 협약이다.

② 옳은 것을 행하는 이유는 다른 사람도 그 나름의 이해관계를 가지고 있다는
  것을 인정해야만 살아갈 수 있는 세상에서 자신의 욕구와 이해관계에 충실
  하기 위해서이다.

▲ 수준B. 인습 수준conventional level

단계 3. 개인 간의 상응적 기대, 관계, 동조의 단계

: '옳음'은 역할을 훌륭히(착하게) 해내는 것, 동반자로서의 역할을 다하기 위해
  다른 사람들과 그들의 감정을 염두에 두는 것, 규칙과 기대에 부응하려고 하
  는 것이다.

① 옳다는 것은 자신과 가까이 있는 사람들의 기대에 부응하여 사는 것, 다시

말해서 일반적으로 생각하는 아들로서, 누이로서, 친구로서의 역할에 맞추어 사는 것이다. "훌륭하다"는 것은 그 말 자체로서 중요한 것이며 다른 사람을 염려하고 있음을 드러내 보이는 것, 요컨대 착한 동기를 지닌 것을 의미한다. 이는 또한 상응적 관계를 유지하는 것, 신뢰, 충성, 존경, 감사를 견지하는 것을 의미한다.

② 옳은 것을 행하는 이유는 그 자신이 보아서도 다른 사람이 보아서도 훌륭하게 처신할 필요가 있다는 것, 다른 이를 염두에 두고 있다는 것, 만약 누구나 다른 사람의 구두에 자신의 발을 넣어본다면 그 자신도 그런 훌륭한 행동을 하기를 원하기(황금률) 때문이라는 것이다.

단계 4. 사회체제와 양심보존의 단계

: '옳음'은 사회에서 자신의 의무를 다하고, 사회질서를 지키며, 사회 복지를 유지하는 것이다.

① 옳다는 것은 그렇게 하겠다고 동의한 실질적 의무를 수행하는 것이다. 법은 다른 고정된 사회적 의무 및 권리와 갈등하는 극단적 경우를 제외하고는 지켜져야 한다. 옳다는 것은 또한 사회, 집단, 제도에 공헌하는 것이다.

② 옳은 것을 행하는 이유는 제도 그 자체를 살리기 위해서이고, 자신의 의무를 수행함으로써 자기존경 혹은 양심을 보존하기 위해서이며, "모든 이가 다 그렇게 한다면 어떻게 할 것인가?"와 같은 결과를 숙고하는 것이다.

▲ 수준C. 인습 이후 수준post-conventional level

단계 5. 권리 우선과 사회계약 내지 유용성의 단계

: '옳음'은 기본권, 기본가치, 사회의 합법적 계약을 지지하는 것이다. 이런 것들이 집단의 구체적 규칙 및 법과 갈등할지라도 그렇다.

① 옳다는 것은 사람들이 다양한 가치와 의견을 가진다는 엄연한 사실, 즉 대부

분의 가치와 규칙은 그것이 속한 집단에 상관되어 있다는 엄연한 사실을 각성하는 것이다. 이들 "상대성"을 지닌 규칙은 공평성을 구현한다는 이유에서 그리고 그 규칙은 사회계약이기 때문에 지지되어야 한다. 생명과 같은 비상대직 가치 및 권리 그리고 자유는 어느 사회에서도 지지되어아 하고 다수의 의견 같은 것과는 관계없다.

② 옳은 것을 행하는 이유는 일반적으로 법에 복종하려는 의무를 일으키는 감정이다. 왜냐하면 누구나 모든 이의 복지를 위해 법을 지키며 그 자신의 권리와 다른 사람의 권리를 보호하기 위해 사회계약을 형성하기 때문이다. 가족, 우정, 신뢰, 직업임무는 또한 자유롭게 맺는 계약 내지 책무이며, 다른 사람의 권리에의 존경을 필수적으로 요구한다. 법과 의무는 전체의 유용성, "최대다수의 최대행복"의 합리적 계산 위에 근거하고 있음을 누구나 알고 있다.

단계 6. 보편 윤리적 원리의 단계

: 이 단계는 모든 인간성이 따라야 할 보편 윤리적 원리에 의한 안내를 가정하다.

① 옳은 것이 무엇인가를 고려하는데, 단계 6은 보편 윤리적 원리에 의해 안내를 받는다. 특정 법 혹은 사회적 협약은 그러한 원리에 의거하기 때문에 타당한 것이다. 법이 이 원리를 어길 때, 그는 원리에 따른다. 원리는 정의의 보편원리, 즉 인간 권리의 평등성과 개인으로서의 인간 존엄성에 대한 존중이다. 이는 단지 인정되는 가치가 아니라, 결정을 생성하기 위해 사용하는 원리이다.

② 옳은 것을 행하는 이유는 합리적인 인간으로서 원리의 타당성을 알며, 그리고 그 원리에 서약하는 것이다.

또한 콜버그는 자신이 수행한 종단 연구의 결과를 제시하면서, 위에서 제시한 3수준 6단계가 '구조화된 전체'^structured whole, 즉 단일한 위계적 구조를 이루며 '불변의 계열성'을 갖는다고 주장한다. 그리고 한 개인의 사고는 일반적으로 하나의 단일한 지배적 단계에 기초해서 나타난다고 말한다. 이에 대해 좀 더 구체적으로 설명하면 아래와 같다(김민남·김봉소·진미숙 역, 2000: 314).

① 단계들은 각 연령기에 동일한 문제를 해결하거나 사고하는, 질적으로 다른 사고양식들이다.
② 이 상이한 사고양식들은 개인적 발달에서 불변의 계열성, 순서, 혹은 연속성을 형성한다. 비록 문화적 요인들이 발달을 가속화하거나, 더디게 하거나, 정지시킬 수는 있지만 발달적 계열을 바꾸지는 못한다.
③ 서로 구별되는 각각의 계열적 사고양식들은 구조화된 전체를 형성한다. 즉 각 단계는 명백하게 서로 다른 과제들에 대한 반응을 결정하는 기본적인 사고조직을 대표한다.

반복하여 검사를 한 결과 피험자들 중 4%만이 하위 단계로 이동하였는데, 그것도 대부분 반 단계의 정도의 이동이었다. …… 3년 간격으로 검사한 종단 연구 결과에서 단계를 건너뛰는 현상은 나타나지 않았다. 단계의 개념에서 구조화된 전체라는 가정은 두 가지 측면에서 지지되었다. 첫째, 모든 도덕적 문제와 딜레마를 관통하는 상관계수상의 단일한 일반 요인이 나타나고 있다. 둘째, 평균적으로 한 개인의 사고 활동 중 약 67%가 동일한 단계 내에서 이루어졌으며, 그 나머지 사고는 그 단계와 인접한 단계에서 이루어졌다.

Kohlberg, Levine, & Hewer, 1983, 문용린 역, 2000: 17-18

더 나아가 콜버그는 책임 판단이라는 측면에서 이성 혹은 추론이 곧 도덕적인 행동을 이끄는 동기라고 간주하였다. 그는 우선 프랑케나를 인용하면서 도덕 판단을 의무 판단과 책임 판단으로 구분하였다. 여기서 의무 판단이란 무엇이 도덕적으로 이상적인 것이며 무엇을 해야 하는가에 대한 판단이고 전형적으로 규칙이나 원리로부터 나오는 것이다. 그리고 책임 판단은 의무 판단의 결과에 따라 행동해야 할지에 대한 책임의 수용 여부에 관한 것이다(정창우, 2020: 51-52). 콜버그에 따르면 의무판단과 책임판단은 발달의 전 단계에 걸쳐 항상 일정한 상관관계를 갖는 것은 아니지만, 상위의 단계로 발달할수록 도덕적 이상에 일치하고자 하는 열망에 의해 이 둘은 밀접한 관계를 맺게 된다. 따라서 콜버그에게 있어 행동을 위한 동기화는 상황에 대한 도덕적인 이해, 판단 및 추론이라는 우리의 이성과 관련된다고 볼 수 있다(Thoma, & Bebeau, 2013: 49).

> 콜버그와 캔디스 …… 도덕적 행동은 세 단계를 통해 일어난다고 가정함으로써, 여러 연구에서 보고된 도덕 단계와 도덕적 행동 간의 단선적 관계를 설명하고 있다. 첫째 단계는 주어진 상황에서 옳음 또는 정의로움에 대한 의무론적 판단을 하는 과정이고, 둘째 단계는 도덕적 상황에서 이러한 의무 판단을 실행할 책임이 자신에게 있다고 판단하는 과정이며, 셋째 단계는 그것을 행동에 옮기는 과정이다. 다시 말하면 도덕 단계와 도덕적 행동 간의 일치도가 단계가 높아질수록 일관되게 증가하는 현상은 도덕 단계가 높아질수록 의무 판단과 이러한 판단을 행할 책임 판단 사이의 일치도가 일관되게 증가한다는 가설을 증명하였다.
>
> Kohlberg, Levine, & Hewer, 1983, 문용린 역, 2000: 85

콜버그의 도덕 발달 이론에 대한 비판적 견해

콜버그의 도덕 발달 이론은 다양한 측면에서 비판받으면서, 이후의 도덕 심리학 이론의 발전에 큰 영향을 주었다. 콜버그 이론에 대한 주요 비판을 몇 가지만 정리해보면, 먼저 구조화된 전체 및 불변의 계열성에 대한 비판이 있다. 피아제와 마찬가지로 콜버그는 한 개인의 사고가 하나의 단일한 지배적인 단계에 기초해서 나타나고, 이전 단계의 도덕 원리를 사용하는 발달적 퇴행은 일어나지 않을 것이며, 단계의 위계적 순서는 문화적 요인에 영향을 받지 않을 것이라고 생각했다. 하지만 인류학자인 슈웨더[Shweder]는 5단계 및 6단계의 추론이 비서구 문화권에서도 발견될 것이라는 가정이 실제로 수집된 자료들로 미루어 볼 때 경험적으로 지지되지 않는다고 비판한다. 심슨[Simpson] 역시 단계의 위계성이 문화적으로 보편적이라는 개념에 의문을 제기한다. 그녀에 따르면, 몇몇 문화권에서 3~4단계 이상의 추론이 발견되지 않는다는 점, 그리고 단계 발달의 순서에서 퇴행이 발견된다는 점은 단계의 위계성이 보편적이라는 주장이 타당하지 않음을 보여준다(문용린 역, 2000: 170-177).

뿐만 아니라 신콜버그주의자로 분류되는 레스트Rest 역시 구조화된 전체 가정이 논의의 여지가 있다고 말한다. 즉 단계의 연속을 질적으로 구별되는 단계들의 위계적 연속물로 특징짓는 것이 타당하다고 해도, 특정 발달 단계에 도달한 사람이 온전히 그 단계에 머무르고 있는 것은 아니라는 것이다. 이에 레스트는 단계의 변화를 '낮은 단계'의 활용 빈도는 감소하고, '높은 단계'의 활용 빈도는 증가하는, '반응 분포의 이동'으로 봐야 한다고 주장한다(정창우, 2020: 59-60).

또한 콜버그의 이론에 따르면 아동의 도덕성은 인습 이전 수준에서, 인습 수준, 인습 이후 수준으로 위계적으로 발달해야 한다. 즉 콜버그는 인간의 도덕성이 사회적 인습에 대한 이해 상태에서 도덕 원리에 입각한 자율적인 도덕적 추론의 상태로 발달한다고 보았다. 왜냐하면 도덕적 지식은 사회 인습적 지식에 비해 높은 수준의 위계를 갖기 때문이다. 하지만 '사회 영역 이론'social domain theory을 주장한 일군의 학자들은 다양한 경험적 근거들을 제시하면서, 약 4세의 아주 어린 아동들도 아래와 같은 세 가지 '사회적 판단의 영역'(개인적 영역, 사회적 인습 영역, 도덕적 영역)을 구분할 수 있다고 주장한다(문용린 역, 2004: 568).

① 개인적 영역: 도덕적 관심과 사회적 규율 이외의 문제로 간주되는 행동이다. 이러한 행동은 각 개인의 개인적 선호에 의해 규율된다.
② 사회적 인습 영역: 행동의 단일성으로 정의되며, 사회제도 내부에서 개인들의 안정적 상호작용을 조정하는 역할을 한다. 사회적 인습은 사회적 맥락에 따라 상대적이며, 한 사회체제 내에서의 합의나 일반적 활용에 의해 변경될 수 있다.
③ 도덕적 영역: 일반적 합의나 사회적 조직화에 따른 변화로 지각되지 않으며,

도덕적 관점에서 어떤 유형의 행동이 갖는 내재적 장점을 바탕으로 하고 있는 것이다. 개인의 복지와 권리, 정의의 개념을 바탕으로 하고 있는 것이다.

이들은 사회적 인습에 대한 이해가 인습 이후의 도덕 추론보다 선행하는 것이 아니며, 각각이 서로 구별되는 별개의 영역 내에서 발달한다고 말한다. 다시 말해서 아주 어린 아동들도 사회적 인습과 도덕을 구분할 수 있기 때문에, 사회적 인습과 도덕은 '동시'에 발달하며 단지 다른 발달 경로를 갖는다고 사회 영역 이론가들은 주장한다.

또 다른 비판으로 도덕 판단과 도덕적인 행동 간의 간극에 대한 비판이 있다. 즉 어떤 사람이 특정 문제에 대하여 올바른 판단을 내렸다 하더라도 그 판단이 반드시 행동으로 이어지지는 않는다는 것이다. 앞서 살펴보았듯이, 콜버그는 높은 단계에 위치한 사람, 즉 높은 수준의 도덕 판단 및 추론 능력을 지닌 사람이 보다 도덕적으로 행동한다고 보았다. 그러나 실제로 여러 경험적 연구들은 도덕 판단이 도덕적 행동의 약 10~15% 정도만을 설명한다고 보고하고 있다(Jordan, 2007: 325). 더 나아가 도덕 판단 및 추론 능력이 도덕적 행동에 대한 높지 않은 예측력을 갖는다는 점, 그리고 경탄할만한 도덕적 행동을 보여준 도덕적 귀감들이 우리가 생각하는 것만큼 정교한 도덕적 추론 능력을 가지고 있지 못하다는 사실은 도덕적 행동을 설명함에 있어 도덕 판단 및 추론 이상의 어떤 것을 요구하게 되었다(Hardy & Carlo, 2011: 212-216).

이에 레스트는 만약 어떤 사람이 특정 상황에서 도덕적으로 행동하기 위해서는 최소한 아래와 같은 네 가지 기본적이며 독립적인 심리적 과정 혹은 구성요소가 작동해야 한다고 주장했다. 이와 같은 레스트의 주장 혹은 이론을 '4구성요소모형'the four component model이라고 한다(You & Bebeau, 2013: 202).

① 도덕적 민감성moral sensitivity: 특정한 상황에 대하여 어떤 행동들이 가능한지, (자신을 포함하여) 누가 행동의 각 과정에 영향을 받는지, 그러한 행동이 이해

관계자들의 복지에 미치는 영향들을 어떻게 간주해야 하는지에 관하여 해석하고 민감하게 반응할 수 있어야 한다.

② 도덕적 판단[moral judgement]: 행동의 과정이 도덕적으로 옳은지 판단할 수 있어야 하고, 그 상황에서 도덕적으로 무엇을 해야만 하는지 가능한 행동 방침을 결정할 수 있어야 한다.

③ 도덕적 동기화[moral motivation]: 도덕적으로 옳은 것을 결정하도록 다른 개인적 가치들보다 도덕적 가치에 우선순위를 두어야 한다.

④ 도덕적 실행력[moral implementation]: 도덕적으로 행동하고자 하는 개인의 의도를 완수할 수 있고, 피로와 나약함을 견디며, 장애물을 극복할 수 있는 충분한 인내와 자아 강도, 실행 기술을 가지고 있어야 한다.

요컨대 레스트에 따르면, 콜버그의 이론은 도덕적인 행동을 산출하는 4가지 심리적 과정 중, 도덕 판단만을 설명하고 있는 이론이다. 더 나아가 인지와 정서가 동반된 각각의 구성요소들은 서로 상호작용하면서 행동에 영향을 미치지만, 서로 구별되는 기능을 가지고 있기 때문에 이들 중 하나 혹은 그 이상에 결함이 생기면 도덕적 행동의 실패를 가져올 수도 있다는 것이 레스트의 주장이다.

마지막으로 하나만 더 언급하자면, 콜버그의 이론은 '정의'라는 도덕 원리 외에 도덕성의 또 다른 측면을 고려하지 않는다는 비판이 있다. 이 비판은 길리건[Gillan]에 의해 구체화되었는데, 그녀에 따르면 콜버그의 도덕 발달 이론은 정의, 이성, 개인성, 추상성과 같은 전통적인 서구 근대 이후의 남성 편향적 가치를 반영하고 있어, 전통적인 여성의 목소리, 즉 배려, 정서, 관계성, 상황맥락성 등을 간과하고 있다는 것이다. 콜버그 이론에 대한 길리건의 비판과 나딩스[Noddings]의 배려 윤리에 대해서는 11강에서 자세하게 살펴볼 것이다.

콜버그는 교육의 목적이 지적·도덕적 발달, 즉 인지적·도덕적 단계를 통한 개인의 발달이라고 주장한다. 그리고 단계의 발달을 위한 교육은 자유롭고 민주적이며 비교화적이어야 한다고 말한다(김민남 외 역, 2000: 138). 도덕교육에 대한 콜버그의 관심은 그의 대학원생 제자인 블래트^{Blatt}에 의해 촉발되었다. 블래트는 서로 다른 도덕 추론 단계에 있는 사람들과 이야기하는 도덕적 토론에 의한 인지적 자극을 통해 아동이 자신이 속한 단계에서 한 단계 더 높은 단계로 나아갈 수 있다고 믿었다. 이러한 가정을 확인하기 위해 블래트는 12세부터 14세의 어린이를 대상으로 연구를 수행하였는데, 도덕적 딜레마 토론을 12주간 실시한 결과 수업에 참여한 어린이의 1/3이 한 단계 이상의 더 높은 추론을 보였다(문용린 역, 2004: 98). 이를 블래트^{Blatt} 효과 혹은 +1 전략이라고 한다.

좀 더 구체적으로 설명하자면, 아동은 자신이 이해할 수 있는 가장 높은 추론 단계를 선호하지만 자신의 단계보다 한 단계 이상 높은 것을 이해하지는 못한다. 그리고 추론 단계의 상승은 대개 자신이 위치한 단계 바로 위의 단계에서 일어난다(문용린 역, 2000: 67). 따라서 아동의 발달 단계를 확인한 후, 현재의 단계에 비해 한 단계 높은 수준의 추론(+1)에 노출시켜 인지적 비평형^{disequilibration}을 발생시키고, 갈등하는 도덕적 견해들을 개방적인 분위기 속에서 논의하게 하여 그들의 인지구조를 상위의 단계에서 평형화^{equilibration}함으로써 도덕성 발달이 가능하다는 것이 콜버그의 기본적인 생각이다. 또한 이와 같은 과정에서 교사의 기본적인 역할은 학생들에게 딜레마를 제시하고, 추론을 촉진하며, 서로의 추론에 귀를 기울이도록 이끄는 소크라테스적 질문을 던지는 일이라고 주장한다. 즉 도덕 발달을 위한 도덕교육은 교화를 통한 수업이 아니며, 상대주의적 수업도 아니라는 것이다.

더 나아가 콜버그는 개인의 내적인 심리 요인과 함께, 개인의 도덕적 의사 결정에 큰 영향을 미치는 사회적 혹은 집단적 상황을 강조한다. 왜냐하면 일상생활에서 개인의 결정은 거의 대부분 집단 규범과 집단 의사결정 과정의 맥락에서 이루어지기 때문이다.

> 예를 들어 미라이의 대학살에서 미군들은 비무장 상태의 여인과 아이들을 살해했다. 그들이 그렇게 행동하는 것이 도덕적으로 옳다는 미성숙한 도덕 판단을 했기 때문이거나, 개인적으로 그들이 어떤 '병적인' 상태에 있었기 때문도 아니었다. 그 이유는 본질적으로 그들이 집단 규범에 일치하는 방향으로 행동했기 때문이다. …… 간단히 말해, 미라이 대학살은 당시 개인의 도덕적 발달 단계가 미성숙한 것이었기보다는 그 시간, 그 장소에서 지배적이었던 집단의 '도덕적 분위기'에 따른 것이었다.
>
> Kohlberg, Levine, & Hewer, 1983, 문용린 역, 2000: 92-93

이러한 논의를 토대로 콜버그는 아래의 조건을 성공적으로 제공하는 학교가 그렇지 않은 학교보다 학생들의 도덕적 성장에 도움을 줄 것이라고 주장한다. 그러면서 전통적이고 계층화되어 있으며 관료적인 상황에 있는 사람에 비해, 민주적인 상황에 있는 사람이 도덕 단계의 발달에 있어 더 큰 진전을 보일 것이라고 말한다(문용린 역, 2000: 100; 문용린 역, 2004: 104).

① 공정함, 공동체, 도덕성에 초점을 맞춘 개방적인 토론
② 서로 다른 관점과 보다 높은 단계의 추론을 접하게 하여 인지적 갈등을 자극
③ 규칙 제정과 규칙 확대, 권력과 책임감의 공적인 사용에 참여
④ 높은 단계에서의 집단유대나 공동체의 발전

이와 같은 그의 생각이 구체화된 것이 바로 '정의공동체 접근'just community approach 이다. 정의공동체 접근은 '정의'와 '공동체'의 균형 및 조화를 이루려는 시도이다. 여기서 정의는 프로그램의 민주적 절차와 제도, 도덕적 토론, 공정성, 권리 및 의무에 대한 고려를 말하며, 공동체는 이상적인 형태의 학교사회를 만들고자 하는 시도를 의미한다(정창우, 2020: 57). 즉 정의공동체 접근에 대한 콜버그의 기본적인 아이디어는 학생의 추론과 행동 모두에 영향을 줄 수 있는 제도적 조건을 만들어

내는 데 있었다.

도덕적 문제 사태에 직면했을 때 가장 합리적인 근거에 의거하여 도덕적으로 올바르게 판단하는 능력은 우리가 도덕적인 삶을 영위하는 데 필수적이다. 만약 우리에게 도덕적으로 무엇이 옳고 무엇이 그른지 판단할 수 있는 능력이 결여되어 있다면, 우리의 삶 역시 도덕적인 삶을 지향할 수 없다. 질적으로 낮은 수준의 판단, 합리적이지 못한 추론은 우리의 행동을 부도덕한 방향으로 이끌 수 있기 때문이다. '눈에는 눈, 이에는 이'라는 원리에 입각하여 '나에게 피해를 준 타인을 반드시 응징하겠다'라고 내린 판단을 우리는 흔쾌히 '도덕적이다'라고 부를 수 없을 것이다. 이에 우리나라 도덕과 교육에서는 도덕 판단 및 추론 능력을 도덕적인 인간이 가지고 있어야 할 중요한 역량으로 설정하고 있다. 콜버그의 도덕 발달 이론은 도덕과 교육을 통해 발달시켜야 할 것이 무엇인지, 그것이 어떻게 어떠한 경로를 거쳐 발달하는지, 도덕성 발달을 위해 교사가 해야 하는 일이 무엇인지에 대하여 구체적으로 설명하고 있다. 수없이 많은 비판에도 불구하고 콜버그의 도덕 발달 이론은 우리나라 도덕과 교육의 성격 및 목표를 규정하는데 여전히 큰 시사점을 준다.

6 핵심 개념

① 정의의 우선성 가정　　② 3수준 6단계

③ 구조화된 전체　　④ 불변의 계열성

⑤ 블래트 효과　　⑥ 도덕적 분위기

7 토의·토론 주제

① 하인즈 딜레마를 다시 읽어보자. 여러분은 하인즈가 약을 훔쳐야 한다고 생각하는가? 훔치지 말아야 한다고 생각하는가? 그 이유는 무엇인가?

② 하인즈 딜레마에 대한 여러분의 판단과 그 근거를 토대로 미루어 볼 때, 여러분의 도덕 판단 및 추론은 몇 단계인가? 여러분은 일상생활에서 언제나 이 단계에서 판단하고 추론하는가? 만약 그렇다면 (혹은 그렇지 않다면) 구체적인 사례를 떠올려보면서, 구조화된 전체 및 불변의 계열성에 대한 자신의 생각을 말해보자.

③ 콜버그는 도덕 판단 및 추론의 수준과 단계가 상승할수록 사람들이 보다 도덕적으로 행동한다고 보았다. 정말 그러한가? 콜버그의 주장에 위배되는 사례를 떠올려보자. 그리고 도덕성을 보다 온전하게 설명하기 위해 중요하게 고려해야 할 것에는 무엇이 있을 수 있는지 토의해보자.

8 더 읽어볼 책

① 문용린·유경재·원현주·이지혜 역(2008), 『도덕발달 이론과 연구: 도덕 판단력, 행동, 문화, 그리고 교육』, 학지사.

② 김국현 외 역(2024), 『사회적 지식의 발달: 도덕과 인습』, 교육과학사.

③ 박균열·정창우 역(2017), 『도덕적 민주적 역량 어떻게 기를 것인가』, 양서각.

참고문헌

① 정창우(2020), 『도덕교육의 새로운 해법 2판』, 교육과학사.

② Gibbs, J.(2019), *Moral Development and Reality*, 정창우·이인태·김윤경 역(2013), 『도덕발달과 실재』, 교육과학사.

③ Hardy, S. A., & Carlo, G.(2011), Moral identity: What is it, how does it develop, and is it linked to moral action?, *Child Development Perspectives*, 5(3), 212-218.

④ Jordan, J.(2007), Taking the first step toward a moral action: A review of moral sensitivity measurement across do'mains, *The Journal of Genetic Psychology*, 168(3), 323-359.

⑤ Kohlberg, L.(1984), *The Psychology of Moral Development*, 김민남·진미숙 역(2000), 『도덕발달의 심리학』, 교육과학사.

⑥ Kohlberg, L.(1981), *The Philosophy of Moral Development*, 김민남·김봉소·진미숙 역(2000), 『도덕발달의 철학』, 교육과학사.

⑦ Kohlberg, L., Levine, Charles., & Hewer, Alexandra(1983), *Moral Stage: A Current Fomulation and a Response to Critics*, 문용린 역(2000), 『콜버그 도덕성 발달 이론』, 아카넷.

⑧ Kurtines, W. M. & Gewirttz, J. L.(1995), *Moral development: an introduction*, 문용린 역(2004), 『도덕성의 발달과 심리』, 학지사.

⑨ Moshman, D.(2011), *Adolescent rationality and Development: Cognition, Morality and Identity, 3rd Edition*, 이인태·신호재 역(2024), 『청소년의 합리성과 발달 제3판』, 박영사.

⑩ Thoma, S. J. & Bebeau, M. J.(2013), Moral motivation and the four component model, in Heinrichs, K. et al.(eds), *Handbook of Moral*

Motivation: Theories, Models, Applications.

⑪ You, D. & Bebeau. M. J.(2013), "The independence of James Rest's components of morality: evidence from a professional ethics curriculum study, *Ethics and Education*, 8(3), 202-216.

제11강 여성의 목소리와 배려 윤리: 길리건과 나딩스

1 들어가는 말

우선 한 가지 이유는 인간의 생명이 돈보다 중요하기 때문이에요. 그리고 약사는 1,000달러만 벌어도 살아갈 수 있지만 하인즈가 약을 훔치지 않으면 그의 아내는 죽을 거예요. (왜 생명이 돈보다 더 가치 있지?) 왜냐하면 약사는 나중에 암에 걸린 부자들에게 1,000달러를 받을 수 있지만, 하인즈는 아내를 얻을 수 없을 테니까요. (왜 그렇지?) 사람은 다 다르니까요. 하인즈의 아내가 죽는다면 어디에서 그 사람과 똑같은 사람을 만나겠어요?

하인즈 딜레마에 대한 11세 소년 제이크의 응답
Gilligan, 1993, 이경미 역, 2024: 107

글쎄요. 저는 그렇게 생각하지는 않아요. 훔치는 것 말고 다른 방법이 있지 않을까요? 가령 돈을 빌린다거나 대출을 받는다거나 말이죠. 그는 약을 훔치면 안 되지만, 그러면 그의 아내가 죽어요. …… 약을 훔치면 아내의 목숨은 구할 수 있겠지만 그렇게 되면 감옥에 갈 수도 있어요. 그러면 다시 아내의 건강이 악화할 수도 있잖아요. 그런데 그는 감옥에 있어서 약을

더 구할 수 없으니 좋은 게 아니죠. 그들은 이런 상황을 털어놓고 돈을 마련할 다른 방법을
찾아봐야 해요.

하인즈 딜레마에 대한 11세 소녀 에이미의 응답
Gilligan, 1993, 이경미 역, 2024: 110-111

위에서 제시한 인터뷰 내용은 하인즈 딜레마에 대한 11세 '소년' 제이크와 11
세 '소녀' 에이미의 반응을 정리한 것이다. 제이크는 약을 훔쳐야 한다고 단호하
게 말하면서, '인간의 생명이 돈보다 중요하기 때문'이라고 자신의 판단을 정당화
한다. 반면에 에이미는 이 딜레마 상황에서 어떤 판단을 내려야 할지, 즉 약을 훔
쳐야 할지 훔치지 말아야 할지 갈팡질팡하는 모습을 보이고 있다. 에이미의 응답
에서 볼 수 있는 것처럼, 그녀는 약을 훔치면 안 되지만, 그렇다고 해서 아내가 죽
어서도 안 된다고 말한다. 더 나아가 병에 걸린 아내에게는 남편이 계속 필요하며,
남편은 아내를 계속 돌봐야 한다고 말한다.

우리는 지난 강의에서 콜버그의 도덕 발달 이론, 좀 더 정확히는 정의추론이 발
달해 가는 수준 및 단계에 대한 이론을 살펴보았다. 콜버그의 이론에 따르면, 에이
미는 제이크에 비해 낮은 단계의 추론을 보이고 있다. 왜냐하면 제이크는 아내의
생명을 살리는 것과 약사의 재산권 사이의 갈등에 주목하고, 생명의 가치라는 원
리에 우선순위를 부여하면서 논리적으로 문제를 해결하는 모습을 보이고 있기 때
문이다. 반면에 에이미는 상황을 특수하게 만드는 개인들 간의 관계, 즉 아내를 계
속 돌봐야 하는 남편의 역할, 그리고 하인즈 및 하인즈 아내의 요구에 응답하지 않
은 무책임한 약사의 문제를 지적한다. 그리고 "누군가를 살릴 수 있는데 죽어가게
내버려 두는 것은 옳지 않다"라고 말하면서도, 이 딜레마를 해결하기 위해 사적인
관계 속에서 대화를 통해 합의를 도출하려는 모습을 보이고 있다. 즉 (단계를 평가함에
있어 이견이 있을 수 있지만) 에이미는 가까운 타인의 기대에 부응하면서 그들에게 충실
하려는 3단계의 추론(타인의 기대를 저버리는 행동은 부도덕하다. 혹은 타인을 배려하고 보
살피는 행동은 옳다. 등)을 보이고 있고, 제이크는 집단의 구체적인 규칙 혹은 법과 갈
등할지라도 인간의 기본권을 보호해야 한다는 5단계의 추론(자신의 몫만을 챙기는 행

동은 부도덕하다. 혹은 인간의 생명을 우선시하는 행동은 옳다. 등)을 보이고 있는 듯하다.

그런데 우리는 정말로 11세 에이미의 반응이 11세 제이크의 반응에 비해 낮은 수준 혹은 낮은 단계의 추론이라고 말할 수 있을까? 이 질문을 좀 더 확장하여 일 반화하자면, 동일한 연령의 남성과 여성이 보이는 반응 차이는 발달 수준의 차이 인 것일까? 다시 말해서 남성은 여성에 비해 도덕성 발달의 수준이 더 높다고 말할 수 있을까? 이러한 질문에 대해 캐롤 길리건^{Carol Gillan}은 단연코 '아니다'라고 말한다. 10장에서 잠깐 언급한 것처럼, 콜버그의 동료였던 길리건은 콜버그의 도덕 발달 이론이 정의, 이성, 개인성, 추상성 등과 같은 전통적인 서구 근대 이후의 남성 편향적 가치를 반영하고 있어, 전통적인 여성의 목소리, 즉 배려, 정서, 관계성, 상황맥락성 등을 간과하고 있다고 말한다. 그러면서 도덕성에 대한 여성 고유의 또 다른 목소리에 주목해야 한다고 주장한다.

2 남성과 다른 여성의 도덕적 목소리

길리건에 따르면, 앞서 등장한 제이크와 에이미는 하인즈 딜레마를 매우 다른 관점에서 바라보고 있다.

> 제이크는 딜레마를 논리적 추론으로 해결할 수 있는 생명과 재산 사이의 갈등으로 보지만, 에이미는 딜레마를 대화를 통해 해결해야 할 인간관계의 균열로 본다. 도덕에 대한 서로 다른 관점에서 발생하는, 서로 다른 질문을 던지면서 아동들은 근본적으로 다른 대답에 도달하게 된다. 이러한 대답을 남아의 논리가 기준이 된 도덕적 성숙의 잣대로 평가하는 것은 여아의 판단에 내포된 다른 진실을 놓치게 한다. 콜버그의 이론은 제이크의 판단을 에이미의 판단보다 도덕적으로 더 높은 단계에 있는 것으로 평가하기 때문에 "여성은 보지 못하고 남성만 볼 수 있는 것은 무엇인가?"라는 질문에 대답을 할 수 있지만, "남성은 보지 못하고 여성만 볼 수 있는 것은 무엇인가?"라는 질문에는 아무 대답도 하지 못한다.
>
> Gilligan, 1993, 이경미 역, 2024: 118

제이크와 에이미는 왜 동일한 도덕 딜레마를 다른 관점에서 바라보는 것일까? 길리건에 따르면, 이는 발달 단계의 차이라기보다는 남성의 도덕적 정향^{orientation}과 여성의 도덕적 정향이 다르기 때문이다. 길리건은 자신의 저서 '다른 목소리로'$^{In a}$ $^{different voice}$에서 남성과 여성이 도덕을 바라보는 다른 목소리를 지니고 있다고 주장한다.

좀 더 구체적으로 살펴보자면, 남성은 도덕에 대한 정의와 공정성, 권리 지향적인 목소리를 가지고 있고, 여성은 관심과 배려, 책임 지향적인 목소리를 가지고 있다(이경미 역, 2024: 214-130; 문용린 역, 2004: 132).

1) 정의와 권리 지향적인 남성의 도덕적 목소리
  ① 자아를 독립적이고 자율적인 존재로 간주
  ② 자신이 처한 위치, 능력, 일이나 과제, 직업에 기초하여 정체성을 정의
  ③ 도덕을 개인 간의 경쟁적인 권리의 우선순위를 결정하는 문제로 파악
  ④ 추상적이고 공정한 규칙과 원리를 선호

2) 배려와 책임 지향적인 여성의 도덕적 목소리
  ① 자아를 타인과 연결된 상호의존적인 존재로 간주
  ② 친밀한 인간관계, 누군가에게 도움을 줄 수 있는 능력에 기초하여 정체성을 정의
  ③ 도덕을 타인을 위험에 빠뜨리거나 다치게 하지 않으려는 민감성, 타인을 신경 쓰고 그들을 보살피는 문제로 간주
  ④ 구체적인 상황 속에서의 조화로운 관계 형성을 선호

만약 '소년' 제이크의 응답을 더 높은 도덕성의 단계로 판정하기 위해서는 정의와 권리 지향의 도덕성이 배려와 책임 지향의 도덕성보다 더 우월하다고 가정해야한다. 하지만 길리건은 양자 중 어느 하나가 더 우월하거나 열등하다고 판단할 이

유는 없다고 말한다.

> 도덕적 갈등과 선택에 관한 아동들의 생각에서 나타나는 위계적 구조와 관계망의 대조적인 이미지는 순차적이거나 상반되는 것이 아니라 상호 보완적인 도덕의 두 관점을 보여준다. 이러한 해석은 도덕 관점의 위계를 정하는 기존 발달 이론의 이해 방식과 상충한다. … 아이들의 관점을 비교할 때, 어떤 판단이 다른 판단에 비해 우월하다고 볼 근거는 없다.
>
> Gilligan, 1993, 이경미 역, 2024: 121

예컨대 '자녀를 양육하는 것은 부모의 의무이다'라는 주장의 적절성에 대해 검토해보자. 우리는 이 주장에 대해 대체로 동의할 수 있다. 하지만 자녀를 양육하는 부모는 의무감 그 이상의 동기에 의해 행동한다. 즉 우리는 자녀를 위해 목숨을 버리기도 하는 등 의무 이상의 것들을 수행한다. 만약 여러분의 자녀가 단지 의무감에 의해 양육되고 있다는 사실을 알게 될 경우, 여러분의 자녀는 여러분을 어떻게 생각할까? 아마 여러분의 자녀는 자신이 특별한 사랑을 받지 못한다는 사실을 깨닫고 불행해할 것이다. 뿐만 아니라 자신의 자녀를 잘 모르는 인간과 동등한 존재로 고려하여 절대적으로 공정하게 대우하는 것 역시 우리의 상식에 부합하지 않는다. 우리는 가족이나 친구를 단지 수많은 인간 중 하나로 간주하지 않으며, 그들을 특별하게 생각하고 특별하게 대한다. 요컨대 정의와 권리 지향의 도덕성만으로는 '사랑하는 부모가 되는 것' 등을 포함하는 우리의 도덕적 삶을 모두 설명하기에 부적절해 보인다. 오히려 배려와 책임 지향의 도덕성, 즉 타인의 욕구에 귀 기울이고 그들을 돌보며 그들에게 신의를 지키는 것이 친구나 가족 간의 관계를 설명하기에 더 적절하다(노혜련·김기덕·박소영 역. 2021: 304-305).

3단계와 2과도기

앞서 살펴본 바와 같이, 길리건은 정의와 권리에 초점을 맞춘 콜버그의 도덕성 발달 이론만으로는 배려와 책임 지향적인 여성의 도덕성 발달을 제대로 평가하기 어렵고, 심지어 부당하게 폄하할 수 있다고 생각했다. 왜냐하면 콜버그의 이론처럼 이 두 관점을 발달의 순서로 줄 세우는 것은 남성 지향적 도덕성을 여성 지향적 도덕성보다 더 적절한 것으로 간주하고, 따라서 개인이 성숙해가는 과정을 남성의 도덕성이 여성의 도덕성을 대체하는 과정으로 생각하기 때문이다(이경미 역, 2024: 191-192).

> 만약 두 아동의 대답을 통해 도덕 발달의 궤도를 그린다면 상당히 다른 경로가 나타날 것이다. 제이크에게 발달은 타인을 자신과 동일하게 보게 되는 과정이며, 평등으로 관계망이 안전해질 수 있다는 것을 깨달을 때 이루어진다. 에이미에게 발달은 확장하는 관계망에 자신을 포함하는 것이며, 독립이 반드시 고립을 수반하는 것이 아니라 오히려 자신을 보호할 수도 있다는 사실을 인식할 때 이루어진다. 도덕 발달의 서로 다른 궤도, 특히 독립과 관계의 경험이 자아의 형성에 미치는 상이한 영향을 고려하면 남아의 발달 과정을 청소년기 발달의 유일한 지표로 설정할 때, 여아의 발달을 해석하는 데 지속적인 문제가 발생하리라는 것을 알 수 있다.
>
> Gilligan, 1993, 이경미 역, 2024: 130-131

이에 길리건은 배려와 책임을 지향하는 여성의 도덕성 발달을 탐색하기 위해, 15세에서 33세의 임신 3개월 이내인 여성 29명을 대상으로, '임신 중절'을 결정하는 문제에 관한 연구를 수행하였다. 길리건이 '임신 중절'을 연구의 주제로 선택한 것은 임신 중절이 자신은 물론 타인 모두에게 영향을 미치는 결정이자 타인에게 상처를 주는 것과 직접 관련이 있기 때문이다. 또한 임신 중절과 관련된 선택은 여성의 몫이고 그 책임 또한 여성의 것이기에, 이 주제야말로 여성에게 가장 난감한 과제로 다가오기 때문이다.

길리건의 연구 결과에 따르면, 여성의 도덕성은 아래와 같이 크게 3개의 단계와 2개의 과도기를 거쳐 발달한다. 길리건은 각 단계로의 전환이 '자신과 타인의 관계'에 대한 보다 복잡한 이해를 가능하게 하며, 단계의 전환을 이끄는 과도기에서 '이기심'과 '책임감'의 충돌에 대한 중요한 재해석이 이루어진다고 본다. 즉 자신과 타인의 구분, 그리고 사회적 상호작용의 역동에 대한 발전적 이해가 배려 윤리의 발달을 가져온다는 것이 그녀의 주장이다(이경미 역, 2024: 194-263; 박병춘, 2002: 90-96).

제1단계. 개인적 생존 지향

이 단계는 개인적 생존을 위해 자신을 돌보는 것에 오롯이 집중하는 단계이다. 이 단계에서 여성이 선으로 생각하는 배려는 타인을 위한 배려가 아니라 오직 자신을 위한 배려이다. 아래의 인용문에서 볼 수 있는 것처럼 이 단계에 속한 16세 베티의 관심은 오직 자신의 욕구뿐이다. 이 단계의 여성은 자신이 혼자라고 느끼기 때문에 자신을 돌보는 것에 집중한다.

> 사람이 추구하는 것 중 가장 중요한 것은 생존이라고 생각해요. 약을 훔치지 않는 것보다 더 중요하죠. 훔치는 건 잘못된 일일 수 있지만, 살기 위해 훔치거나 혹은 누군가를 죽여야 한다면 당신은 그렇게 해야 해요. 자기보존이야말로 가장 중요한 것이니까요. 삶의 그 어떤 것보다도 중요해요.
>
> 16세 베티의 응답

첫 번째 과도기. 이기심에서 책임감으로

첫 번째 단계 이후, 여성은 자신만을 돌보는 판단이 이기적이라고 비판하면서 첫 번째 과도기를 겪게 된다. 아래의 인용문에서 볼 수 있는 것처럼, 17세 조시가 보인 이기심에 대한 비판은 자신과 타인 간의 관계에 대한 새로운 이해가 형성되고 있음을 의미하는데, 이는 책임감이라는 개념으로 구체화된다. 따라서 첫 번째 과도기에서 자신이 하고 싶은 것을 하는 '이기심'은 '책임감' 있는 도덕적 선택과 대립하게 된다.

> 임신을 하자 기분이 나쁘기는커녕 마냥 좋았어요. …… 나는 외로웠기 때문에 이기적인 욕구로만 상황을 봤어요. 내가 돌볼 수 있는 아기가 생긴다는 점이나, 나의 일부이기도 한 어떤 존재가 생긴다는 것이 기뻤어요.…… 그러나 나는 책임져야 할 현실적인 측면을 보지 않았죠. 임신을 중지해야겠다고 결심한 건 아기를 가지는 것이 얼마나 큰 책임이 따르는 일인지 깨달았기 때문이에요.
>
> 17세 조시의 응답

제2단계. 자기희생으로서의 선함

이 단계는 책임이라는 개념, 그리고 자신에게 의존하는 사람(혹은 약자)을 보살피고자 하는 모성적 도덕이 융합되는 특징을 지니고 있다. 이 단계에서 도덕은 인습적 규범과 기대에 부응하는 것과 관련이 있다. 이 단계의 여성은 이제 사회가 인습적으로 기대하는 바에 대해 생각하기 시작한다. 그 기대는 바로 타인이 원하는 바를 위해 자신이 원하는 것을 희생하는 것, 즉 모성적 도덕이다. 이러한 관점에서 선은 타인을 위한 자기희생과 동일시된다. 따라서 이 단계에 속한 17세 조시는 자신을 돌보는 것이 타인에게 해가 될 수 있으니까, 그리고 비판의 대상이 되거나 버림받을 가능성을 높이기 때문에 위험한 것이라고 판단한다. 그러나 오직 타인만을 보살피기 때문에 정작 자신을 배려의 대상에서 배제하게 된다.

> 난 단지 아기를 갖고 싶었을 뿐이에요. 그리고 난 임신 중지가 옳지 않다고 생각해요. 난 내 몸에 변화가 일어나는 것을 느꼈을 때 굉장한 보호 본능을 느꼈죠. …… 그는 만약 내가 임신 중절을 하지 않으면 우리 사이가 멀어질 것처럼 느끼게 했어요. 그래서 난 임신 중지를 선택해야만 했어요.
>
> 17세 조시의 응답

두 번째 과도기. 선함에서 진실로

자기희생을 선으로 생각하는 2단계에서 발생하는 관계의 불균형은 두 번째 과

도기를 가져온다. 배려와 자기희생을 동일시하는 인습적 정의가 내포한 모순, 그리고 타인과 자아 간의 불평등을 인식한 여성은 여성적 선이라는 관념에 내재한 자기희생과 배려 사이의 혼동을 정리하기 위해 자신과 타인의 관계를 다시 생각하게 된다. 즉 여성은 자신의 복소리를 타인의 목소리와 분리함으로써, 타인에게 책임감을 느끼는 것처럼 자신에게 책임감을 느끼는 것이 가능한지, 그리고 상처를 주는 것과 돌보는 행위 사이의 충돌을 해소하는 것이 가능한지 스스로 묻는다.

길리건은 자신에 대해 책임지려면 새로운 판단 양식이 필요한데, 그것이 바로 '정직'이라고 말한다. 자신에 대해 책임지려면 먼저 자신이 무엇을 하고 있는지부터 정확히 인식해야 하기 때문이다. 이렇게 자신과 타인의 욕구를 두루 고려하면서, 24세 제닛은 타인에게 책임 있게 행동하는 것(타인에게 상처 주지 않고 그들을 돌볼 것), 그리고 자신에게 올바르고 최선인 결정을 하는 것(자신에게 '진실'할 것)이 모두 중요함을 이해하기 시작한다.

> 나는 어떻게 보면 이기적이고 매우 감정적이에요. 동시에 이해심이 많고 현실적이며 삶에서 일어나는 상황을 잘 다루는 사람이기도 해요.······ 나는 이 (임신 중지) 결정을 하는 데 나 자신에게 상당히 공정했다고 생각해요. 어떤 감정도 숨기지 않았고 진실하게 결정했어요. 나는 이게 좋은 결정이고, 정직하며 현실적인 결정이라고 생각해요.
>
> 24세 제닛의 응답

제3단계. 비폭력의 도덕성

이 단계에 위치한 여성은 관계의 역학에 집중하며, 타인과 자아의 상호 연관성을 새로운 시각에서 이해함으로써 '이기심'과 '책임감' 사이의 갈등을 해소하고자 한다. 이 단계에 속한 25세 세라는 더 이상 자신을 무력하거나 복종적인 존재로 여기지 않으며, 의사결정 과정의 적극적이고 동등한 참여자로 바라본다. 더 나아가 타인과 더불어 자기 자신도 배려의 대상이 되어야 한다는 것을 깨닫고, "그 누구에게도 해를 입히지 말라"는 비폭력의 원리를 모든 도덕 판단과 행동의 최상위 원리로 채택하게 된다.

길리건에 따르면, 이 원리는 여성이 스스로 선택한 판단 원리이며, 인간관계와 그 안의 상호작용에 대한 관심으로부터 나왔다는 점에서 심리적이지만, 모든 착취와 가해 행위를 비판한다는 점에서 보편적인 도덕 원리이기도 하다. 비폭력의 원리를 채택한 결과, 이제 여성은 자신과 타인 양자에게 최선이 될 수 있는 방법, 자신과 타인 모두에게 상처를 주지 않는 방법을 모색하게 된다.

> 나에 대해 책임감이 생겼어요. 그리고 이게 정말 중요하다는 걸 깨달았어요. 내가 원하는 것을 하고 내가 이기적이라며 죄책감을 느끼는 대신 그것이 사람들이 살아가는 일반적인 방식이라는 것을 알게 되었죠. 자신의 욕망과 욕구가 중요하니까 자신이 하고 싶은 걸 하는 거예요. 다른 사람이 아닌 바로 자기 자신을 위해서요.
>
> 25세 세라의 응답

관계의 윤리: 배려하는 사람과 배려받는 사람

배려 윤리와 관련하여, 길리건과 함께 주목해야 할 또 다른 학자로 넬 나딩스^{Nell Noddings}가 있다. 나딩스는 길리건의 주장이 여성의 도덕성을 보여준다는 점을 전제로 플라톤, 칸트, 롤즈로 이어지는 서구의 자유주의 윤리학에 내재한 남성 중심적 편향을 비판하였다. 더 나아가 이에 대한 대안으로서 배려 윤리를 제안하면서 이를 윤리학적으로 체계화하였다(박병춘, 2002: 10). 특히 그녀는 배려 윤리를 '관계에 관한 윤리'로 규정하면서, 옳음과 정의, 추상적 원리가 아니라 '상대방의 요구'에 귀기울이는 것, 그 결과 무엇인가를 느끼고 민감하게 반응하는 것이 배려 윤리의 핵심이라고 말한다. 더 나아가 나딩스는 흄^{Hume}의 학문적 전통에 서서, 비록 이성이 우리의 행동을 이상적인 방향으로 이끌기는 하지만 우리가 그 행동을 '해야만 하도록' 동기를 부여하는 것은 이성이 아닌 감정이라고 주장한다(정창우·김윤경 역, 2018: 57-59).

나딩스는 배려 윤리의 토대가 되는 '관계'relation를 '서로를 정서적으로 인식하는 개인들의 연결 또는 결합' 혹은 '관계를 맺고 있는 사람들이 서로에 대해서 무엇인가를 느끼는 일련의 만남'이라고 정의한다. 그러면서 자신이 말하는 배려는 행위자가 발휘하는 덕으로서의 배려가 아니라는 점을 강조하면서, 진정한 배려, 즉 배려가 완성되기 위해서는 '배려하는 사람'과 '배려받는 사람'의 역할 모두가 중요하다고 주장한다.

> 배려 윤리는 철저히 관계적이다.…… 배려하는 자가 주의를 기울이지 못하기 때문에 혹은 주의를 기울였지만 '나는 해야 한다'를 거절하고 응답하기를 거부하기 때문에 어떤 관계는 배려의 관계가 되지 못할 수 있다. 혹은 배려받는 자가 응답할 수 없거나 응답하고 싶지 않기 때문에 실패할 수도 있다. 배려받는 자가 배려하려는 자의 노력을 받아들이지 않으므로, 배려는 완성되지 못한다. 혹은 마지막으로, 배려하는 자와 배려받는 자가 모두 적절하게 응답하려고 노력할 수 있지만 어떤 조건이 배려의 완성을 방해할 수 있다. 아마도 적절한 관계가 발달할 시간이 거의 없었거나, 배려하는 자가 좀 무턱대고 배려받는 자의 필요라고 생각한 것을 목표로 하기 때문이다. 배려의 관계적 해석은 우리가 도덕적 행위자를 살피도록 할 뿐만 아니라 그러한 행위를 받는 수용자 및 관계 당사자들이 상호작용하는 조건을 살피도록 한다.
>
> Noddings, 2002, 고미숙 역, 2018: 33

즉 나딩스는 배려를 배려하는 사람과 배려받는 사람의 관계로 이루어진 이원적인 것으로 설명한다. 따라서 배려 관계의 주체는 배려하는 사람과 배려 받는 사람 모두이며, 배려의 완성은 배려하는 사람이 배려 받는 사람을 위해 노력하고 배려 받는 사람은 배려하는 사람의 노력을 인지하고 그것에 대해 응답할 때 비로소 가능하다고 말한다(박병춘, 2002: 133). 특히 그녀는 배려의 순간, 배려하는 사람의 의식 상태를 '전념'engrossment과 '동기 전환'motivational shift으로 설명하고, 배려받는 사람의 역할을 '수용', '인정', '감응' 등으로 제시한다.

> 배려하는 사람은 주의를 기울이고 정서적으로 반응하며 동기적 변화를 경험할 가능성에 열려있으며, 배려를 받는 사람의 요구를 충족하거나 적어도 배려 관계를 유지할 수 있는 방

식으로 대응한다. 배려를 받는 사람은 배려하는 사람의 노력을 인정함으로써 관계를 완성한다.

2015, 73

각각에 대해 좀 더 자세히 설명하자면, 먼저 배려하는 사람의 의식 상태로서 전념이란 타인의 실체를 이해한다는 개념으로 자신을 멀리하고 타인의 경험 안으로 들어가는 것을 말한다. 즉 배려하고자 하는 사람을 진심으로 보고 듣고 느끼고 이해하는 것, 그들의 관심과 이해, 필요와 요구를 수용할 수 있는 여지를 마련하기 위해 자신의 관심, 이해, 필요, 요구 등을 한동안 배제하는 것이 바로 전념이다. 그리고 동기 전환이란 자신의 동기 에너지가 배려 받는 사람을 향해 분출되는 것, 즉 나 자신을 위해 행하고자 하는 동기를 배려 받는 사람(그 사람의 관심, 이해, 필요, 요구)을 위해 행하고자 하는 동기로 전환하는 것을 의미한다.

또한 나딩스는 배려 받는 사람이 할 수 있는 일로서 배려하는 사람의 배려를 받아들이고, 자신이 배려 받고 있다는 것을 명백하게 인정하며, 배려를 수용하였음을 배려하는 사람이 인식할 수 있도록 보여주는 것이라고 말한다. 만약 배려 받는 사람이 응답하지 않을 경우, 배려하는 사람은 더 이상 배려를 할 수 없게 되고 따라서 배려의 관계도 상실되게 된다. 즉 배려하는 사람에 대해 배려 받는 사람이 응답할 때, 배려는 완성되고 지속될 수 있다(Noddings, 2015: 73; 고미숙 역, 2018: 55-56; 박병춘, 2002: 133-136).

5 배려의 범위와 의무

배려를 관계로 설명하는 이러한 독특한 설명 방식은 만약 배려가 완성될 가능성이 없을 경우, 우리는 반드시 타인을 보살필 의무가 없다는 주장으로까지 나아간다. 즉 나딩스의 주장에 따르면, 신체적으로 멀리 떨어진 사람, 동물, 식물들에 대한 배려의 의무는 우리에게 없다. 왜냐하면 그들은 우리의 배려에 응답할 수 없기 때문이다. 다시 말해서 나딩스는 배려의 의무를 배려가 완성될 수 있는 지리적, 정서적으로 가까운 사람에게 한정하고 있는 것이다.

　나딩스는 멀리 떨어져 있는 사람을 배려하는 데는 실제로 다음과 같은 두 가지 어려움이 있다고 말한다. 첫째, 신체적으로 멀리 떨어져 있는 경우에는 배려하는 사람이 배려받는 사람의 응답을 기대하기 어렵다. 둘째, 우리가 관계를 형성하지 않은 채 갑자기 배려하려고 할 때, 우리는 반드시 추상적인 또는 민감하지 못한 지식의 형태에 의존해야 한다. 그러므로 우리는 종종 배려를 받는 사람을 개별 인간으로 대우할 수 없게 된다. 또한 우리는 배려 받는 사람이 우리가 원하는 것과 정확히 똑같은 것을 원한다고 잘못 생각할 수 있다. 이러한 이유로 나딩스는 "지구상에서 멀리 떨어진 지역의 궁핍한 자들"을 도울 의무는 없다고 결론을 내린다(박병춘, 2002: 136-137; 노혜련·김기덕·박소영 역, 2021: 306).

　"지구상에서 멀리 떨어진 지역의 궁핍한 자들을 도울 의무는 없다"는 주장은 상식적인 수준에서 받아들이기 어려워 보인다. 그러나 나딩스는 이에 대한 응답으로 '배려의 원'circle과 '배려의 사슬'chain이라는 개념을 통해, 배려가 더 많은 사람에게까지 확대될 수 있다고 주장한다. 나딩스에 따르면, 배려하는 사람으로서 나는 동심원의 중심에 있다. 그리고 동심원의 중심에 가까이 위치한 원 안에 있는 사람일수록 친밀함과 배려의 정도가 높아진다. 뿐만 아니라 우리는 우리가 처음에 배려해 주었던 사람이 우리가 배려하지 못했던 타인을 배려함으로써 그 사람들과 연결된다. 그래서 우리는 처음에 우리가 배려했던 사람과 동일한 방식은 아니더라도, 그 사람이 배려해준 사람을 배려할 수 있게 된다. 이처럼 우리는 배려의 사슬을 통해 우리와 멀리 떨어져 있고 친밀하지 않은 사람에게까지 배려의 범위를 확장할 수 있다는 것이 나딩스의 주장이다(박병춘, 2002: 138-139).

　이와 같은 설명에도 불구하고 나딩스는 '직접적 배려'와 '간접적 배려'를 구분하면서, 아래와 같이 직접적 배려가 간접적 배려보다 우위에 있다고 주장한다. 즉 나딩스는 배려 윤리가 근본적으로 관계적이라는 점, 즉 개별 행위자가 지닌 덕으로서의 배려보다는 배려 관계에 관심이 있다는 점, 따라서 관계를 유지하는 데 있어

덕 있는 자로서 배려하는 사람의 기여뿐만 아니라 배려 받는 사람의 기여가 중요하다는 점을 지속적으로 상기시킨다(고미숙 역, 2018: 14-15).

세상 사람들 중 (찰스 디킨즈의 소설에서의) 젤리비 부인과 같은 사람들은 멀리 떨어져 있고 모르는 타인들을 간접적으로 배려하느라 너무 바빠서, 심지어 그들 앞에 있는 고통이나 기쁨을 제대로 보지 못한다. 그들은 자신들과 가까운 사람들을 배려하는 데 거의 완전히 실패한다. 그들의 '간접적 배려'가 결국 '직접적 배려'가 되지 못하는 것을 우리가 알게 될 때, 그들의 실패는 더 충격적이다. …… 그러나 이론적으로 '간접적 배려' 보다 우위에 '직접적 배려'를 두는 것이 필수적이다. 이것은 칸트 윤리학을 뒤집는 것인데, 배려 관계에서 타인들과의 만남의 중요성을 인정하고, 도덕 문제를 완전하게 그리고 보편적으로 해결하려고 애쓰는 것이 무의미하다는 것을 인정한다는 점에서 그렇다.

Noddings, 2002, 고미숙 역, 2018: 153

6 여성의 도덕성, 배려 윤리에 대한 비판적 관점

길리건과 나딩스처럼 남성 혹은 여성 특유의 도덕성이 있다고 주장하는 이론이나 관점은 항상 '남성과 여성의 도덕적 정향은 정말 다른가?'라는 질문에 봉착하게 된다. 길리건의 주장 이후, 실제로 도덕성에 성차가 있는지에 대한 연구가 이어졌다. 이들 중 워커Walker라는 학자는 도덕성의 성차를 확인하기 위해 콜버그의 측정 방법을 활용하여 수행된 광범위한 연구들(총 10,637명의 피험자와 152개의 표집을 대상으로 한 80편의 연구)을 수집하여 그 결과를 종합적으로 분석하는 메타연구를 실시하였다. 워커의 연구 결과, 152개의 표집 중 130개(85.5%)에서 남녀의 차이가 발견되지 않았다. 더 나아가 9개의 표집(5.9%)에서는 여자가, 그리고 13개의 표집(8.6%)에서는 남자가 더 높은 측정 점수를 보였다. 뿐만 아니라 남녀 간의 유의미한 차이는 교육이나 직업 수준에 기인한 차이로 나타났다. 이러한 결과를 토대로 워커는 길리건의 주장이 경험적으로 지지되지 않으며, 따라서 남성과 여성 간의 도덕 발달의 차이는 무의미하다고 결론을 내렸다(문용린 역, 2004: 48-149). 심지어 모시먼^{Moshman}은 여성 간의 개인차와 남성 간의 개인차가 두 성별 간의 평균적인 차이보다 훨씬 크다고 주장한다. 보다 일반적으로 말하자면, 도덕성의 평균적인 성차가 존재하는 경우라도 각각 남성과 여성 내에 존재하는 엄청난 변동성과 비교해 볼 때 그 수준은 미미한 정도라는 것이다(이인태·신호재 역, 2024: 199).

배려가 완성될 가능성이 없을 경우, 반드시 타인을 보살필 의무가 없다는 나딩스의 주장 역시 비판의 대상이 되고 있다. 일반적으로 배려의 윤리는 특수한 관계에 놓인 존재들에 대한 특별한 대우를 인정한다. 따라서 배려 윤리의 관점에서 볼 때, 나와 멀리 떨어진 잘 모르는 타인보다는 가까운 타인이 요청하는 사소한 요구에 관심을 갖는 것이 더 중요할 수 있다. 그리하여 만약 우리가 배려 윤리의 관점을 견지한다면, 우리는 "멀리 떨어진 불행한 사람보다, 우리 주변의 가까운 사람을 먼저 도와주어야 한다"고 판단해야 한다. 그러나 우리는 "울고 있는 내 아이에게 사탕을 사주는 것보다 기아에 고통 받고 있는 아프리카 아이들을 위해 돈을 기부하는 것이 더 중요하다"라는 생각이 합리적이라고 생각한다. 즉 우리는 일반적으로 "우리의 자원 중 일부를 지금 여기에 없는 불행한 사람들을 돕는데 사용해야 한다"라는 도덕 판단에 기꺼이 동의할 수 있다는 것이다. 이처럼 특정 쟁점의 경우, 배려의 윤리 혹은 관계의 윤리보다는 '인간 존엄성'이나 '정의'라는 도덕 원리에 입각한 연역 추론 및 판단이 더 타당해 보인다(노혜련·김기덕·박소영 역, 2021: 305-306).

7 도덕교육에 주는 시사점

앞서 살펴본 바와 같이, 길리건은 '정의 및 권리' 지향의 도덕성과 '배려 및 책임' 지향의 도덕성 중 어느 하나가 더 우월하거나 열등하다고 생각할 이유는 없다고 말한다. 오히려 그녀는 양자를 상호 보완적인 관계로 보고 있다.

인간 발달이 책임과 권리 사이의 갈등을 통해 변증법적으로 이루어진다는 것을 이해하는 것은 서로 연결된 두 가지 경험 양식의 진실성을 알아보는 일이다. 정의의 윤리가 모든 사람이 동등하게 대우받아야 한다는 평등의 전제에서 시작되는 반면, 배려의 윤리는 누구도 다쳐서는 안된다는 비폭력 사상을 전제로 한다. 두 관점은 불평등한 관계가 양측 당사자 모두에게 부정적인 영향을 미치는 것처럼, 폭력 또한 관련된 모든 사람에게 파괴적이라는 생각으로 모아진다. 이러한 두 관점의 교류는 성별 간의 관계를 더 잘 이해하게 할 뿐만 아니라 성인기의 일과 가족관계를 더욱 포괄적으로 설명할 수 있게 한다.

Gilligan, 1993, 이경미 역, 2024: 405

요컨대 길리건은 '정의의 도덕'이 '배려의 도덕'과 대립적인 관계에 있다기보다는, 서로 밀접한 영향을 미치면서 인간의 도덕 발달에 기여한다고 보고 있다. 따라서 길리건의 배려 윤리는 (도덕성에 성차가 존재한다는 주장에 대한 많은 비판에도 불구하고) 우리나라의 도덕과 교육이 '인지'나 '정의' 외에도 도덕성을 설명하는 또 다른 방식, 즉 '정서'나 '배려'에 보다 관심을 가져야 한다는 점을 강하게 시사하고 있다.

더 나아가 나딩스는 우리의 교육이 전통적인 학문보다 배려라는 주제를 중심으로 조직되어야 한다고 주장한다. 그리고 이를 위한 도덕교육의 요소들을 아래와 같이 제시하고 있다(고미숙 역, 2018: 35-45; 박병춘, 2002: 148-155).

① 모델링: 배려의 능력은 자신들이 배려를 받았던 경험과 배려를 베풀었던 경험에 의존한다. 교사는 학생들과의 모든 관계 안에서 언행을 통해 배려하는 사람으로서 모범을 보여줌으로써 배려의 본보기이자 배려하는 사람으로서의 역할을 수행해야 한다. 비록 아주 어린 아이의 경우 배려하는 사람이 될 수는 없지만, 배려를 받은 경험을 통해 어떻게 응답해야 하는지 배울 수 있다.

② 대화: 대화는 항상 '당신은 무슨 일을 겪고 있나요?'라는 질문을 암시하기 때문에 도덕교육에 핵심적이다. 대화는 안전한 환경에서 이야기를 털어놓는 것을 가능하게 하고, 그리하여 배려하는 사람이 적절하게 응답할 수 있도록 한다. 대화는 참여자들에 대한 정보를 제공하고, 관계를 지지하며, 깊이 있

는 사고와 성찰을 이끌어 내고, 대화 참여자들의 의사소통 역량을 증진시키는 데 기여한다. 그러나 나딩스가 말하는 대화는 논쟁이 아니며, 따라서 대화의 목적은 논쟁에서 이기는 것이 아니다. 대화의 핵심은 관계를 창조하거나 회복하는 것, 상대방이 원하고 필요로 하는 것을 이해하는 것, 그리고 관계 안의 사람들에게 좋은 것이 무엇인지를 아는 것이다.

③ 실천: 배려 능력을 발달시키기 위해서는 배려하는 활동에 참여해야 한다. 학교에서 학생들은 함께 공부하고 서로를 돕도록, 즉 학업 수행을 개선할 뿐만 아니라 배려 역량을 갖도록 권장되어야 한다. 이 과정에서 교사들은 학생들에게 협동의 도덕적 중요성을 전달할 필요가 있다. 더 나아가 학생들은 배려를 실천하는 기회로서 지역사회 봉사활동에 참여해야 한다. 이때 학생들은 반드시 배려의 본보기가 될 수 있는 성인과 함께 참여해야 한다.

④ 인정과 격려(확증): 인정과 격려는 타인 내부에 있는 최선의 것을 끌어내주는 일이다. 학생을 인정한다는 것은 그 학생이 잠재적으로 가지고 있는 더 훌륭한 자아를 찾아 그것의 발달을 격려해주는 것을 말한다. 다시 말해서 만약 어떤 학생이 부도덕한 방식으로 행동했다면, 교사는 그 행동이 그 학생의 최고의 모습이 아니라는 교사 자신의 믿음을 보여주어야 한다. 하지만 인정과 격려는 관계를 필요로 한다. 배려하는 사람은 배려 받는 사람이 성취하려고 노력하는 것이 무엇인지 잘 이해하고 있어야 한다.

이와 같은 나딩스의 제안은 '정의'는 물론, '배려'와 '책임'을 도덕적인 인간이 체득해야 할 핵심 가치로 설정하고 있는 우리나라 도덕과 교육의 교수·학습 방향에 중요하면서도 실천적인 지침을 제공하고 있다.

핵심 개념

① 정의의 도덕성　　　　② 배려의 도덕성

③ 3단계 2과도기　　　　④ 전념과 동기 전환

⑤ 수용, 인지, 감응　　　⑥ 배려의 원, 배려의 사슬

9 **토의·토론 주제**

① 자신이 만약 다음 이야기 속의 '의사'라면 어떤 결정을 내릴지에 대해 학우
들과 토론해보자.

　　어느 젊은 여자가 암에 걸려 6개월밖에 살 수 없게 되었다. 암으로 인해 여성은 너무 고
통스러웠고, 고통으로 인해 정신을 잃을 때도 있었다. 강한 진통제를 주면 덜 아프게 해볼 수
는 있지만, 이것은 너무 강한 것이어서 환자를 오히려 더 빨리 죽게 할 위험이 있었다. 가끔
고통이 멈추었을 때, 이 환자는 조금 많은 진통제를 주어서 아픔 없이 죽게 해달라고 애원했
다. 여자는 너무 아파서 참기도 힘들고 어차피 죽을 것이니까 편안하게 죽게 도와달라고 의
사에게 울면서 부탁했다. 의사는 이 환자의 애원대로 고통 없이 죽을 수 있게 해주어야 할지
고민하고 있다(문용린, 2011: 156).

② 토론 결과를 토대로, 다음 질문에 답해보자. 1) 자신이 내린 판단은 '정의의
도덕'과 '배려의 도덕' 중 어느 것에 근거하였는가? 2) 당신은 남자인가? 여
자인가? 3) 자신의 추론을 토대로 미루어볼 때, 도덕성에 성차가 있다고 생
각하는가?

③ 나딩스는 배려의 도덕성을 길러주기 위해 교사가 참고할 만한 여러 방법들
을 제시하였다. 이중 하나를 선택한 후, 선택한 방법을 도덕 수업에 어떻게
적용할 수 있을지 학우들과 토의해보자.

10 **더 읽어볼 책**

① 이재호 역(2022), 『내러티브와 스토리텔링: 도덕성 발달의 이해』, 박영스토리.
② 박재주·박균열 역(2011), 『공감과 도덕 발달 -배려와 정의를 위한 함의들-』, 철학과 현실사.

참고문헌

① 박병춘(2002), 『배려 윤리와 도덕교육』, 울력.

② Moshman, D.(2011), *Adolescent rationality and Development: Cognition, Morality and Identity, 3rd Edition*, 이인태·신호재 역(2024), 『청소년의 합리성과 발달 제3판』, 박영사.

③ 문용린(2011), 『한국인의 도덕성 발달 진단: 한국판 도덕판단력 검사의 개정 및 재표준화』, 집문당.

④ Gilligan, C.(1993), *In a Different Voice: Psychological Theory and Women's Development*, 이경미 역(2020), 『침묵에서 말하기로』, 심심.

⑤ Kurtines, W. M. & Gewirttz, J. L.(1995), *Moral Development: An Introduction*, 문용린 역(2004), 『도덕성의 발달과 심리』, 학지사.

⑥ Rachels, J.(2002), *The Elements of Moral Philosophy 4th edition*, 노혜련·김기덕·박소영 역(2021), 『도덕철학의 기초』, 나눔의 집.

⑦ Noddings, N.(2015), "Care ethics and "caring" organizations", Engster, D. & and Hamington, M.(eds), *Care Ethics and Political Theory*.

⑧ Noddings, N.(2002), *Educating Moral People: A Caring Alternative to Character Education*, 고미숙 역(2018), 『배려와 도덕교육』, 교육과학사.

⑨ Noddings, N. & Brooks, L.(2016). *Teaching Controversial Issues: The Case for Critical Thinking and Moral Commitment in the Classroom*, 정창우·김윤경 역(2018), 『논쟁 수업으로 시작하는 민주시민교육』, 풀빛.

제12강 행동주의 도덕 심리학과 반두라의 사회인지이론

 들어가는 말

아동들에게 누군가가 보보인형을 때리는 영상을 보여
주었다. 이후 이들을 세 집단으로 나눈 뒤, 첫 번째 집단에
는 공격에 대한 긍정적 보상을, 두 번째 집단에는 처벌을,
세 번째 집단에는 무대응 하는 영상을 보여주었다. 영상을
보고 나서 아동들이 보보인형이 있는 방에 각각 들어갔을
때 가장 공격적인 성향을 보인 집단은 공격에 대한 긍정적
보상을 본 첫 번째 집단이었다. 처벌을 받는 것을 본 두 번
째 집단은 세 집단 중 가장 덜 공격적이었다. 그러나 이 아
동들에게 공격성을 모방하면 보상을 주겠다고 약속하자 모
든 아동이 보보인형에 공격적인 성향을 드러냈다.

Bandura, 1965; 임성택 외, 2023: 102-103

보보인형 실험은 미국 스탠퍼드대학 심리학과 교수였던 앨버트 반두라^Albert Bandura가 1961년에 3-6세 유아를 대상으로 진행한 실험이다. 이 실험은 사람들이 도덕적이거나 부도덕한 행위를 하게 되는 과정을 설명한 반두라의 사회학습이론을 함축적으로 보여준다. 1925년 캐나다에서 태어난 반두라는 브리티시 컬럼비아 대학을 거쳐 미국의 아이오와 대학에서 1952년 박사학위를 취득한 후 1953년 스탠퍼드대학의 교수가 되었다(임성택 외, 2023: 101). 그는 프로이트, 스키너, 피아제와 함께 가장 많이 인용된 심리학자로 선정될 만큼 심리학의 거장으로 인정받고 있다.

반두라의 이론은 초기와 후기로 구분되곤 한다. 초기 이론은 사회학습이론^social learning theory으로, 1980년대 이후의 후기 이론은 사회인지이론^social cognitive theory으로 불린다. 변화의 핵심은 '사회적'이라는 용어를 유지하면서 '학습' 대신 '인지'라는 용어로 대체한 것이다. 학습이론^learning Theory은 전통적으로 행동주의 심리학의 별칭이다. 따라서 반두라의 초기 이론인 사회학습이론은 행동주의 학습이론과 공유하는 지점이 상당 부분 있다. 반두라는 1980년대부터 사회인지이론을 전개하게 되는데, 이는 학습에 있어 학습자의 사고, 신념, 기대, 예측, 자기조절^self-regulation 등과 같은 인지적 요소의 중요성과 가치에 더 많은 관심을 두었다는 점을 보여준다.

반두라의 도덕 심리학 이론을 살펴보는 이번 강의에서는 먼저 이론의 출발점이라 할 수 있는 행동주의 심리학과 행동주의 도덕 심리학의 논의를 소개하고, 반두라 이론의 전개 과정을 따라가며 도덕교육에 주는 시사점을 탐색하기로 한다.

2 행동주의 도덕 심리학의 이해

행동주의^behaviorism는 학습이론일 뿐만 아니라 20세기 사상의 한 축을 이룬 새로운 시각이었다. 하지만 그 영향력만큼이나 많은 비판을 받았다. 다른 심리학 이론들은 거의 모두 행동주의 심리학에 이견을 제기하였으며, 특히 인본주의 심리학은 행동주의 심리학에 정면으로 반기를 든 대표적 이론이다. 그러나 행동주의 심리학에서 다채로운 심리학 이론들이 파생되었음을 부인할 수 없다. 어떠한 심리학 이론이든 '행동주의 심리학에 관한 이론들'이었다고 할 수 있을 정도로 행동주의 심리학의 영향력은 지대하였다(임성택 외, 2023: 48).

행동주의 심리학의 철학적 배경은 원자론이다. 원자론은 세상에 원자와 공간만이 실재한다고 주장한다. 이 이론에 의하면 이 세상은 원자들의 형성과 결합에 따라 존재한다(임성택 외, 2023: 49). 즉 인간의 감각이나 사고와 같은 심리적 과정 또한 그 자체로 실재하는 것이 아니라 원자들의 복잡한 상호작용에 따라 나타난다고 가정한다. 인간의 마음도 근본적으로 물질적인 것으로부터 연유한다고 본다. 따라서 행동주의 심리학자들은 인간의 심리적 과정들이나 행동들이 선천적으로 결정된 것이 아니라 후천적으로 환경과 접하면서 형성된 것이라는 환경 결정론적 입장을 취한다(임성택 외, 2023: 51).

한편 심리학에서 학습learning은 '배운다'라는 포괄적인 의미보다는 후천적인 경험을 통하여 정서와 행동이 지속해서 형성되거나 변화하는 것을 의미한다. 따라서 심리학에서 '학습이론'은 곧 행동주의 심리학을 의미한다(임성택 외, 2023: 51). 행동주의 심리학에서 학습은 자극stimulus과 반응response 사이의 결합에 의한 일정한 행동 양식의 습득으로 규정된다(권승혁, 2010: 60-61). 이들은 학습자를 둘러싼 환경에서 비롯되는 자극을 통해 반응이 나타난다고 본다. 그리고 이러한 가정은 모든 유기체에 보편적인 것으로 이해된다.

따라서 행동주의 심리학에서 인간은 능동적인 유기체가 아니라 환경으로부터 자극을 받아들이며 반응하는 수동적인 존재로 간주된다. 인간의 성장과 발달의 추진력은 인간 내부에 있는 것이 아니라 외부에 있는 환경이다(권승혁, 2010: 59). 결국 인간은 사회적 환경의 힘에 예속되는 존재로 이해된다.

행동주의 도덕 심리학에서는 인간의 본성을 백지와 같은 것으로 가정하고, 사회를 개인의 경험을 통해 그 백지 위에 무엇이라도 쓸 수 있는 것으로 본다. 개인이 경험하는 환경에 따라 인간은 이렇게도, 저렇게도 만들어질 수 있다는 것이다

(권승혁, 2010: 58). 이는 인간의 본성이 태어날 때부터 타고난다고 보는 생득론이나 환경과의 상호작용을 통해 능동적으로 형성되어 간다고 보는 구성주의 등의 관점과 대비된다.

행동주의 도덕 심리학자에게 도덕이란 인간의 외부에 이미 존재하는 전통, 관습, 가치, 행위규범 등을 의미한다. 따라서 그들은 도덕성을 사회적으로 규정된 가치 및 행위규범을 내면화하여 충실히 실천해 가는 성향으로 파악한다(권승혁, 2010: 58-59). 이들에게 도덕성을 갖춘 도덕적인 인간이란 사회의 지배적인 행위규범을 내면화하고 사회의 기대에 부응하는 행위를 실천하며 살아가는 인간이다. 따라서 인간의 도덕성은 타고난 것이 아니다. 도덕적 행동은 사회적 환경과 직면하면서 점진적으로 학습하게 되는 것이다.

1 파블로프의 고전적 조건화 이론

파블로프I. P. Pavlov의 고전적 조건화 이론은 흔히 S→R 이론으로 불린다. 환경에서 어떤 자극이 주어지면 인간을 비롯한 유기체가 반응한다는 것이다. 파블로프는 개에게 고기 분말 가루를 주면서 동시에 벨을 울리는 일을 반복하다가 어느 시점에 고기를 주지 않은 채 벨만 눌러도 개가 침을 흘리는 것을 발견하였다(권승혁, 2010: 61). 이때 고기 분말 가루는 무조건 자극, 벨은 조건 자극, 벨소리에 따라 나타나는 침을 흘리는 행동은 조건 반응에 해당한다. 이렇게 조건 자극에 대해 일정한 조건 반응을 연결시키는 것을 조건화라고 한다. 벨소리와 침을 흘리는 것은 직접적인 관계가 없지만, 파블로프의 개는 벨소리와 관련된 일정한 행동을 학습하게 된 것이다.

교실 수업 상황에 대입해 보면 다음과 같다. 한 교사가 언제나 자신의 수업에서 종료 벨이 울리기 직전에 학생들에게 '질문 있어요?'라고 물었다. 이때 학생들은 질문을 하지 않고 책을 덮고 필기도구를 챙겨 자리에서 일어난다. 교사는 아무 일 없다는 듯이 교실을 떠난다. 그리고 이러한 행위가 반복된다. 이때 '질문 있어요?'라는 교사의 말은 학생들에게 조건 자극이 된다. 수업 종료를 알리는 벨소리는 무조건 자극이지만 무조건 자극이 없어도 조건 자극만으로 학생들은 수업자료를 정리하는 조건 반응에 이르게 되었다. 학생들의 행동이 조건화된 것이다. 이처럼 파블로프의 조건화 이론은 어떤 행동이나 반응을 유도해 내기 위해 자극이 먼저 주어진다는 점에서 반응적 조건화respondent conditioning라 불린다.

2 스키너의 조작적 조건화 이론

스키너B. F. Skinner는 파블로프의 반응적 조건화에 대비되는 조작적 조건화operant conditioning 이론을 발전시켰다. 조작적 조건화에서는 인간의 행동이 먼저 나타나고 그다음에 보상이 주어진다는 점에서 파블로프의 접근과 다르다.

스키너는 인간이 능동적으로 문제를 해결하면서 학습하는 경우를 설명하고자 했다. 그는 자신이 고안한 스키너 상자에 비둘기를 넣고 이 비둘기가 환경을 탐색하는 가운데 주둥이로 표적을 때리면 먹이가 나오도록 하였다. 비둘기는 먹이를 먹고 싶을 때는 언제든지 표적을 주둥이로 때릴 수 있도록 행동을 학습하였다. 표적을 때리면(조건 반응), 먹이(보상)가 나오는 것, 즉 조건 반응이 먹이를 얻기 위한 도구가 되었다는 점에서 이를 조작적 조건화라고 부른다. 비둘기가 능동적으로 의도적인 반응을 함으로써 보상(강화)을 받아 새로운 행동을 학습하게 된 것이다. 여기서 유기체의 행동 뒤에 주어지는 보상, 즉 강화는 학습을 가능하게 하는 요인이다. 스키너 이론의 중추적인 개념은 강화의 원리이며 따라서 조작적 강화이론이라고도 불린다(권승혁, 2010: 62-63).

스키너의 조작적 강화이론을 이해하기 위해서는 특정 행동을 가져오는 강화와 처벌의 유형을 이해할 필요가 있다. 강화는 특정 행동의 발생 가능성을 높이는 조치로 정적 강화positive reinforcement와 부적 강화negative reinforcement로 나뉜다. 어떤 행위에 이어 유쾌한 결과를 주도록 조치하는 것을 정적 강화라 하고, 행위에 이어 이미 경험하고 있는 불쾌한 자극을 제거해 주는 것을 부적 강화라 한다(임성택 외, 2023: 84). 교실에서 분리수거를 잘하는 학생에게 칭찬 스티커를 부여하는 교사의 행위는 정적 강화가 될 수 있고, 수업 시간에 졸지 않고 수업에 적극적으로 참여했을 때 종례나 청소 없이 하교하도록 하는 것은 부적 강화라 할 수 있다. 여기서 분리수거를 잘하는 행위, 수업 시간에 잘 듣는 행위 등은 강화의 결과에 해당한다.

▌표 12-1 강화와 처벌의 종류(임성택 외, 2023: 85)

	정적(적극적)	부적(소극적)
강화(행동의 강화)	유쾌한 자극 제시	불쾌한 자극 제거
처벌(행동의 약화)	불쾌한 자극 제시	유쾌한 자극 제거

처벌 역시 두 종류로 구분된다. 처벌은 미래에 발생할 수 있는 특정 행동의 가능성을 낮추려는 조치이다. 바람직하지 못한 행동을 줄이기 위해 불쾌한 자극을 제시하는 것은 정적 처벌[positive punishment]이고 바람직하지 못한 행동을 줄이기 위해 학습자가 가지고 있는 유리한 조건을 박탈하는 것은 부적 처벌[negative punishment]에 해당한다(임성택 외, 2023: 85). 예를 들면, 친구를 때린 학생에게 벌점을 부여하는 것은 정적 처벌이다. 친구를 때리는 행위를 줄이기 위해 불쾌한 자극인 벌점을 제시하기 때문이다. 거짓말을 한 아이에게 휴대전화 사용을 금지하는 것은 부적 처벌에 해당한다. 아이의 거짓말을 줄이기 위해 아이가 좋아하는 유쾌한 자극인 휴대전화 사용을 제거하였기 때문이다.

학교에서 교사는 행동주의 관점이 반영된 강화와 처벌을 일상에서 활용하곤 한다. 학습 참여를 높이기 위해 칭찬 스티커를 활용하는 것, 질서를 잘 지킨 모둠원에게 급식을 먼저 먹을 수 있도록 하는 것, 학급 규칙을 어긴 학생들에게 방과 후에 학급을 위해 봉사하도록 하는 것 등 많은 예가 있다.

그러나 행동주의 심리학에서 강조하는 강화와 처벌을 오늘날 교육에 그대로 적용하는 것은 바람직하지 않다. 행동주의 심리학은 인간을 기계와 같이 조종할 수 있는 존재로 보았다는 점에서 비판받았다. 그들은 인간의 자아, 성격, 인지, 정서, 목적, 창의성, 생득론과 같은 주제에 무관심했다. 인본주의자인 로저스[Carl R. Rogers]는 스키너가 인간을 비인간화하는 기계주의적 이론을 펼쳤다고 비판했다(임성택 외, 2023: 98). 이어지는 글에서는 행동주의의 기본가정을 받아들이면서도 행동주의에 대한 비판을 일정 부분 극복한 것으로 평가되는 반두라의 이론을 살펴보기로 한다.

③ 관찰을 통한 학습과 행동 변화

반두라는 행동주의와 마찬가지로 인간의 행동에서 변화를 불러일으키는 요인이 환경의 자극이라고 보았다. 또한 그는 관찰할 수 있는 행동에 초점을 두었기 때문에 과학적 연구를 통해 인간의 본성을 설명할 수 있고 인간의 행동은 변할 수 있다고 보았다. 하지만 그는 행동주의 심리학자들이 행동에 영향을 미치는 요인으로 모델링modeling5 현상과 대리적 경험을 거의 무시했다는 데 주목했다(Slavin, 2012: 강갑원 외 옮김, 2013: 137). 그는 학습이 직접적인 체험을 통하여 일어날 수도 있지만, 타인의 행동을 관찰하는 것에 의해서도 일어날 수 있음을 간파했다. 반두라는 인간의 삶에서 관찰학습이 갖는 중요성을 다음과 같이 설명한다.

> 관찰학습을 통한 학습 과정이 없다면 이는 인간의 발달과 생존에 치명적이다. 왜냐하면 실수는 많은 희생을 치르거나, 심지어 생사의 갈림길에 놓일 수도 있기 때문이다. 만약 우리가 시행착오의 결과를 직접 겪어야만 학습할 수 있었다면 생존 가능성은 희박했을 것이다.
>
> Bandura, 1977; 송석재, 2006: 77에서 재인용

---

5 사회학습이론에서는 모방이나 동일시 대신 모델링이라는 개념을 사용한다. 모델링은 모방보다 훨씬 넓은 심리학적 효과를 설명한다. 동일시는 학자마다 사용 용례가 다르고 임의적이어서 과학적 연구에 도움이 되지 않는다. 모델링은 모방이나 동일시보다 포괄적이며 관찰을 통해 이루어지는 학습 과정을 체계적으로 설명해 주는 개념이라 할 수 있다(송석재, 2006: 102).

1 관찰학습

반두라는 직접적인 체험을 통한 학습이 인간의 삶에 위험을 초래할 수 있으므로 관찰학습을 통한 학습 과정이 시행착오를 줄일 중요한 과정임을 강조하였다. 관찰학습은 가까이 있는 본보기, 즉 부모, 형제자매, 교사, 친구, 텔레비전의 등장인물, 이야기 속의 주인공 등의 행동을 관찰하고 그것을 심상 및 상징적 표상의 형태로 기억함으로써 이루어진다(송석재, 2006: 78). 관찰학습에는 모방이 포함될 수도 있고 포함되지 않을 수도 있다. 예를 들어, 운전 중 아버지가 파손된 도로를 발견하고 돌아가는 모습을 본 아들은 관찰학습을 한 것은 맞지만 실제로 모방을 한 것은 아니다.

반두라는 주의집중, 기억, 재생, 강화와 동기화라는 4단계의 과정을 통해 관찰학습이 이루어진다고 하였다.

주의집중^{attention}

관찰학습이 가능하기 위한 첫 번째 단계에서는 모델의 과제 수행에 관찰자의 주의가 집중되어야 한다. 그러기 위해서는 관찰자에게 모델이 학습하고 있는 과제의 특성들이 잘 드러나고, 그것을 행하는 모델의 유능성이 잘 제시되고, 결과적으로 모델 행동의 유용성이 잘 드러나야 한다.

기억^{retention}

관찰한 행동을 재생하기 위해서는 관찰자가 주의집중 해서 관찰한 수행의 주요 특징들을 기억할 수 있어야 한다. ⋯⋯ 관찰한 내용은 시각적 이미지로 기억될 수도 있고, 언어적 형태로 저장될 수 있으며, 두 가지 모두의 형태로 기억될 수도 있다.

재생^{production}

재생은 시각적 이미지 혹은 언어로 저장된 관찰학습 정보를 외현적인 행동으로 변환하는 과정이다. 상당수의 행동은 단순히 관찰만으로도 재생할 수 있다. 하지만, 복잡한 행동의 경우에는 모델의 복잡한 행동의 개략적인 근사치를 떠올려 재생하게 된다.

강화와 동기화^{reinforcement and motivation}

인간은 모델의 행위가 중요한 것이라 믿을 때 앞서 제시한 주의집중, 기억, 재생을 위한 노력을 할 가능성이 크다. 또한 관찰자는 자신의 행동이든 모델의 행동이든 그 행동의 결과가 어떠했느냐에 따라 미래의 행동을 예측하고 조절한다. 일반적으로 보상을 가져다준 행동을 지속할 것이고, 부정적인 반응에 직면한 행동은 피할 것이다.

Bandura, 1985; 임성택 외, 2023: 106-107에서 재인용

주의집중 단계는 관찰자가 모델의 행위에 주의를 집중하는 단계이다. 주의집중이 잘 이루어지기 위해서는 학습할 과제의 특성과 그것을 행하는 모델의 유능함이 잘 드러나고 결과적으로 유용해야 한다. 기억 단계에서는 관찰자가 관찰한 행동을 자신의 기억 저장소에 시각적 이미지나 언어적 형태로 저장한다. 재생 단계는 관찰하여 기억한 모델의 행위를 관찰자가 재현해 보는 것이다. 마지막으로 강화와 동기화 단계에서는 모델의 행위가 중요한 것이라 믿게 되거나 보상과 처벌을 고려하면서 강화되고 동기를 부여받게 된다. 보보인형 실험에 비춰보면, 보보인형을 사랑스럽게 쓰다듬는 누군가의 모습을 주의 깊게 관찰한 아동은 그 모습을 자신의 기억 저장소에 저장하게 된다. 그리고 자신이 비슷한 상황에 놓였을 때 보보인형을 사랑스럽게 쓰다듬는 행위를 따라 하게 된다.

관찰학습의 네 단계에서 '강화와 동기화'가 왜 맨 마지막에 위치할까? 우리는 일반적으로 학습 수행 전에 동기화가 먼저 필요하다고 생각한다. 그러나 반두라는 강화와 동기화는 마지막 단계에서 이뤄진다고 본다. 예를 들어, 매일 '공부하겠다'라고 스스로 동기화를 하면서도 실제로는 잘 실천하지 못하는 학생이 있다고 가정해 보자. 이 학생에게 반두라는 다음과 같이 충고할 것이다. "또래 중에 열심히 공부해서 좋은 결과로 멋진 보상을 받는 것을 잘 관찰해 보렴. 너도 공부하고 싶은 마음이 생길 거야!"(임성택 외. 2023: 107-108). 이처럼 반두라는 관찰을 통해 이뤄지는 강화와 동기화의 가능성에 주목하였다.

모델의 행위가 보상받지 못하거나 벌을 받는 것보다 가치 있는 결과를 얻는 것을 보게 되면, 그 행위를 더 잘 적용하는 경향이 있다.

Bandura, 1977; 송석재, 2006: 85에서 재인용

이는 모델의 행동을 관찰하는 것을 통해 동기화되는 과정을 잘 보여준다. 특히, 모델이 한 행동이 보상받는 것을 관찰했을 때 관찰자가 그 행동을 표현하거나 수행할 가능성이 커진다. 강화와 동기화가 이뤄진 것이다.

2 대리강화와 자기강화

관찰학습에서는 대리강화와 자기강화가 중요한 구성요소이다. 대리강화는 모델의 행동이 보상이나 벌을 받는 것을 보면서 관찰자의 행동이 변화되는 것이다 (송석재, 2006: 134). 대리강화를 통해 대리학습vicarious learning이 일어난 것이다. 예를 들어, 칠판 청소를 하는 교사를 도와준 학생이 교사로부터 직접 강화(칭찬)를 받는 것을 본 학생은 교사가 칠판 청소를 할 때 기꺼이 도와주려는 대리강화를 받는다. 마찬가지로 잘못된 일을 했는데도 처벌받지 않는 것을 보게 되면 그러한 행위를 모방할 가능성이 더 커지게 된다.

모델이 사회적으로 금지된 행동을 했는데도, 벌을 받지 않는 것을 보게 되면, 사람들은 모델이 보상받는 것을 목격한 것과 같은 정도로 그와 비슷한 행동을 많이 하게 된다.

Bandura, 1977; 송석재, 2006: 135에서 재인용

뿐만 아니라 사람들은 행위의 기준을 스스로 설정하고 그에 따라 자신에게 행위할 것을 요구하며, 그 결과 자신의 행위가 이 기준에 도달했을 때 스스로에게 보상을 주지만, 도달하지 못했을 때에는 스스로에게 벌을 준다(Bandura, 1971: 송석재, 2006: 186에서 재인용). 이처럼 반두라는 인간이 자신의 감정, 사고, 행동을 통제할 수 있는 자기 반응적 능력을 가지고 있다고 보았다. 따라서 사람들은 전적으로 외적인 요인에 의해 행동하기보다 자기강화, 즉 자기 보상과 자기 처벌에 의

해 자신의 행위를 촉진하기도 하고 억제하기도 한다(Hjelle & Ziegler, 1991; 송석재, 2006: 186-187에서 재인용)

③ 자기 효능감

반두라는 자기 효능감을 "목표를 달성하는 데 필요한 행위 과정을 조직하고 실행할 수 있는 자기 능력에 대한 신념"이라고 하였다(송석재, 2006: 190). 자기 효능감은 행위의 수행 여부를 결정하는 중요한 요인이다. 이러한 믿음을 토대로 특정 영역에 대한 자기 효능감(예: 수학 교과에 대한 '학업적 효능감')이 높은 사람들은 그 영역과 관련된 과업(예: 수학 시험)을 충분히 통제할 수 있다고 생각한다. 그리고 자신에게 주어진 과업을 위기라고 생각하면서 제약과 제한점들에만 주목하기보다는 추구할만한 가치가 있는 좋은 기회라고 생각하고 효과적으로 완수하기 위한 수단들을 탐색한다. 또한 자기 효능감이 높은 사람들은 실패와 부정적 결과를 떠올리기보다는 성공적으로 해결하여 좋은 결과(물질적 이득, 사회적 인정, 자기만족 등)를 획득할 것이라 기대한다. 따라서 특정 영역에 대한 자기 효능감이 높은 사람들은 그렇지 않은 사람들에 비해 보다 높은 수준의 목표(예: 수학 시험에서 최고 점수 획득하기 vs 불합격 피하기)를 설정한다. 그리고 설정한 목표를 달성하기 위해 많은 양의 노력을 투입하고, 피로와 난관에 직면하였을 때 굴복하지 않고 설정한 목표를 끝까지 추구하며, 실제로 높은 수준의 성과를 달성한다(Bandura, 2009: 180-181).

반두라는 효능감을 형성하는 방법으로 4가지를 제시하였다(송석재, 2006: 207). 먼저, 성공의 경험들이 쌓이면 효능감은 높아진다. 둘째, 모델링을 통한 대리 경험을 많이 할수록 역시 효능감은 높아진다. 셋째, 부모님이나 선생님과 같이 모델이 될 만한 사람으로부터 '넌 잘할 수 있어!'와 같은 메시지를 설득력 있게 전달받는 아동의 효능감은 높다. 마지막으로 심리·정서적으로 안정될수록 자기 효능감은 높아진다.

4 상호결정론

반두라는 인간의 행동이 외부의 자극에 영향을 받는다는 점을 인정한다는 점에서 행동주의 심리학을 수용하고 있다. 또한 인간과 환경의 상호작용 과정에서 인간의 능동적인 역할을 인정한다는 점에서 피아제와 콜버그의 인지 이론을 부분적으로 수용하고 있다. 하지만 그는 이러한 이론들이 인간의 행동을 온전히 설명하지 못하고 있다고 생각하였다. 반두라에게 인간은 내적 심리적 요인에 의해서만 움직이는 존재도 아니고, 환경적 영향에 적응만 하는 존재도 아니다. 인간은 행동적, 인지적, 환경적 영향력 사이에서 끊임없이 상호작용 하는 존재이다(송석재, 2006: 30-31). 이러한 그의 생각을 '상호결정론'reciprocal determinism이라고 한다.

> 인간은 스스로 방향을 정하는 생각하는 유기체이다. 인간은 외적 영향을 상징적으로 표현할 수 있으며, 나중에 그러한 표현을 행위를 안내하는 데 사용한다. 그들은 다양한 선택을 규정하지 않고 정신적으로 문제를 해결할 수 있다. 그들은 행위의 가능한 결과를 예측할 수 있고, 자신의 행위를 바꿀 수 있다.
>
> Bandura, 1973; 송석재, 2006: 31에서 재인용

반두라에 의하면, 인간은 인지적, 행동적, 환경적 요인과의 상호작용을 통해 스스로 행위 방향을 결정한다. 즉 환경(외적 영향)과 결과에 대한 예측 및 기대(내적 요인)을 모두 고려하여 행동하는 존재이다.

1 개인, 행동, 환경의 상호작용: 삼원상호작용론[6]

인간의 행동이 유발되는 원인을 규명하기 위해 개인적 기질을 강조하는 이론가들과 환경적 요인을 강조하는 이론가들 사이의 해묵은 논쟁이 오랫동안 이어져 왔다. 하지만 사회인지

---

[6] 반두라는 행동주의의 2요소를 유지한 상태에서 행위자로서 '개인' 요소를 추가하였고, 이들이 일방적인 관계가 아니라 상호결정론적 관계임을 강조하였다. 이를 삼원상호작용론triadic reciprocality으로 부르기도 한다 (임성택 외, 2023: 103).

이론에서는 인간의 행위를 단순히 일방적인 인과관계의 결과물로 이해하려는 입장을 거부하고, 세 가지 핵심 요인 간의 상호작용에 의한 것으로 간주한다. 인간의 기능은 개인적 성향, 개인의 행동, 그리고 개인에게 미치는 환경의 영향력이라는 세 가지 핵심 요소 간의 상호작용으로 생성된다.

Bandura, 1986; Bandura, 2016, 김의철 외 역, 2018: 17-18에서 재인용

◉ **그림 12-2** 행동 조절 및 동기에 영향을 미치는 요인간의 상호작용(Bandura, 2016, 김의철 역, 2018: 19)

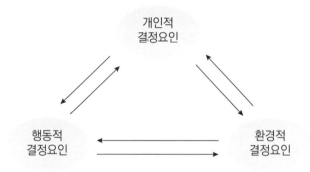

상호작용하는 첫 번째 요인은 개인personal factors이다. 개인 차원의 결정요인에는 개인이 지닌 생물학적 기질, 신념, 자기개념, 정서적 상태, 목표, 태도 및 가치 등 심리 내적 영향들이 포함된다. 이러한 개인 내적 요소들은 환경을 인식하고 행동하는 방식에 영향을 미친다(Bandura, 2016, 김의철 외 역, 2018: 18). 예를 들어, 개인이 가진 기질적인 특성에 따라 사고방식과 행동이 다를 수 있다. 또한 개인의 신념과 정서적 상태 등에 따라 환경의 영향을 받아들인 결과 또한 다를 수 있다. 즉 개인의 인지적, 정서적, 신체적 요인에 따라 상호작용의 결과는 다를 수 있다.

상호작용하는 두 번째 결정요인은 행동behavior이다. 인간 행동은 신체적 영역, 사회적 영역, 정서적 영역으로 분류될 수 있다. 사람들의 일상적인 활동이 환경조건을 새롭게 변화시키고, 그 바뀐 환경에 맞추어 행동이 변화된다. 사람들은 인종이나 민족성, 성별 및 나이, 그리고 신체적 특성에 따라 행동하기보다 자신이 속한

사회적 환경에서 터득한 정형화된 방식으로 반응한다. 또한 사회적으로 그들에게 부여된 역할이나 지위에 따른 사회적 반응이 행동으로 표출된다(Bandura, 2016, 김의철 외 역, 2018: 18). 특정한 행동을 한 후 나타나는 결과는 개인의 인식과 그다음 행동에 영향을 미칠 수도 있다. 특정 행동에 대해 긍정적인 결과를 직접적·간접적으로 경험하면 그 행동을 반복해서 모방할 가능성이 높지만 반대로 부정적인 결과를 경험하면 행동은 약화할 수 있다.

상호작용하는 세 번째 결정요인은 환경environmental factors이다. 반두라는 환경을 세 가지로 분류하였는데 주어진 환경, 선택된 환경, 창조된 환경이 그것이다. 개인이 태어나기 전부터 이미 존재해 온 자연환경이나 사회문화적 환경은 주어진 환경이다. 주어진 환경은 개인이 변화시키거나 통제할 수는 없다. 하지만 개인은 이미 존재하는 다양한 환경 중에 자신이 원하는 환경을 선택할 수는 있다. 또한 삶의 질을 향상하기 위해 자연환경이나 사회환경을 새롭게 조성하고, 이전에 존재하지 않았던 환경을 창출해 냄으로써 삶에 대한 통제력을 한층 더 발휘한다(Bandura, 2016, 김의철 외 역, 2018: 18-19).

2 자기조절

인간 행동의 변화 가능성은 환경과 내적 요인 간의 상호작용 가운데 있다. 반두라는 인간 행위를 외적 보상과 벌의 산물로만 설명하고자 한 행동주의 심리학이 인간의 본성을 온전하게 설명하지 못한다고 보았다. 반두라는 전통적인 학습이론과 달리 인간 행동의 많은 부분이 자기조절self-regulation 된다고 보았다. 어린이들은 처음에는 부모나 다른 어른들의 영향 아래 있을 수밖에 없고, 부모의 안내와 제재를 받으며 도덕적으로 행동한다. 그러나 성장하면서 신체적 제재는 사회적 제재로, 외적 통제는 내적 통제로 대체된다(송석재, 2006: 218).

사람들은 그들이 설사 어떤 안내를 받았더라도 자신이 가치 있다고 생각하는 것을 모델링하고, 해석하고, 강화한다. …… 어린이는 처음에는 다른 사람의 언어적 지시에 의해 행위를 통제하고, 나중에는 공공연한 외면적 자기 지시에 의해, 마침내는 내면적 자기 지시에 의해 자신의 행동을 조절한다.

Bandura, 1977; 송석재, 2006: 217-218에서 재인용

사람들은 성장하면서 사회화됨에 따라 행동을 결정할 때 외적 규제보다 내적 지시나 통제에 더 많이 의존하게 된다. 반두라는 사람들이 자기 행동을 관찰하고, 자신의 기준에 따라 판단하고, 자신을 강화하거나 벌을 준다고 가정하였다(Slavin, 2012; 강갑원 외 역, 2013: 139). 개인은 자신이 어떤 일을 훌륭하게 수행하였을 때 스스로 격려하기도 한다.

반두라는 자기조절의 과정을 세 가지 하위과정으로 나누어 설명하였다. 첫째, 행동에 대한 자기 관찰self-observation 단계이다. 사람들은 자기 관찰을 통해 수행 기준 수립을 위한 정확한 정보를 얻고 자기평가를 위한 기회를 가질 수 있다.

자기 관찰은 자기조절 과정에서 적어도 두 가지 중요한 기능을 한다. 하나는 실제적인 수행 기준을 수립하는 데 필요한 정보를 제공한다. 다른 하나는 자기평가를 위한 기회를 제공한다. 사람들은 관찰하고 있는 행위를 변화시키고자 할 때 스스로 목표를 정하고, 그들이 나아가고 있는 진행에 자기 평가적으로 반응한다.

Bandura, 1997; 송석재, 2006: 235-236에서 재인용

둘째, 판단judgemental 단계이다. 사람들은 행위를 하고, 그 행위의 성과를 판단한다. 특히 사람들은 개인내적 기준에 따라 자신의 행위를 판단하는데, 행위의 성과가 훌륭하다고 판단되면 그러한 행위가 보상 받을만하다고 생각한다. 반면 부족하다고 판단하면 처벌받을 것을 생각하게 된다(송석재, 2006: 236).

셋째, 자기 반응self-response 단계이다. 인간은 자신의 감정, 사고 및 행위에 대해 어느 정도 자기조절을 가능케 하는 자기 반응 능력을 갖추고 있다. 그래서 인간은 자기만족, 자부심, 자기 불만족, 자기비판 등으로 표현되는 자기 평가적 결과, 즉 자기 반응 과정을 통해서 행위를 스스로 조절할 수 있다(송석재, 2006: 236).

사람들은 대체로 자부심^{self-pride}을 느꼈을 때, 스스로에게 만족하며 사고의 훈련을 기쁘게 생각한다. 반면, 자신을 자기 비판적^{self-critically}으로 평가할 때는 자신을 학대하고 고민하게 된다. 따라서 부정적 자기평가는 싫어함을 의미하고, 긍정적 자기평가는 보상 경험을 의미한다.

Bandura, 1986; 송석재, 2006: 235에서 재인용

반두라에 의하면 인간에게는 자기 생성적 능력이 있어 스스로를 동기화하고 자신을 관찰하고 판단할 수 있으며, 자기 반응을 통해 행위를 스스로 조절할 수 있다. 따라서 아동이 자신이 수행할 만한 목표를 세우고, 그것을 이루었을 때 스스로 격려하며, 어떤 상황에서 어떻게 자기조절을 해야 하는지 경험하고 이해할 기회를 마련해줄 필요가 있다.

5 도덕적 이탈

그렇다면 사람들은 왜 부도덕한 행동을 하는가? 반두라는 사람들이 부도덕한 행동을 하는 이유를, 그 부도덕한 행동이 우리가 앞서 살펴본 자기조절의 과정에서 이탈되었기 때문이라고 주장한다.

도덕성의 분리는 도덕적 기준을 바꾸는 것이 아니라 도덕적 기준과 자신의 행동을 분리하는 것이다. 도덕적 기준과 행동을 분리하면 유해한 행동으로부터 도덕성이 제거되므로 책임을 피할 수 있다.

Bandura, 2016, 김의철 외 역, 2018: 13

다음 그림은 사람들이 유해한 행동을 하거나, 혹은 했을 때 자기조절을 선택적으로 분리하는 심리·사회학적 기제를 도식화한 것이다(Bandura, 2016, 김의철 외 역, 2018: 10).

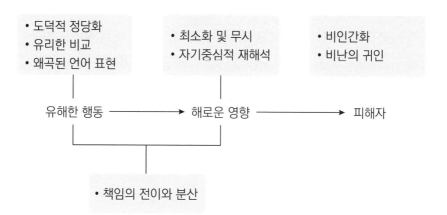

반두라는 도덕적 이탈$^{moral\ disengagement}$을 행동적 측면$^{the\ behavioral\ locus}$, 행위자의 측면 $^{the\ agency\ locus}$, 결과의 측면$^{the\ effects\ locus}$, 피해자의 측면$^{the\ victim\ locus}$으로 나누어 제시하였 다. 먼저, 행동적 측면에서 도덕적 이탈은 자신의 행위를 도덕적, 사회적, 경제적으 로 정당화하고, 유리한 비교를 활용하며, 왜곡된 언어를 사용함으로써 발생한다.

> 행동적 측면에서는 유해한 방법에 사회적·도덕적 가치를 부여해 그들의 행동을 정당화한 다. 유해한 방법을 이용했다 하더라도 올바른 결과를 얻게 되면 그 이전의 모든 행동은 정당 화될 수 있다. 또 다른 방법은 유해한 행동을 자비롭고 이타적인 행동으로 포장하기 위해 자 신에게 도움이 되는 유리한 비교를 활용한다. 해로운 행동으로 인해 발생하는 사회적 폐해보 다 그 행동 덕분에 얻게 되는 인간적 혜택이 더 클 것이라는 신념이 이러한 행동을 이타적인 것으로 착각하게 만든다. 마지막으로, 유해한 행동을 은폐하기 위해 난해한 형식의 문장으로 표현하거나 불리한 표현을 삭제하고 무해한 표현으로 변형시키는 등 왜곡된 언어 표현을 사 용한다.
>
> Bandura, 2016, 김의철 외 역, 2018: 12

예를 들어 전쟁을 일으키고자 하는 정치지도자는 고상하고 도덕적인 것으로 보이는 명분을 들어 전쟁을 정당화한다. 또한 사람들은 자신의 부도덕한 행동을 정반대의 원리와 비교하기도 한다. 예를 들어 수많은 사람의 목숨을 살해한 테러리스트들은 자신의 행위를 테러가 아닌 신의 명령을 이행한 순교에 비유한다. 더 나아가 사람들은 자신의 부도덕한 행동을 보다 건전해 보이는 용어로 바꾸어 사용하기도 한다. 예컨대 전쟁에 참전한 군인들은 자신들이 자행한 '민간인 살해'를 승리를 위한 '부수적 피해'라는 용어로 바꾸어 말하기도 한다. 이처럼 사람들은 자신의 부도덕한 행동을 재해석함으로써 도덕적 자기조절의 과정으로부터 이탈한다.

둘째, 행위자의 측면에서 책임의 전이와 분산, 즉 부도덕한 행동이 자신의 책임이 아니라고 인식하는 과정을 통해 나타난다. 책임 전이는 피해 유발 과정에서 개인의 의도적 역할을 최소화하거나 모호하게 만들 때 사용된다. 예를 들어 책임을 권위자에게 전이함으로써 자기 행동이 권위자의 명령에 따라 실행된 것으로 떠넘긴다. 그리하여 자신에게 행위에 대한 실질적 의도가 없었다고 항변하면서 자기비난을 피한다(Bandura, 2016, 김의철 외 역, 2018: 87-88).

> 행위(주체의) 측면에서는 유해한 행위에 대해 개인이 전적으로 책임지지 않기 위해 다른 사람에게 책임을 전가하거나 책임 소재를 광범위하게 분산시킨다. 이런 방법을 통해 그들이 자행했던 유해한 행위에 대한 책임 소재를 희석한다.
>
> Bandura, 2016, 김의철 외 역, 2018: 12

나치의 유대인 학살에 중요한 역할을 했던 아이히만은 자신은 행정가로서 상부의 명령에 복종했을 뿐이라고 항변했다. 군인으로서 국가의 명령에 복종했다고 말함으로써 책임을 피하고자 했다. 한편 유해한 행위에 대한 책임이 분산되어 개인적 의도가 모호해지는 상황에서도 도덕적 통제는 약화한다.

> 노동 분업에서도 책임은 분산되고 약화한다. 대부분 중요한 업무들은 많은 사람들이 개입되기 때문에 각자 맡은 세분화한 역할만으로 전체를 이해할 수 없다. 전체 시스템을 하위 기능 단위로 세분화함으로써, 파괴를 일으키는 도구를 제작하더라도 개별 단위에서는 전혀 인식할 수 없게 된다. 노동자들은 경쟁하듯 자신이 맡은 특정 작업을 훌륭하게 수행하기 위

해 열심히 노력한다.

Bandura, 2016, 김의철 외 역, 2018: 91

행동에 대해 개인적으로 책임질 때보다 집단으로 책임을 져야 하는 상황에서 사람들의 행동은 더 잔인해질 수 있다(Bandura, 2016, 김의철 외 역, 2018: 91). 사람들은 개인으로서 도저히 할 수 없는 행위를 집단에 속했을 때 군중심리에 휩쓸려 저지르기도 한다. 모두가 책임져야 할 때 아무도 책임지지 않는 경향이 있기 때문이다.

셋째, 결과의 측면에서 유해한 행위가 미친 영향을 최소화하거나 왜곡함으로써 도덕적 이탈 현상이 나타난다. 사람들은 자신의 행위로 인한 유해한 영향을 최소화 또는 무시하거나 오히려 반대되는 유리한 결과를 근거로 제시하여 논쟁을 유발함으로써 도덕적 이탈을 시도하기도 한다.

> 사람들은 타인에게 해가 되는 활동을 할 경우 그로 인해 발생할 피해를 회피하거나 최소화한다. 피해를 최소화하는 것이 제대로 실행되지 않는 경우 피해에 대한 증거를 불신한다. 자신이 저지른 행위의 유해한 영향이 무시되거나 최소화되며, 논쟁을 유발하는 문제가 되는 이상, 자기 견책으로 이어질 이유는 거의 없다.

Bandura, 2016, 김의철 외 역, 2018: 94

지구 온난화로 인한 우려가 크고 적극적인 대응이 요구됨에도 원인과 해법을 둘러싸고 논쟁이 제시될 때 적극적인 대응과 실천은 점점 어려워진다. 인간의 소비 행위가 지구 온난화에 영향을 미치지 않는다고 결과를 축소하거나 무시하는 인지적 과정도 이 문제를 도덕 판단의 문제에서 멀어지게 함으로써 도덕적 이탈을 가져오게 한다.

넷째, 피해자의 측면에서 피해자 집단을 인류의 범주에서 제외하는 것, 즉 피해자를 인간 이하의 존재로 취급하는 것 역시 도덕적 이탈을 가져온다.

피해자의 측면에서는 인류의 범주로부터 제외한 피해자들을 인간 이하의 동물처럼 취급하며 학대한다. 비인간화된 피해자들을 가혹하게 다루는 행위에 대해서는 양심의 가책을 느끼지 않을 수 있다. 오히려 학대 행위를 자행한 가해자 측에서 자신들이 피해자라고 주장하며 유해한 행위를 정당화하고 책임을 피하려 한다.

Bandura, 2016, 김의철 외 역, 2018: 13

잔인한 행위를 하였더라도 피해자의 인간성을 박탈하게 되면 사람들은 도덕적 견책으로부터 자유로워지게 된다는 것이다. 인간 이하의 존재, 예를 들어 야만인, 쓰레기, 바퀴벌레 등으로 편하되면 그 대상은 더 이상 감정이나 희망 혹은 관심을 가진 사람으로 간주되지 않는다. 오히려 피해자의 야만성, 폭력성을 부각하여 자신의 부도덕한 행위를 정당화할 수도 있다. 비난의 원인을 피해자에게 돌리는 것이다.

6 도덕교육에 주는 시사점

반두라의 이론은 도덕교육에 어떤 시사점을 주는가? 먼저 사회학습이론이 도덕교육에 주는 시사점을 살펴보자. 반두라는 행위 수정을 위한 방법으로 격리, 강화철회, 대안 제시, 추론, 가치평가, 사회적 모델링 등을 제시하였다(Bandura, 1973; 송석재, 2006: 143-156). 첫째, 격리는 잠시 따로 떼어놓거나 사이를 막아 분리하는 것을 말한다. 유해한 행위를 했을 때 정해진 시간 동안 별도의 공간에 따로 떨어져 있도록 하는 것이다. 이를 통해 아동의 자기 파괴적 행위를 제거할 수 있고, 사회적 기능도 개선할 수 있다. 둘째, 강화를 철회함으로써 유해한 행위를 감소시킬 수 있다. 모범적인 행위에 대해 적극적으로 강화를 제공하되, 그렇지 않은 행위에 대해 무시하거나 강화물을 제거함으로써 행위를 수정할 수 있다. 셋째, 대안 제시이다. 교사가 사회적으로 인정받을 수 있는 새로운 대안을 제시하여 그 대안을 실천했을 때 관심과 인정, 애정을 받을 수 있음을 학생에게 알려주는 것이다. 넷째, 추론reasoning이다. 추론은 행동을 자기조절 하기 위해 가능한 근거를 설명하는 것이다. 일상에서 이성적으로 추론하는 것을 직접적 혹은 간접적으로 체험할 기회를 제공함으로써 공격성을 줄일 수 있다.

> 공격적인 아이의 부모는 아이들을 교육하는 데 언어적, 육체적 벌, 특권의 박탈, 격리 등을 더 많이 사용했지만, 공격적이지 않은 아이의 부모는 자신들의 일반적 행위방식과 일관되게 추론을 더 많이 사용하였으며, 자신들의 아이와 긍정적 관계를 회복하기 위해 더 자주 시도하였다.
>
> Bandura & Walters, 1963; 송석재, 2006: 151에서 재인용

다섯째, 가치평가이다. 사람들은 다른 사람들로부터 인정을 받는 경우 인정해 주는 사람들의 기대에 부응하기 위해 열심히 일하고 사회적으로 바람직한 행동이라고 생각되는 행동을 하게 된다. 타인으로부터 긍정적인 가치평가를 받게 될 때 행위에 대한 자부심을 느끼게 되고 자기 효능감이 높아지게 된다. 여섯째, 사회적 모델링이다. 모델링은 교수와 강화보다 행위의 형성과 억제 그리고 행위의 수정에 더 효과적이다. 모델의 행위를 시연하고, 역할 놀이를 통해 새로운 행위방식을 표현해 보거나, 카메라를 활용하여 학습자가 자신의 수행, 태도, 말투, 버릇 등을 촬영하여 관찰하도록 할 수 있다.

자기조절 능력은 사회인지이론에서 강조하는 도덕교육의 핵심 목표 중 하나이다. 자기조절 능력이 뛰어난 학습자는 도덕적 이탈을 억제할 수 있다. 따라서 교사는 학생들의 자기조절 능력을 길러주기 위해 다음을 염두에 두면서 도덕 수업을 설계해야 한다(신원동, 2022: 77-81).

첫째, 인간의 존엄성에 대한 교육을 강화해야 한다. 이는 도덕적 이탈 기제 중 '비인간화'와 관련이 있다. 인간은 '비인간화'를 통해 도덕적 이탈을 정당화하는 경향이 있다. 따라서 도덕 수업에서는 국가, 인종, 지역, 문화와 상관없이 모든 사람이 인격적으로 평등한 존재로 바라보아야 함을 강조해야 한다.

둘째, 동정심^{compassion} 및 공감 능력 발달을 위한 교육이 필요하다. 피해자를 나와 동등한 인간으로 바라보면서 그들에게 공감적으로 반응하는 사람은 부도덕한 행동을 억제하는 경향이 크다. 따라서 도덕적 이탈을 억제하기 위해서는 일상생활의 이야기를 바탕으로 이야기 속에 등장하는 인물의 감정과 생각, 필요와 요구 등에 민감하게 반응하는 능력을 기르며, 집단 구성원 간의 애착 관계를 형성하기 위한 노력이 필요하다.

셋째, 사회적 책무성에 대한 교육이 필요하다. 이는 도덕적 이탈 기제 중 하나인 '책임의 전이와 분산'과 관련된 것이다. 자기조절 능력은 유해한 결과에 대한 책임이 자신에게 있음을 인정할 때 작동한다. 공동체에서 일어나는 일들이 자신의 행위와 어떤 관련이 있는지 이해하고 책무성을 인식하도록 해야 한다.

넷째, 자기 효능감을 길러주는 교육이 필요하다. 학습자의 자기 효능감을 높이기 위해서는 다양한 도덕적 문제 상황에서 도덕적인 행동을 성공적으로 해결해 볼 수 있는 기회를 제공해야 한다. 더 나아가 자신과 유사한 인물이 성공한 사례를 제공함으로써 자신도 그 상황을 잘 해결할 수 있다고 믿도록 유도해야 한다. 뿐만 아니라 학습자가 납득할 수 있는 합리적인 언어적 설득을 제공함과 동시에, 심리·정서적인 안정을 유지할 수 있는 학습 환경을 마련해야 한다.

7 핵심 개념

① 관찰학습, 모델링   ② 대리강화, 자기강화

③ 상호결정론   ④ 자기조절

⑤ 도덕적 이탈   ⑥ 자기 효능감

① 반두라의 초기 이론인 사회학습이론은 외부 환경의 자극에 의한 개인의 반응에 주목한 측면이 있고, 후기의 사회인지이론은 외부 환경의 자극에 대한 개인의 내적 자기조절 능력에 더 많은 관심을 기울인 것으로 해석할 수 있다. 두 가지 관점 중 어느 것이 더 설득력이 있다고 생각하는지 토의해 보자.

② 반두라는 도덕적 이탈이 나타나는 다양한 심리·사회학적 기제를 제시하였다. 우리 주변의 일상에서 도덕적 이탈 현상의 사례를 찾아 그 사례 속에 어떤 심리·사회학적 기제가 작동하고 있는가를 분석하고 토의해 보자.

③ 반두라는 학생들의 행동을 도덕적인 방향으로 수정하기 위해 교사가 참고할 만한 다양한 방법을 제시하였다. 이는 도덕교육에 많은 시사점을 준다. 이 중에서 초등학생들에게 적용할 수 있는 것을 한 가지 제시하고 구체적인 상황과 방법을 소개해 보자. 그리고 그러한 방법을 적용하는 데 예상되는 기대 효과와 우려되는 점이 무엇인지 토의해 보자.

9 더 읽어볼 책

① 변창진 역(2003), 『사회적 학습이론』, 한국학술정보㈜.
② 박영신·김의철 역(2001), 『자기효능감과 삶의 질』, 교육과학사.

참고문헌

① 권승혁(2010), 『도덕교육개론』, 한국학술정보㈜.

② 송석재(2006), 『반두라의 자기조절의 도덕교육』, 한국학술정보㈜.

③ 신원동(2022), "사회인지 이론의 도덕교육적 함의: 반두라의 도덕적 이탈을 중심으로", 『초등도덕교육』, 제76집, 61-86.

④ 임성택·이금주·홍송이(2023), 『학교학습을 위한 교육심리학』, 박영스토리.

⑤ Bandura, A.(2016), *Moral Disengagement: How people do harm and live with themselves.*, 김의철·이상미·박선영·박은실 역(2018), 『도덕성의 분리와 비도덕적 행위의 정당화』, 교육과학사.

⑥ Bandura, A.(2009), "Cultivate Self-efficacy for Personal and Organizational Effectiveness", in E. A. Locke(ed.), *Handbook of Principles of Organizational Behavior: Indispensable Knowledge for Evidence-Based Management second edition*, 179-200.

⑦ Slavin, R. E.(2012), *Educational Psychology: theory and practice*, 강갑원·김정희·김종백·박희순·이경숙·이경화 역(2013), 『교육심리학: 이론과 실제』, 시그마프레스.

저자 소개

  이범웅은 공주교육대학교 윤리교육과 교수이다. 충북대학교 교육학과를 졸업한 후 서울대학교 대학원 윤리교육과에서 교육학 석사 및 교육학 박사 학위를 취득하였다. 1999년부터 공주교육대학교 윤리교육과 교수로 재직하고 있으며, 도덕교육 이론 및 도덕과 교육 지도법, 통일교육론, 민주시민윤리교육론 등을 강의하고 있다. 최근까지 공감, 행복, 감사, 긍정심 등을 주제로 도덕교육과 연관 지어 논문과 저서 및 역서를 집필하고 연구해왔다. 그리고 북한이해교육 및 통일교육 등과 관련된 논문과 책을 저술하였다. 저서로는『도덕과 교육론』,『도덕과 교육의 실제』,『21세기 북한학』,『통일 시대의 북한학』,『인문고전 군주론』,『정치사회사상』,『고통과 공감의 연대』,『시민성 이론과 시민교육』,『옴니버스 시민교육』,『세계의 시민교육』 등이 있고, 대표 역서로는『넥스트』,『인성교육』,『마르크스의 생태학』,『감사와 행복한 삶』,『교육의 미래와 학교혁신』,『자율성과 전문성을 지닌 교사되기』,『서비스 러닝』 등이 있다. "프랑스 시민교육의 탐색을 통한 한국 민주시민교육의 함의에 대한 고찰"을 비롯하여 30편 이상의 논문을 등재 학술지에 게재하였다.

  박찬석은 공주교육대학교 윤리교육과 교수이다. 서울대학교 윤리교육과를 졸업하고, 동 대학원 윤리교육과에서 교육학 석사, 박사학위를 받았다. 서울에서 15년간 중등 교사로 근무하였다. 학문적 관심 분야는 도덕과 교육, 통일 교육, 다문화 교육 등이다. 저서로는『초등교사를 위한 도덕과 교육실제』(공저),『초등 도덕과 교육론』(공저),『북한 교육 연구』(공저),『남남갈등 대립으로 끝날 것인가』,『도덕, 통일 그리고 통합』,『안보통일교육의 이론과 실제』(공저)가 있으며, 그 외에도 도덕과 교육 및 통일교육 관련 수십 편의 학술 논문을 발표하였다.

  임명희는 공주교육대학교 윤리교육과 교수이다. 한국외국어대학교를 졸업하였고 중국 베이징대학에서 철학박사 학위를 받았다. 가톨릭대 전임연구원을 거쳐, 한국외대 미네르바교양대학 조교수로 재직했다. 학문적 관심 분야는 중국 송대 사상사, 송명 성리학, 한국윤리사상 등이다. 저서로는『朱子學年鑑』(공저),『공리주의 유가』(공역) 등이 있으며,『朱熹早期道統觀念的形成及其內容』 등 다수의 학술 논문이 있다.

오유석은 공주교육대학교 윤리교육과 교수이다. 서울대학교를 졸업했고 그리스 국립 아테네대학교에서 철학박사 학위를 받았다. 충북대 인문학연구소 전임연구원을 거쳐, 백석대학교에서 10여 년간 교수로 재직했다. 학문적 관심 분야는 서양고중세사상과 인공지능윤리, 환경윤리, 기독교윤리 등이다. 저서로는 『서양고대철학 2』(공저), 『용서와 화해 그리고 치유』(공저) 등이 있고, 역서로는 『쾌락』, 『피론주의 개요』, 『소크라테스 회상록, 소크라테스의 변론』 등이 있다. 그 외에도 관련 분야의 많은 학술 논문을 발표했다.

김병연은 공주교육대학교 윤리교육과 교수이다. 서울대학교를 졸업하였고, 같은 대학 윤리교육과에서 『학교통일교육의 잠재적 교육과정에 대한 연구』로 교육학 박사학위를 받았다. 서울의 중학교와 고등학교에서 교사로 오랫동안 근무했다. 도덕과 교육과정, 교수·학습 방법, 평화교육, 시민교육, 통일교육, 세계시민교육, AI 윤리 등에 관심을 두고 연구하고 있다. 저서로는 『통일교육의 페다고지』, 『실감미디어 시대의 통일교육』(공저), 『선생님, 평화통일이 뭐예요?』(공저) 등이 있다. 이 외에 중학교 『도덕』, 고등학교 『통합사회』 등 교과서 집필에 참여하였고, 도덕과 교육, 민주시민교육, 평화교육, 통일교육 관련 주제로 다수의 논문을 발표하였다.

이인태는 공주교육대학교 윤리교육과 교수이다. 경인교육대학교를 졸업하였고, 서울대학교 윤리교육과에서 교육학 박사학위를 받았다. 경기도에서 10여 년간 초등학교 교사로 근무했고, 한국교육과정평가원에서 부연구위원으로 재직했다. 학문적 관심 분야는 도덕 심리학, 발달 심리학, 도덕과 교육과정, 도덕과 교수학습 및 평가 등이다. 저서로는 『도덕과 교재 연구 및 지도법』(공저), 『유덕한 시민을 위한 인성교육론』(공저)이 있고, 역서로는 『도덕 발달과 실재』(공역), 『청소년의 합리성과 발달』(공역)이 있으며, 그 외에도 도덕과 교육 관련 수십 편의 학술 논문을 발표하였다.

초등도덕과 교육론

초판발행   2025년 3월 3일

지은이   이범웅·박찬석·임명희·오유석·김병연·이인태
펴낸이   노 현

편 집   배근하·김경선
기획/마케팅   조정빈
표지디자인   Ben Story
제 작   고철민·김원표

펴낸곳   ㈜피와이메이트
              서울특별시 금천구 가산디지털2로 53, 210호(가산동, 한라시그마밸리)
              등록 2014.2.12. 제2018-000080호
전 화   02)733-6771
f a x   02)736-4818
e-mail   pys@pybook.co.kr
homepage   www.pybook.co.kr
ISBN   979-11-7279-075-2   93370
copyright©이범웅 외 5인, 2025, Printed in Korea

정 가   20,000원